李顿调查团研究丛书　卷三

主编　张　生　陈海懿 宋书强

争执与言说：
李顿调查团·中国·日本

史鑫鑫 张雅婷 杨师琪 著

南京大学出版社

图书在版编目(CIP)数据

争执与言说：李顿调查团·中国·日本 / 史鑫鑫，张雅婷，杨师琪著. — 南京：南京大学出版社，2024. 11. —（李顿调查团研究丛书 / 张生，陈海懿，宋书强主编）. — ISBN 978-7-305-28472-4

Ⅰ. K264.2

中国国家版本馆 CIP 数据核字第 2024CH9177 号

出版发行　南京大学出版社
社　　址　南京市汉口路 22 号　　　　　邮　编　210093
丛 书 名　李顿调查团研究丛书
丛书主编　张　生　陈海懿　宋书强
书　　名　**争执与言说：李顿调查团·中国·日本**
　　　　　ZHENGZHI YU YANSHUO：LIDUN DIAOCHATUAN·ZHONGGUO·RIBEN
著　　者　史鑫鑫　张雅婷　杨师琪
责任编辑　陈一凡

照　　排　南京南琳图文制作有限公司
印　　刷　南京爱德印刷有限公司
开　　本　718 mm×1000 mm　1/16　印张 14.25　字数 246 千
版　　次　2024 年 11 月第 1 版　2024 年 11 月第 1 次印刷
ISBN 978-7-305-28472-4
定　　价　98.00 元

网址：http://www.njupco.com
官方微博：http://weibo.com/njupco
官方微信号：njupress
销售咨询热线：025-83594756

本书由

国家社会科学基金"抗日战争研究"专项工程
"国外有关中国抗日战争史料整理与研究之一：
李顿调查团档案翻译与研究"(16KZD017)

南京大学中日历史问题研究中心

教育部人文社会科学重点研究基地
"南京大学中华民国史研究中心"

江苏省优势学科经费

资助

序　言

中国历史的奥秘,深藏于大兴安岭两侧的广袤原野。

明治维新以来,日本企图步老牌帝国主义后尘,争夺所谓"生存空间";俄国自彼得大帝新政,不断东进,寻找阳光地带和不冻港。日俄竞争于中国东北,流血漂杵;日本逐步占得上风,九一八事变发生,中国面临亡国灭种的新危机。

日本侵华之际,世界已进入全球化的新时代,民族国家成为国际社会的主体,以国际条约体系规范各国的行为,以政治和外交手段解决彼此的分歧,是国际社会付出重大代价以后得出的共识。而法西斯、军国主义国家如德、意、日,昧于世界大势,穷兵黩武,以求一逞。以故意制造的借口,发动侵华战争,霸占中国东北百余万平方公里土地、数千万人民,是日本昭显于世的侵略事实。

国际联盟(League of Nations)应中国方面之吁请,派出国联调查团处理此事。1932年1月21日,国联调查团正式成立。调查团团长由英国人李顿爵士(The Rt. Hon. The Earl of Lytton)担任,故亦称李顿调查团(Lytton Commission)。除李顿外,美国代表为麦考益将军(Gen. McCoy),法国代表为亨利·克劳德将军(Gen. Claudel),德国代表为希尼博士(Dr. Schnee),意大利代表为马柯迪伯爵(H. E. Count Aldrovandi)。为显示在中日间不做左右袒,国联理事会还决定顾维钧作为顾问代表中国参加工作,吉田伊三郎代表日方。代表团秘书长为国联秘书处哈斯(Mr. Robert Haas)。代表团另有翻译、辅助人员。1932年9月4日,代表团完成报告书,签署于中国北平。报告书确认:第一,九一八事变之责任,完全在于日本,而不在中国;第二,伪满洲国政权非由真正及自然之独立运动所产生;第三,申明东三省为中国领土。日本为此恼羞成怒,退出国联,自绝于国际社会。

《李顿调查团档案文献集》就是反映李顿调查团组建、调查过程、调查结论、各方反应和影响的中、日等国相关资料的汇编,对于研究九一八事变和李顿调查团,具有重要的参考价值。

如何看待李顿调查团来东亚调查的来龙去脉? 笔者认为应有三个维度的观照:

其一,在中国发现历史。

美国历史学家柯文提出的这一范式,相比"冲击—反应"模式,即从外部冲击观察中国历史的旧范式,自有其意义。近代以来,由条约体系加持的列强,对中国社会产生了巨大的影响。中国沿海通商口岸是中国最早接触西方世界的部分,在资本主义全球化的过程中得风气之先,所谓"西风东渐",对中国旧有典章制度的影响无远弗届。近代中国在西方裹挟下步履跟跄,蹒跚竭蹶,自为事实。但如果把中国近代历史仅仅看成西方列强冲击之结果,在理论、方法和事实上,均为重大缺陷。

主要从中国内部,探寻历史演进的机制和规律,是柯文提出的范式的意义所在。

事实上,九一八事变发生、国联调查团来华前后,中国社会内部对此作出了剧烈的反应。在瑞士日内瓦所藏国联巨量档案文献中,中国各界通过电报、快邮代电、信函等形式具名或匿名送达代表团的呈文引人注目,集中表达了国难当头之时中华民族谴责日本侵略、要求国际社会主持公道、收回东北主权、确保永久和平的诉求,对代表团、国联和整个国际社会形成了巨大影响,显示了近代中国社会演进的内在动力。

东北各界身受亡国之痛,电函尤多。基层民众虽文化程度不高,所怀民族国家大义却毫不含糊。东北某兵工厂机器匠张光明致信代表团称:"我是中华民国的公民,我不是'满洲国'人,我不拥护这国的伪组织。"高超尘说:"不少日子以前,'满洲国家'即已成立了,但那完全是日本人的主使,强迫我辽地居民承认。街上的行人,日人随便问'您是哪国人',你如说是'满洲人'便罢,如说是中国人,便行暴打以至死。"辽宁城西北大橡村国民小学校致函称:"逐出日本军,打到[倒]'满洲国',宁做战死鬼,不做亡国民。"陈子耕揭露说:"自事变以后,日本恶势力已伸张入全东北,如每县的政事皆由日人权势下所掌握,复又收买警察、军人、政客等,以假托民意来欺骗世界人的耳目,硬说建设'满洲国'是中华人民的意思,强迫人民全出去游行,打着欢迎建设'新国家'的旗号……我誓死不忘我的中华祖国,敢说华人莫非至心不跳时、血停时,不然一定于[与]他们周旋。"小学生何子明来信说:"我小学生告诉您们'满洲国'成立我不赞成……有一天我在学校,日本人去了,教我们大家一齐说'大日本万岁',我们要不说他就杀我们,把我迫不得已的就说了。其中有一位七岁的小孩,他说'大中华万岁! 打倒小日本!'日本人听了就立刻把那个小同学杀了,真叫我想起来就愁啊。"

经济地位和文化水平较高者,则向代表团分析日本侵占中国东北的深远危害。哈尔滨商民代表函称:"虽然,满洲吞并,恐不惟中国之不利。即各国之经济,亦将受其影响。世界二次大战,迫于眉睫矣。"中国国民党青年团哈尔滨市支部分析说:"查日本军阀向有一贯之对外积极侵略政策,吾人细玩以前田中义一之满蒙大陆政策,及最近本庄繁等上日本天皇之奏折,可以看出其对外一贯之积极侵略政策,即第一步占领满蒙,第二步并吞中国,第三步征服世界是也。……以今日之日本蕞尔岛国,世界各国尚且畏之如虎,而况并有三省之后版图增大数倍,恐不数年后,即将向世界各国进攻,有孰敢撄其锋镝乎? ……勿徒视为亚洲人之事,无关痛痒,失国联之威信,而贻噬脐之后悔也。"

不惟东北民众,民族危亡激起了全中国人的爱国心。清华大学自治会1932 年 4 月 12 日用英文致函代表团指出:中国面临巨大的困难,好似 1806 年的德国和 1871 年的法国,但就像"青年意大利"党人一样,青年人对国家的重建充满信心。日本的侵略,不仅危害了中国,也对世界和平形成严重威胁,青年人愿意为国家流尽"最后一滴血"。而国联也面临着建立以来最大的危机,对九一八事变的处理,将考验它处理全球问题的能力。公平和正义能否实现,将影响到人类的命运。他们向代表团严正提出"五点要求":1. 日本从中国撤军;2. 上海问题与东北问题一起解决;3. 不承认日本侵略和用武力改变的现状;4. 任何解决不得损害中国的领土和主权完整;5. 日本必须对此事件的后果负责。南京海外华侨协会 1932 年 3 月 16 日致电代表团:日本进兵东三省和淞沪地区,"违反了国联盟约和《凯洛格—白里安公约》,扰乱了远东地区和世界的和平。

同时,日本一直在做虚假的宣传,竭力蒙蔽整个世界。我们诚挚地请求你们到现场来,亲眼看看日军对中国人民的生命财产进行怎样的恣意破坏。希望你们按照国际法及司法原则,对其进行制裁。如果你们不能完成这一使命,那么世界上将无任何公平正义可言。在这种情况下,为了民族的生存,我们将采取一切手段自卫,决不会向武力屈服。"

除了档案,中国当时的杂志、报纸,大量地报道了九一八事变和国联调查团相关情况,其关切的细致程度,说明了各界的高度投入。那些浸透着时人忧虑、带着鲜明时代特色的文字表明:九一八事变的发生,对当时的中国社会是一场精神洗礼,每个人都从东北沦陷中感受到切肤之痛。这种舆论和思想的汇合,极大地改变了此后中国社会各界的主要诉求,抗日图存成为压倒性的任务,每一种政治力量都必须对此作出回应。

其二,在世界发现中国历史。

以中国为本位,探讨中国历史的内生力量,是题中应有之义。但全球化以来,中国历史已经成为世界历史的一部分。仅仅依靠中国方面的资料,不利于我们以更加广阔的视野看待中国历史和"九一八"的历史。

事实上,奔赴世界各地"动手动脚找东西",已经成为中国学者深化中国近现代史,特别是抗战史研究的不二法门。比如,在中日历史问题中占据核心地位的南京大屠杀问题。除中国各地档案馆、图书馆外,中国学者深入美、德、英、日、俄、法、西、意、丹等国相关机构,系统全面地整理了加害者日方、受害者中方和第三方档案文献,发现了大量珍贵文献、图像资料,出版《南京大屠杀史料集》72卷。不仅证明了日军进行大屠杀的残酷性、蓄意性和计划性,也证明南京大屠杀早在发生之时,就引起了各国政府和社会舆论的关注;南京和东京两场审判,进行了繁复的质证,确保了程序和判决的正义;日方细致的粉饰,在中国人民和全世界正义人士的揭露下真相毕露。全球性的资料,不仅深化了历史研究,也为文学、社会学、心理学、新闻传播学、艺术学等跨学科方法进入相关研究提供基础;不仅摧毁了右翼的各种谬论,也迫使日本政府不敢公然否认南京大屠杀的发生和战争犯罪性质。

国际抗战资料,展现了中国抗战史的丰富侧面。如美国驻中国各地使领馆的报告,具体生动地记录了战时中国各区域的社会、政治、军事等各方面情形,对战时国共关系亦有颇有见地的分析;俄、美、日等国档案馆的细菌战资料,揭示了战时日本违反国际法研制细菌武器的规模和使用情况,记录了中国各地民众遭遇的重大伤亡和中国军民在当时条件下的应对,以及暗示了战后美国掩饰"死亡工厂"实情的目的;英美等国档案所反映的重庆大轰炸和日军对中国大中小城市的普遍的无差别轰炸,不仅记录了日本战争犯罪的普遍性,也彰显了战时中国全国军民同仇敌忾、不畏强暴的英勇气概。哈佛大学所藏费吴生档案、得克萨斯州州立大学奥斯汀分校所藏辛德贝格档案、曼彻斯特档案馆所藏田伯烈档案等则从个人角度凸显了中国抗战在"第三方"眼中的图景。

对于李顿调查团的研究,自莫能外。比如,除了前述中国各界给国联的呈文,最近在日内瓦"国联和联合国档案馆"中发现:调查团在日本与日本政要的谈话记录,在中国各地特别是在北平和九一八事变直接相关人士如张学良、王以哲、荣臻等人的谈话记录,调查团在东北实地调查、询问日军高层的记录,中共在"九一八"前后的活动,中国各界的陈情书,日本官方和东北伪组织人员、汉奸的表态,世界各国、各界的反应等。特别是张学良等人反复向代表团说明的九一八事变前夕东北军高层力避冲突的态度,王以哲、荣臻在"九一八"当晚与张学良的联系,北大营遭受日军进攻以后东北军的反应等情况,对于厘清九一八事变真相,有着不可取代的意义。

我们通过初步努力发现,李顿调查团成立前后,中方向国联提交了论证东北主权属于中国的篇幅巨大的系统性说帖,顾维钧、孟治、徐道邻等还用英文、德文进行著述。日方相应地提交了由日本旅美"学者"起草的说帖,其主攻点是中国的抗日运动、东北在张氏父子治下的惨淡、东北的"匪患",避而不谈柳条沟事件的蓄意性。日方资料表明,即使在九一八事变发生数月后,其关于"九一八"当晚情形的说辞仍然漏洞百出、逻辑混乱,在李顿询问时不能自圆其说。而欧美学者则向国联提供了第三方意见,如 *The Verdict of the League: China and Japan in Manchuria*(《国联的裁决:中日在满洲》),哈佛大学法学院教授曼利·哈德森(Manley O. Hudson)著;*Manchuria: Cradle of Conflict*(《满洲:冲突的策源地》),欧文·拉铁摩尔(Owen Lattimore)著;*The Manchuria Arena: An Australian View of the Far Eastern Conflict*(《满洲竞技场:远东冲突的澳洲视角》),卡特拉克(F.M. Cutlack)著;*The Tinder Box of Asia*(《亚洲的火药桶》),乔治·索科尔斯基(George E. Sokolsky,中文名索克斯)著;*The World's Danger Zone*(《世界的危险地带》),舍伍德·艾迪(Sherwood Eddy)著;等等,为国联理解中国东北问题提供了有益的视角。另外,收藏在美国斯坦福大学胡佛研究所的蒋介石日记等也反映了当时国民政府高层的态度和举措。

这次出版的资料中,收集了中国台湾地区的"国史馆"藏档,日本外务省藏档,国联和联合国档案馆 S 系列藏档等多卷档案。丰沛的资料说明,即使是李顿调查团这样过去在大学教材中只是以一两段话提出的问题,其实仍有海量的各种海外文献可资研究。

可以说,世界各地抗日档案和各种资料,不仅补充了中国方面的抗日资料,也弥补了"在中国发现历史"范式的不足,体现了历史唯物主义对历史研究全面性、客观性的要求,自然地延伸推导出"在世界发现中国历史"的新命题。把"中国的"和"世界的"结合起来,才能更深广、入微地揭示抗日战争史的内涵。

其三,在中国发现世界历史。

中国历史,是世界历史的重要组成部分;中国抗战,构成了第二次世界大战的东亚主战场。离开中国历史谈世界历史注定是不周全的。只有充分发掘中国历史的世界意义,世界史才能获得真正的全球史意义。

过往的抗战史国际化,说明了中国抗战的世界意义。研究发现,东北抗联资料不仅呈现了十四年抗战的艰苦过程,也说明了战时东北亚复杂的国际关系。日方资料中的"华北治安战""清乡作战"资料,从反面反映了八路军、新四军的顽强,其牵制大量日军的事实,从另一面说明中共敌后游击战所发挥的中流砥柱作用。1937 年 12 月 12 日在南京江面制造"巴纳号事件"的日军航空兵官兵,后来是制造"珍珠港事件"的主力之一,说明了中国抗战与太平洋战争的联系。参与制造九一八事变、华北事变和南京大屠杀的许多日军部队,后来在太平洋战场上被美澳等盟国军队消灭,说明了太平洋战场和中国战场的相互支持。中国军队在滇缅战场的作战和在越南等地的受降,中国对朝鲜、马来亚、越南等地游击战和抗日斗争的介入和帮助,说明了中国抗战对东亚、东南亚解放的意义和价值。对大后方英美军人、"工合"人士、新闻界和其他各界人士的研究,彰显了抗日统一战线的多重维度,等等。这对我们的研究富有启发性意义。

李顿调查团的相关资料表明,九一八事变及其后续发展,具有深刻的世界史含义。

麦金德 1902 年在英国皇家地理学会发表文章,提出"世界岛"的概念。麦金德认为,地球由两部分构成:由欧洲、亚洲、非洲组成的世界岛,是世界上面积最大、人口最多、最富饶的陆地组合。在"世界岛"的中央,是自伏尔加河到长江,自喜马拉雅山脉到北极的心脏地带,在世界史的发展中具有重要意义。其实,就世界近现代史而言,中国东北具有极其重要的地缘战略意义,堪称"世界之砧"——美国、俄罗斯、日本等这些当今世界的顶级力量,无不在中国东北及其周边地区倾注心力,影响世界大局。

今天看来,李顿调查团的组建,是国际社会运用国际规约积极调解大国冲突、维护当时既存的凡尔赛—华盛顿体系的一次尝试。参与各国均为当时世界强国,即为明证。

英国作为列强中在华条约利益最丰的国家,积极投入国联调查团的建立。张伯伦、麦克米伦等知名政治家均极愿加入代表团,甚至跟外交部官员暗通款曲,询问排名情况。李顿在中日间多地奔波,主导调查和报告书的起草,正是这一背景的反映。

美国作为国联非成员国,积极介入调查团,说明了美国对远东局势的关切,其态度和不承认日本用武力改变当时中国领土主权现状的"史汀生主义"是一致的。日美之间的紧张关系,一直延续到珍珠港事变发生。在日美最终谈判中,中国的领土和主权,仍然是美方的先决条件。可以说,九一八事变,从大历史的角度看,是改变日本和美国国运的大事。

苏联在国联未能采取强力措施制止日本侵略后,默认了伪满洲国的存在,后甚至通过对日条约加以承认,其对日本的忍让和妥协,延续到它对日本宣战。但日本关东军主力在苏联牵制下不敢贸然南下,影响了中国抗日战争的形态。

日本侵占中国东北,却始终得不到中国和国际主流社会的承认,乃不断扩大侵略,不仅影响了对苏备战,也使得其在"重庆政权之所以不投降,是因为有英美支持"的判断下,不断南进,最终自取灭亡。2015 年 8 月 14 日,日本首相安倍晋三在战后 70 年讲话中承认:"日本迷失了世界大局。满洲事变以及退出国际联盟——日本逐渐变成国际社会经过巨大灾难而建立起来的新的国际秩序的挑战者,前进的方向有错误,而走上了战争的道路。其结果,70 年前,日本战败了。"从这个意义上说,九一八事变—李顿调查—退出国联,成为日本近代史的转折点。

亚马孙雨林的蝴蝶振动翅膀,可能在西太平洋引发一场风暴。发生在沈阳一个小地方的九一八事变,成为今天国际秩序的肇因。其故焉在?马克思和恩格斯在《德意志意识形态》中指出:在历史演进的过程中,人的"普遍交往"逐步发展起来,"狭隘地域性的个人为世界历史性的、真正普遍的个人所代替"。近代以来中国人民的历史,与世界历史共构而存续。

回望李顿调查团的历史,我仿佛感受到了太平洋洋底的咆哮呼啸前来,如同雷鸣。

是为序。

张 生
2019 年 10 月

目 录

上篇　李顿调查团与中方申诉

中篇　李顿调查团与中国抵制日货问题

下篇　李顿调查团与中日舆论对垒
——以《中国说》《日本说》为中心

导　论

　　1931年10月12日，"九一八"事变爆发已近一个月，蒋介石在《拥护公理与抗御强权》的报告中称："我国是世界国家之一，即不能离开世界，同样既是国际联合会的一分子，即不能离开国联。任何国家，离开国联，都不免失败，都要自取灭亡。"①这表明国民政府坚定地信任国联，将恢复中国东北原状寄托于国联的调解。

　　1951年4月10日，时任首相的吉田茂亲自主持战前日本外交失误的回顾，形成《日本外交的错误》（日本外交の過誤）调查书，将日本的外交失误划分为八个阶段，第一个阶段就是"满洲事变、退出国际联盟"②。吉田茂视"九一八"事变和退出国联为日本走上战争道路与最终战败的第一步。

　　蒋介石坚信离开国联是自取灭亡，吉田茂等亦视退出国联为日本战败之始。毋庸置疑，国联与中日冲突之间存在着深刻关系。国联与中日冲突产生联结的关键一步是派遣调查团即李顿调查团前往东亚开展调查与调停。深入研究李顿调查团是总体上把握"局部抗战和全国性抗战、正面战场和敌后战场、中国人民抗日战争和世界反法西斯战争等重大关系"的一把钥匙，是研究"九一八"事变后14年抗战历史的一个重大问题，是理解中日历史问题乃至当代中日关系的一个基本前提。

一、学术简史

　　兹就中外学界关于本书研究之对象——李顿调查团及其相关主题的先行

---

　　①　《拥护公理与抗御强权：在国府纪念周报告》，《宣传周报（湖南）》1931年第46期，第1—3页。

　　②　小倉和夫「吉田茂の自問：敗戦、そして報告書『日本外交の過誤』」、藤原書店、2003年、23頁。

研究予以简单胪列,以此梳理本书研究对象之学术史。

(一)中国学术界的先行研究

专著方面,俞辛焞先生的《唇枪舌剑——九一八事变时期的中日外交》①是研究"九一八"事变时期中日外交的一部力作。这本书把"九一八"事变期间的中日外交作为研究对象,主要研究日本外交特别是外务省在此期间的对策和作用,同时分析南京国民政府的外交政策,再现了那个时期中日两国在国联及各种场合的明争暗斗。对于李顿调查团的赴华调查,作者用了两章的篇幅阐述中日两国对调查团的不同态度。张敬录的《苦恼的国联——九一八事变李顿调查团来华始末》②一书,运用文学笔法,对李顿调查团来华调查"九一八"事变的历史过程进行了线性梳理。沈予的《日本大陆政策史(1868—1945)》③主要讲述了近代以来日本大陆政策的沿革情况,重点论述了日本对中国东北地区的政策,对"九一八"事变后中日两国在国联的活动有具体分析,对日本退出国际联盟的决策过程有一定记述。洪岚在其专著《南京国民政府的国联外交》④的第四章中讨论了李顿调查团相关问题,主要涉及中日两国在《李顿调查团报告书》发表后的立场与应对,以及国联大会通过最终报告书后日本退出国联的过程。武向平在《满铁与国联调查团研究》⑤一书中充分挖掘满铁档案资料,从满铁视角审视国联调查团,为深入认识满铁与国联调查团的关系做了非常有益的探索。崔海波的《九一八事变期间中国、日本与国联的交涉》⑥一书以《革命文献》等资料为基础,再现了"九一八"事变前后的各方交涉过程,指出南京国民政府采取了最消极的应对策略,即在军事上实行不抵抗主义,在外交上不与日本直接交涉,单纯寄希望于国联调处此次冲突。

论文层面的研究成果颇丰,就内容而言,主要集中于以下几个方面。

---

① 俞辛焞:《唇枪舌剑——九一八事变时期的中日外交》,桂林:广西师范大学出版社,1997年。

② 张敬录:《苦恼的国联——九一八事变李顿调查团来华始末》,南昌:江西人民出版社,2005年。

③ 沈予:《日本大陆政策史(1868—1945)》,北京:社会科学文献出版社,2005年。

④ 洪岚:《南京国民政府的国联外交》,北京:中国社会科学出版社,2010年。

⑤ 武向平:《满铁与国联调查团研究》,北京:社会科学文献出版社,2015年。

⑥ 崔海波:《九一八事变期间中国、日本与国联的交涉》,长春:吉林大学出版社,2016年。

　　关于李顿调查团来华及其调查活动研究。武寅在《浅析国联调查团派遣案的出笼》①一文中通过日本与西方大国之间在国联内外的争夺与勾结，分析了国联调查团被派来华的原因和形成过程；窦爱芝的《李顿调查团来华调查真相》②一文考察了李顿调查团来华的原因和经过，认为李顿调查团是国联对日本妥协和纵容政策的产物，不仅没有维护公理、伸张正义，反而袒护日本并达到列强共同分享在中国东北利益的目的；刘建武《有关日本侵占东北后国际联盟调处的几个问题》③一文对国联调处"九一八"事变的关键节点进行了梳理和分析，对国联调处"九一八"事变的经过及教训予以考察。

　　关于中日两国对李顿调查团的应对问题研究，是中国学术界先行研究的重点领域。俞辛焞的《九一八事变后国联与中日的外交二重性评析》④一文在分析中日及列强围绕国联调处"九一八"事变所展开的错综复杂的三角外交斗争时，提出了"外交二重性"的观点，认为国际联盟是受西方列强操纵的国际组织，列强和日本之间既相互协助又相互争夺。徐康明在《日本退出国际联盟始末》⑤中主要讲述了日本是如何一步步走上退出国际联盟这样一条错误道路的，并对日本外交决策体制予以剖析，指出日本外交决策缺乏长远规划，局限于眼前，极具随意性。李广民的《中日两国围绕李顿调查团外交对策之比较》⑥一文通过比较中日两国对李顿调查团的不同态度，揭示了中国既妥协又抗争的对策特点，以及日本与西方列强围绕中国问题形成的二重国际关系。洪岚在《李顿调查团与南京国民政府国联外交得失》⑦中认为南京国民政府将"九一八"事变诉诸国联，无论是从国内实际还是从对日斗争来看，都不失为一

---

　　①　武寅：《浅析国联调查团派遣案的出笼》，《外国问题研究》1989 年第 4 期。

　　②　窦爱芝：《李顿调查团来华调查真相》，《历史教学》1998 年第 12 期。

　　③　刘建武：《有关日本侵占东北后国际联盟调处的几个问题》，《抗日战争研究》1992年第 1 期。

　　④　俞辛焞：《九一八事变后国联与中日的外交二重性评析》，《抗日战争研究》1993 年第 3 期。

　　⑤　徐康明：《日本退出国际联盟始末》，《日本学刊》1994 年第 2 期。

　　⑥　李广民：《中日两国围绕李顿调查团外交对策之比较》，《日本研究论集》1998 年。

　　⑦　洪岚：《李顿调查团与南京国民政府国联外交得失》，《北京电子科技学院学报》2004 年第 1 期。

种重要的外交措施。谷小水在《"独立"社与国联调查团》①中重点考察了胡适、丁文江、傅斯年等独立社成员为代表的知识分子群体影响国联调查团的努力。郑大华、刘妍的《中国知识界对国联处理九一八事变的不同反应——以胡适、罗隆基和胡愈之为例的考察》②以胡适、罗隆基和胡愈之三人为中心展开探讨,认为三人之所以对国联处理"九一八"事变的反应不同,是因为他们与国民党的关系不同,对国联及国际法的认识不同,以及对中日实力的认识不同。台湾地区学者李云汉的《顾维钧与九一八事变之中日交涉》③详细考察了顾维钧在李顿调查团来华前后的外交角色,并对顾维钧在日内瓦的作用进行了评价。台湾地区学者蒋永敬在《顾维钧与"九一八"事变》④中则更加详细地考证了"九一八"事变后顾维钧参与李顿调查团处理外交事务的过程。

关于《李顿调查团报告书》的评价问题研究。周美云在《重评李顿调查团报告书》⑤中指出《李顿调查团报告书》具有两重性,一重是叙述的事实和调查结论在一定程度上主持了公道,另一重是报告书所提出的解决建议遭到中国人的谴责和反对,总体上对中国而言是利大于弊。洪岚的《〈李顿调查团报告书〉公布前后中国社会各界的反响》⑥一文通过分析《李顿调查团报告书》公布前后中国社会各界的讨论和意见,认为总的趋势是中国人开始放弃对国联和列强的幻想,逐渐认识到民族自强的重要性。

关于国际社会与李顿调查团的关系研究。王宇博的《英国与1931—1933年远东危机的结束——兼评〈李顿调查报告〉》和《英国、国联与"九一八"事

---

① 谷小水:《"独立"社与国联调查团》,《福建论坛(人文社会科学版)》2004年第6期。

② 郑大华、刘妍:《中国知识界对国联处理九一八事变的不同反应——以胡适、罗隆基和胡愈之为例的考察》,《抗日战争研究》2009年第1期。

③ 李云汉:《顾维钧与九一八事变之中日交涉》,刘维开编:《国民政府处理九一八事变之重要文献》,台北:"中国国民党党史委员会",1992年,第647—648页。

④ 蒋永敬:《顾维钧与"九一八"事变》,中国抗日战争史学会编:《抗日战争与中国历史——"九一八"事变60周年国际学术讨论会文集》,沈阳:辽宁人民出版社,1994年,第379—388页。

⑤ 周美云:《重评李顿调查团报告书》,《安徽师范大学学报(人文社会科学版)》1992年第3期。

⑥ 洪岚:《〈李顿调查团报告书〉公布前后中国社会各界的反响》,《史学月刊》2006年第5期。

变——兼评〈李顿调查报告〉》①等文章以英国、国联调处远东危机为视角,指出"唯一在远东拥有较大利益的欧洲国家"英国在远东危机期间始终立足于维护其在华利益的立场,由于缺乏与日本抗衡的力量,只能诉诸外交手段和舆论工具,执行着一条以防日、限日和避免与日发生军事冲突为主要内容的政策,《李顿调查团报告书》是这一几经变化的政策的最终体现。国联没有按照《国联盟约》来解决事端,而是立足于维护英国远东利益的立场,成为英国远东政策的执行者。张北根在《英国对国联会议审议李顿报告书的态度》②中深入讨论了英国在国联会议审议《李顿调查团报告书》期间的态度变化过程,认为英国积极维护和扩展在中日的贸易利益和避免对日战争的远东政策,是其所持态度的原因所在。陈海懿在《国联调查团的预演:九一八事变后的中立观察员派遣》《九一八事变后美国的因应和国联调查团产生》③等文中详细分析了国联调查团成立背后英美等大国之间的博弈。台湾地区学者王纲领在《英、美二国对九一八事变的回应》④中利用英美外交档案,细致梳理了英美两国对华政策的演变,指出英美两国,尤其是美国经历了中立护侨、寄希望于币原外相、实行不承认政策、"一·二八"事变后派舰行动的态度举措转变过程。台湾地区学者黄自进在《拥抱国际主流社会:蒋介石的对日外交战略》⑤中肯定蒋介石积极拥抱国际主流社会,试图寻求国际社会的支援和同情的态度,认为逼使日本与国际社会脱轨是蒋介石的阶段性目的,而李顿调查团恰好成为目标实现过程中的一个重要事件。

　　另外,在史料编辑与整理方面,中国台湾地区自 20 世纪 60 年代就开始推

---

　　①　王宇博:《英国与 1931—1933 年远东危机的结束——兼评〈李顿调查报告〉》,《苏州大学学报》1995 年第 1 期;《英国、国联与"九一八"事变——兼评〈李顿调查报告〉》,《历史档案》2002 年第 2 期。

　　②　张北根:《英国对国联会议审议李顿报告书的态度》,《抗日战争研究》2001 年第 2 期。

　　③　陈海懿:《国联调查团的预演:九一八事变后的中立观察员派遣》,《抗日战争研究》2019 年第 2 期;《九一八事变后美国的因应和国联调查团产生》,《民国档案》2019 年第 4 期。

　　④　王纲领:《英、美二国对九一八事变的回应》,刘维开编:《国民政府处理九一八事变之重要文献》,第 695—724 页。

　　⑤　黄自进:《拥抱国际主流社会:蒋介石的对日外交战略》,《抗日战争研究》2014 年第 2 期。

进相关工作。1965—1966 年,"中华民国外交问题研究会"编制的《中日外交史料丛编》之《九一八事变》《日本制造伪组织与国联的制裁侵略》①,收录了日本制造九一八事变、国联调查团赴东北调查经过、国民政府外交部与日内瓦中国代表团的往来函电、各国对日本侵略所持之态度等资料。20 世纪 80 年代,罗家伦主编的《革命文献》第 39、40 辑暨《日本侵华有关史料》(九)(十)②以"中日事件与国际联盟"为主题,对"九一八"事变和国际联盟的调解有详细的记述,记载着大量有关国联调停中日冲突和国联调查团自身的资料,并摘录了当时日本政界领导人回忆录中的相关内容,具有重要参考和引用价值。20 世纪 90 年代,"中国国民党党史委员会"编印的《国民政府处理九一八事变之重要文献》③涵盖了国民政府应对九一八事变的多种档案文件、电文和会议记录,尤其是中央政治会议特种外交委员会的历次会议记录,使之成为研究"九一八"事变前后国联调处中日争端的重要资料集。2020 年,台湾地区"民国历史文化学社"编撰《近代中日关系史料汇编》之《"满洲国"成立与国联对日本侵华的处理》④,内含国民政府向国联的控诉和国联派遣李顿调查团进行处理等经过的史料。

大陆的史料整理从 20 世纪 80 年代末步入正轨,相继出版了诸多专题资料集。中央档案馆、中国第二历史档案馆、吉林省社会科学院合编《日本帝国主义侵华档案资料选编——九一八事变》⑤,辽宁省档案馆编撰《九一八事变档案史料精编》⑥,这两部以"九一八"事变为主题的史料集收录了"九一八"事

① "中华民国外交问题研究会"编:《中日外交史料丛编(二)"九一八事变"》,台北:"中华民国外交问题研究会"印行,1965 年;"中华民国外交问题研究会"编:《中日外交史料丛编(五)"日本制造伪组织与国联的制裁侵略"》,台北:"中华民国外交问题研究会"印行,1966 年。

② 罗家伦主编:《革命文献·第 39 辑"日本侵华有关史料(九)"》,台北:正中书局,1966 年;罗家伦主编:《革命文献·第 40 辑"日本侵华有关史料(十)"》,台北:正中书局,1967 年。

③ 刘维开编:《国民政府处理九一八事变之重要文献》,台北:"中国国民党党史委员会",1992 年。

④ "民国历史文化学社"编辑部:《近代中日关系史料汇编·满洲国的成立与国联对日本侵华的处理》,台北:开源书局,2020 年。

⑤ 中央档案馆、中国第二历史档案馆、吉林省社会科学院合编:《日本帝国主义侵华档案资料选编——九一八事变》,北京:中华书局,1988 年。

⑥ 辽宁省档案馆编:《"九一八"事变档案史料精编》,沈阳:辽宁人民出版社,1991 年。

变前后到日本退出国际联盟期间的诸多电文、报告等原始资料,尤以《李顿调查团报告书》发表后日本在国联的活动、日本驻国联代表团与东京外务省的联系等方面的记载居多。2000 年,中国第二历史档案馆整理出版的《中华民国史档案资料汇编》①第 5 辑第 1 编"外交"中有关"日本侵略东北与九一八事变和国民政府的不抵抗政策"项目,收录有关国联理事会(The Council of the League of Nations,亦被称为国联行政院)开会情况、国联采取的行动,以及李顿调查团等资料。次年,赵朗主编的《"九一八"全史》②第五卷·资料编(上、下两册)中的第十部分"国联与日本",收录有关国联理事会声明、派遣李顿调查团、调查团成员谈话记录,以及国联审议报告书等资料。

(二) 日本学术界的先行研究

日本强烈反对基于李顿调查团及其报告书而形成的国联大会决议,并由此退出国联,这成为日本近代史的重要转折点,故日本学界的研究集中于国联、李顿调查团和日本退出国联的关联性研究。

内山正熊是研究"九一八"事变与国联相关问题的专家,他在 20 世纪 60 年代末至 70 年代初连续发表《退出国际联盟的由来》(国際連盟脱退の由来)③、《满洲事变和退出国际联盟》(満州事変と国際連盟脱退)④等文章,阐述了日本对"满洲国"承认问题的态度及日本在国联大会上的外交活动,并以日本驻国联代表团与东京外务省的往来函电为主要史料,论述日本退出国联的过程,指出日本退出国联不仅造成日本被国际孤立,而且摧毁了国联集体安全机制架构。与内山正熊的观点不同,井上寿一在《退出国联与国际协调外交》(国際連盟脱退と国際協調外交)⑤中论述了日本政界关于退出国联的决策过程,认为日本退出国联后,"九一八"事变引发的国际压力减小,日本得以改善与英美的外交关系,修复"协调外交"。

1987 年,日本广播协会出版《十字架上的日本:与国际联盟的诀别》(十字

---

①　中国第二历史档案馆编:《中华民国史档案资料汇编·第五辑·第一编·外交》,南京:江苏古籍出版社,2000 年。

②　赵朗编:《"九一八"全史》(第 5 卷·资料编),沈阳:辽海出版社,2001 年。

③　内山正熊「国際連盟脱退の由来」,『法学研究』、1967 年第 40 卷 10 号。

④　内山正熊「満州事変と国際連盟脱退」,『季刊国際政治』、1970 年第 43 号。

⑤　井上寿一「国際連盟脱退と国際協調外交」,『一橋論叢』、1985 年第 94 卷 3 号。

架上の日本:国際連盟との訣別)①,该书基于日本外务省档案、当事人记述、媒体资料,从内、外视角细致地描述了当时正加速走向黑暗深渊的日本的情势,指出松冈洋右向全世界声明"日本退出国联"之时,日本俨然成了"世界的孤儿"。2006 年,山川恭子发表《周刊志记事所见从满洲事变到退出国际联盟——以〈朝日周刊〉为中心》(週刊誌記事に見る満州事変から国際連盟脱退まで——「週刊朝日」を中心に)②一文,该文章以《朝日新闻》社的下属刊物《周刊朝日》,以及《每日新闻》社的下属刊物《每日周末》为资料基础,通过分析报道的内容、手段和方式,再现了日本媒体记述下的"九一八"事变、国联调停、李顿调查团在东亚的调查,以及日本退出国联等历史。

日本学界关于李顿调查团研究还散见于日本的"满洲事变""满洲国""日中战争"等研究范畴之内,其中大多将李顿调查团作为历史事件加以陈述,并未深入探究,详见臼井胜美著《满洲事变:战争与外交》(満州事変——戦争と外交と)③和《"满洲国"与国际联盟》(満州国と国際連盟)④、绪方贞子著《满洲事变:政策的形成过程》(満洲事変と政策の形成過程)⑤、筒井清忠主编《从最新研究看走向战争之途》(最新研究で見る戦争への道)⑥、后藤春美著《与国际主义的搏斗:日本、国际联盟、大英帝国》(国際主義との格闘:日本、国際連盟、イギリス帝国)⑦等研究成果。

(三)欧美学术界的先行研究

"九一八"事变对当时既存的凡尔赛-华盛顿体系冲击极大,日本退出国联一定程度上加速了国联集体安全机制的瓦解,故引起西方学者的关注与研究。相关研究提及李顿调查团,但未形成专题性研究。

早在"九一八"事变发生后,西方学者就关注到事变所引发的多面向影响。

---

① NHK"ドキュメント昭和"取材班編『十字架上の日本:国際連盟との訣別』、角川書店、1987 年。

② 山川恭子「週刊誌記事に見る満州事変から国際連盟脱退まで:『週刊朝日』を中心に」、『図書館情報メディア研究』、2007 年第 5 巻 2 号。

③ 臼井勝美『満州事変:戦争と外交と』、中央公論社、1974 年。

④ 臼井勝美『満洲国と国際連盟』、吉川弘文館、1995 年。

⑤ 緒方貞子『満洲事変と政策の形成過程』、原書房、1966 年。

⑥ 筒井清忠編『最新研究で見る戦争への道』、筑摩書房、2015 年。

⑦ 後藤春美『国際主義との格闘:日本、国際連盟、イギリス帝国』、中央公論新社、2016 年。

1935 年,韦罗贝(W. W. Willoughby)完成《中日纠纷与国联》(*The Sino-Japanese controversy and the league of nations*)①一书,兼具学术研究与资料整理性质,详细地分析了国联调处"九一八"事变中日争端的经过与南京国民政府对国联的外交对策及其意义,对国联理事会会议的召开与李顿调查团的组建也有较为详细的记录。1937 年,乌苏拉·哈伯德(Ursula P. Hubbard)在《美国与国际联盟的合作(1931—1936)》(*Cooperation of the United States with the League of Nations*,*1931-1936*)②一文中从美国与国联合作关系的角度,呈现了 1931—1936 年国联在处理各项事务过程中的美国因素与身影,其中简单提及美国派员加入李顿调查团,并成为调查"九一八"事变的主导国之一。1948 年,萨拉·史密斯(Sara R. Smith)出版《1931—1932 年的满洲危机:一个国际关系的悲剧》(*The Manchurian Crisis*,*1931-1932*:*A Tragedy in International Relations*)③,将"九一八"事变视为第一次世界大战后国际关系中发生的悲剧,并指出当国联于 1931 年 12 月 10 日准备组建李顿调查团之际,情况已经预示着毫无疑问的最终悲剧结局,因为日本在中国东北的军事行动和日本国内对"满洲"的情感都已根深蒂固,除非其他大国进行武装干预,否则无法迫使其放弃,而日本领导人当时有充分的理由相信,任何形式的严肃国际行动都不可能发生。

1963 年,拉帕波特教授在《亨利·史汀生与日本(1931—1933)》(*Henry L. Stimson and Japan*,*1931-1933*)④一书中试图回答自 1931 年以来困扰学者的一个关键问题,即为什么美国和英国未能阻止日本侵略中国东北,作者在专著中论述了美国通过参与国联介入中日冲突的过程,并利用有关调查团的资料说明即便英美等国家进行调停,也无法改变中国东北陷入日本殖民统治的结局中。1972 年,克里斯托弗·索恩(Christopher Thorne)出版《外交政

---

① W. W. Willoughby, *The Sino-Japanese Controversy and the League of Nations*, Baltimore: Johns Hopkins University Press, 1935.

② Ursula P. Hubbard, "Cooperation of the United States with the League of Nations, 1931-1936," *International Conciliation*, Vol.18, 1937, pp.295-472.

③ Sara R. Smith, *The Manchurian Crisis*,*1931-1932*:*A Tragedy in International Relations*, New York: Columbia University Press, 1948.

④ A. Rappaport, *Henry L. Stimson and Japan*,*1931-1933*, Chicago: University of Chicago Press,1963.

策的局限性：西方、国联与 1931—1933 年远东危机》(*The limits of foreign policy: The West, the League and the Far Eastern crisis of 1931 - 1933*)①一书，详细考查了 1931—1933 年国联在处理中日问题上的策略与行动，认为囿于当时英国财政脆弱，军事上更不具备在远东进行一场大的战争的能力，因此由英国主导的李顿调查团历时半年多的调查没有取得和平结果，而英国在解决远东问题过程中，始终坚持避战求和、姑息日本侵略者的具有绥靖色彩的政策。

2007 年，托马斯·伯克曼(Thomas W. Burkman)出版《日本与国际联盟：帝国与世界秩序(1914—1938)》(*Japan and the League of Nations: Empire and world order, 1914 - 1938*)②，他在这本书中挑战了仅从日本走向第二次世界大战的角度来描述二十世纪二三十年代的主流范式，作者认为通过国际合作，尤其是通过国际联盟来追求国家利益需要得到承认，作者表示该书"全面描绘了日美同盟关系及其在二十世纪二三十年代日本国际历史上的合法地位"，《李顿调查团报告书》并没有简单地批判日本妄图在中国东北建立一个傀儡国家，但确实指出"主要的政治和行政权力掌握在日本官员和顾问手中"。2010 年，埃尔德里德·马格利(Eldrid I. Mageli)在《真正的和平传统？1931—1934 年挪威与满洲危机》(*A Real Peace Tradition? Norway and the Manchurian Crisis, 1931 - 1934*)③一文中从挪威的视角看待国联对中日纠纷的调处，认为挪威在满洲问题上并不是和平的促进者，而是从本国利益出发偏向日本。

（四）关于抵货运动的先行研究

本书"中篇"内容聚焦于从国联调查团视角审视中国抵制日货问题，这是当时日方十分强调、企图混淆"九一八"事变性质的中心问题之一，相关先行研究不同于对李顿调查团本身的研究，故简述如下。

---

① Christopher Thorne, *The Limits of Foreign Policy: The West, the League and the Far Eastern Crisis of 1931 - 1933*, London: Hamilton, 1972.

② Thomas W. Burkman, *Japan and the League of Nations: empire and world order, 1914 - 1938*, Honolulu: University of Hawaii Press, 2007.

③ Eldrid I. Mageli, "A Real Peace Tradition? Norway and the Manchurian Crisis, 1931 - 1934," *Contemporary European History*, Vol.19, No.1, 2010, pp.17 - 36.

1. 20 世纪 30 年代对中国抵制日货问题的研究

在国联调查团赴远东调查"九一八"事变期间,中日双方为了提供对自己更为有利的证据,都不遗余力地搜集资料,甚至请相关学者撰文阐述自己行为的合法性与合理性,故当时便已有若干专著和文章对作为冲突性事件的抵制日货运动进行论证与辨析。这些研究多以英文发表:中方的研究有孟治的《中国就中日冲突的说辞》[①]、王化成的《国际法与反日运动》[②]等,主要就中国抵制日货问题与日军侵略的因果联系进行辨析;日方的研究有河上清(K. K. Kawakami)的《日本就中日冲突的说辞》[③]、头本元贞(Motosada Zumoto)的《中国反日运动的起源与历史》[④]、高柳贤三(Kenzo Takayanagi)的《中国抵制日货的合法性》[⑤]、斋藤博(Hirosi Saito)的《一个日本人对满洲形势的看法》[⑥]等,主要从中国抵制日货运动对国际自由贸易的影响来诋毁其合理性。除中日双方外,国外学界亦有学者对此发表看法,如劳德士(S. Lautenschlager)的《中日纠纷》[⑦]、多萝西·奥查德(Dornothy J. Orchard)发表的《中国以抵制日货为武器》[⑧]、布夫(C. L. Bouve)的《国家抵货为国际不良行为》[⑨]、查尔斯

① Chih Meng, *China Speaks on the Conflict Between China and Japan*, New York: The Macmillan Company, 1932.

② H. C Wang, "International Law and Anti-Japanese Boycott," *Pacific Affairs*, Vol. 6, No. 7 (Aug.-Sep., 1933).

③ K. K. Kawakami, *Japan Speaks on the Sino-Japanese Crisis*, New York: The Macmillan Company Press, 1932.

④ Motosada Zumoto, *The Origin and History of the Anti-Japanese Movement* in China, Tokyo: The Herald Press, 1932.

⑤ Kenzo Takayanagi, "On the Legality of the Chinese Boycott," *Pacific Affairs*, Vol. 5, No. 10 (Oct., 1932).

⑥ Hirosi Saito, "A Japanese View of the Manchurian Situation," *The Annals of the American Academy of Political and Social Science*, Vol. 165, 1933.

⑦ S. Lautenschlager, "The Sino-Japanese Controversy," *The Australian Quarterly*, Vol. 4, No. 15 (Sept., 1932).

⑧ Dorothy J. Orchard, "China's Use of the Boycott as a Political Weapon," *The Annals of the American Academy of Political and Social Science*, Vol. 152, (Nov., 1930).

⑨ C. L. Bouve, "The National Boycott as an International Delinquency," *The American Journal of International Law*, Vol. 28, No. 1 (Jan., 1934), pp. 19-42.

(Charles Cheney Hyde)的《对外事务中的抵制日货》①等。由于时代特殊性,这些发表于"九一八"事变前后的研究亦是研究国联调查团与抵制日货问题的资料,并且对调查团的决定产生了一定影响。

2. 当代学界关于抵货问题的研究

近代中国爆发过多次抵货运动,其中以对日经济抵制为最多。抵货是一个极为复杂的民众运动,对外涉及近代中外关系,对内涉及中国近代工业发展与国民关系,因此,目前国内学界对抵货问题的研究也涉猎甚广,已有若干篇论文从中日交涉、抵货运动与民族经济发展、抵货运动中的法律问题、新闻媒体的舆论动员等方面对抵制日货问题进行研究。

抵货至少可以追溯到 18 世纪末的英国,亦随着全球化的扩展而铺散在历史中,清季民初,随着一系列不平等条约的签订,列强在华利益增多,中外摩擦冲突也日益增多,抵货行为应运而生。关于中国抵货运动的背景与思想渊源等问题,学界目前略有涉及。何国蕊的《中国 20 世纪初期的抵制日货运动及其背景和思想渊源》②一文认为抵制日货运动表现出中日民族之间侵略与反侵略的武力冲突及其背后隐藏的经济冲突,在整个民族达成实业救国共识的基础之上,抵制日货运动实际上成为一种解决中日经济冲突的行为方式,也是国民为了消除中外不平等贸易关系、保护民族经济利益、维护国家权益而以消费权为代价进行的抵抗,是国家民族表达自己政治主张和经济诉求的一种方式;周石峰在《马寅初的抵制日货思想》③一文中对马寅初笔下的"经济绝交"与"抵制日货"的概念进行了辨析,认为马寅初反对隔断中日之间一切经济联系的"经济绝交",但号召抵制日本在华倾销的日货。

抵货是近代中国社会一个极为复杂的现象,其中涉及商人、学界、政党等多个团体及各团体制定的规章制度。吴志国的博士论文《近代中国抵制洋货运动研究(1905—1937)》④一文便对 1905 至 1937 年间四次抵制洋货运动进

① Charles Cheney Hyde. Louis B. Wehle, "The Boycott in Foreign Affairs," *The American Journal of International Law*, Vol.27, No.1 (January 1933).

② 何国蕊:《中国 20 世纪初期的抵制日货运动及其背景和思想渊源》,上海社会科学院经济思想史硕士学位论文,2008 年。

③ 周石锋:《马寅初的抵制日货思想》,《贵州财经学院学报》2009 年第 3 期。

④ 吴志国:《近代中国抵制洋货运动研究(1905—1937)》,华中师范大学中国近现代史博士学位论文,2009 年。

行全面考察,探讨近代公众对这一事件的反应、行动及其引发的困境和影响,认为作为民族主义运动的抵货强化了人们对国家的身份认同,塑造着近代中国。于文浩的《中日民间经济外交的博弈——以 1923 年抵制日货运动为例》①一文讨论了 1923 年中日商人团体在中国抵货运动中的抵制与反抵制博弈,认为中国商人团体在抵货运动中逐渐认识到提高国货的竞争力最为根本,而日方商人则在这一过程中通过煽动舆论、督促政府等方式加强了反抵制手段。张华的硕士论文《1931 至 1933 年抵制日货运动研究》②对 1931 年至 1933 年中国抵制日货运动过程进行了较为细致的探讨,将此次抵货运动分为"万朝惨案"、"九一八"事变和"一·二八"事变三个阶段,并对抵制日货运动过程中出现的团体与组织进行了详细的研究,认为这些团体和组织是此次运动的领导机构;此份研究还涉及中国、日本与国际社会对此次抵货运动的反应,基本涵盖了 1931—1933 年抵货运动本身的概况,但是对于国联调查团对抵货问题进行探究的部分则未有过多的探讨。

抵货运动中,媒体舆论的动员必不可少,因此当代学界亦有若干研究从媒体舆论的角度对抵制日货进行分析,例如冯林的硕士论文《〈益世报〉与抵制日货的舆论动员研究》③对《益世报》进行文本分析,探讨大众报刊如何对抵制日货这一社会群体事件进行舆论动员,认为《益世报》通过事实报道、情感动员和理性动员三方面向民众宣传抵制日货思想,揭示了民国时期大众报刊对社会群体事件进行舆论动员的深层逻辑。

抵货运动的初衷是通过经济手段表达抗议,由于参与抵货运动的人员庞杂,抵货运动中不可避免地会发生矛盾冲突和暴力行为乃至刑事犯罪案件。齐春风的《匹夫有责抑或勉为其难:商人与济案后的抵制日货运动》④一文便探讨济南惨案后抵制日货运动中商人与反日组织的冲突,认为大多数商人被

---

①　于文浩:《中日民间经济外交的博弈——以 1923 年抵制日货运动为例》,《南京社会科学》2016 年第 10 期。

②　张强:《1931 至 1933 年抵制日货运动研究》,山东师范大学中国近现代史硕士学位论文,2006 年。

③　冯林:《〈益世报〉与抵制日货的舆论动员研究》,南京师范大学近现代史硕士学位论文,2014 年。

④　齐春风:《匹夫有责抑或勉为其难:商人与济案后的抵制日货运动》,《南京师大学报(社会科学版)》2012 年第 3 期。

迫参加抵货运动，但由于中国的弱势地位，抵货运动难获成效，而商人在抵货中消极和反对的"罪责"往往被夸大。林晓宇的《爱国有罪——抵制日货运动中的锄奸团及其法律困境》①一文从民国法制史的角度探讨抵货运动的犯罪行为，分析了抵制日货运动中出现的锄奸团及相关的刑事案件，认为企图诉诸暴力手段进行的爱国运动终将陷入一种法律困境当中。

抵制日货运动自身又涉及近代民族经济的发展，因此学界亦有若干研究探讨抵制日货与民族经济发展的关系。例如，王耀振在《20 世纪前期中国抵制日货运动经济效力的实像——以日本对华贸易为例》②一文中通过分析 20 世纪上半叶日本对华贸易数据来探究中国抵制日货的效力，认为抵制日货在短期内有巨大的经济效果，但从长时段而言，经济效力还是较小。周石峰在《抵制日货的计量检视：1931—1934 年》③一文通过计量学的方法探讨抵制日货的历史价值，认为抵制日货运动在一定程度上可以促进民族产业的发展，但民族主义情感的表达远远超过经济效能。目前国内此种角度的研究多认为抵制日货在短期内对民族经济具有促进效果，但从长时段来看，经济效力弱于对民族情绪的煽动力。④

南加利福尼亚大学的学者布雷特·希恩（Brett Sheehan）则提出了相反的看法，他在《抵货与炸弹：中日冲突中经济制裁的失败》一文中以天津为例探讨了 1928—1932 年中国对日本失败的经济制裁⑤，认为 1928 年至 1932 年，中国在与日本的冲突中将关税和抵制作为非暴力手段使用，并未证明完全有效地实现了减少日本进口或阻止日本进一步侵略的目标。最终，1937 年日本对

---

① 林晓宇：《爱国有罪——抵制日货运动中的锄奸团及其法律困境》，南京大学中国近现代史硕士学位论文，2016 年。

② 王耀振、马晓菲：《20 世纪前期中国抵制日货运动经济效力的实像——以日本对华贸易为例》，《日本问题研究》2017 年第 4 期。

③ 周石峰：《抵制日货的计量检视：1931—1934 年》，《中国经济史研究》2009 年第 1 期。

④ 此类研究还有：席宁：《1931—1933 年抵制日货对中国经济的影响》，《黑龙江史志》2014 年第 5 期；秦亢宗：《从抵制日货运动到发展国货运动》，《百年潮》2019 年第 7 期；李学智，马俊波：《近代天津两次抵制日货运动比较论》，《天津师范大学学报》2018 年第 6 期等。

⑤ Brett Sheehan, "Boycotts and Bombs: The Failure of Economic Sanctions in the Sino-Japanese Conflict, Tianjin China, 1928 - 1932," *Management and Organizational History*, Vol. 5, No. 2, 2010, pp. 197 - 220.

中国的入侵也中止了中国政府鼓励经济发展的尝试,并终止了以非暴力经济制裁解决中日冲突的想法。国民政府不够强大,虽然不至于容忍或默许抵制和轰炸造成的混乱后果,但也不足以有效地使用关税手段保护自身经济利益或禁止日本投资。

民族主义与抵货运动间的关系亦受外国学者关注,特别是 20 世纪初期中国的抵货运动,除了 1931 年前后的抵货运动,黄贤强(Sin-Kiong Wong)在《为抵货和国家而牺牲:殉难与 1905 年抵制美货运动》[①]一文提到冯夏威之死与 1905 年抵制美货运动使当时民族主义兴起,并使中国人积极参与革命和反清运动,而这种非暴力抵抗外国侵略的方式也成为之后反抗外国示威活动的主要形式。葛凯(Karl G. Gerth)在《制造中国:消费文化与民族国家的创建》[②]一书中将中国的抵制日货运动与国货运动相联系,认为二十世纪二三十年代的抵货运动通过越来越激烈的方式强化了商品和国家之间的关系,国货运动塑造了抵货运动,抵货运动也使国货运动得以扩展。抵货的重要性不在于它给贸易带来的短期影响,而在于它形成的民族主义消费。此外,弗兰克·特伦特曼(Frank Trentmann)[③]、里查德·霍金(Richard A. Hawkins)[④]等学者更是将中国的抵货运动置于全球史文本和视野中进行考察,从更宏观的角度探讨了近代史上的民众运动与权力之间的关系。

3. 关于国联调查团与近代中国抵货问题的研究

近代中国的抵货运动是一个极为复杂的问题。如前文所述,对此问题所涉及的组织、效力、舆论、司法等方面,国内学界已有多篇研究,本书无意对"九一八"事变后抵制日货运动本身进行探讨,而在于分析国联调查团如何判定中国的抵制日货运动背后的原因和后续产生的舆论风波,而此间关系,此前学界

---

① Sin-Kiong Wong, "Die for the Boycott and Nation: Martyrdom and the 1905 Anti-American Movement in China," *Modern Asian Studies*, Vol. 35, No. 3, 2001.

② Karl Gerth, *China Made: Consumer Culture and the Creation of the Nation*, Harvard University Press, 2003.

③ Frank Trentmann, "Consumer Boycotts in Modern History: States, Moral Boundaries, and Political Action," in David Feldman, eds., *Boycotts Past and Present: From the American Revolution to the Campaign to Boycott Israel*, New York: Palgrave Macmillan, 2019.

④ Richard A. Hawkins, "Boycotts, Buycotts and Consumer Activism in a Global Context: An Overview," *Management & Organizational History*, Vol. 5, No. 2, 2010.

仅一笔带过，鲜有详细探讨。仅王耀振的《〈李顿调查团报告书〉对中国抵制日货运动的评析》一文，主要借助日文史料，以《李顿调查团报告书》对中国抵制日货运动的判定为中心进行考察，尝试揭示中国抵制日货运动问题在该报告书中的形成过程，认为日本借抵制日货运动转移国际视线，企图为其蓄意发动的"九一八"事变及对华侵略行径开脱罪责。此外，该文认为《李顿调查团报告书》中国对抵制日货运动的判定虽然具有一定公允性，但整体上是模棱两可的，一定程度上照顾了日方的主张，体现了由西方列强代表构成的李顿调查团在处理"九一八"事变及其他相关问题上的主要内在逻辑，换言之，西方列强与日本在侵略中国、扩大在华殖民权益上具备共通性，存在相互提携与共情，甚至相互支持以保护各自权益为目的的行动。同时，该文认为，"日本与西方列强在侵华及扩大势力范围与权益问题上又具有相互排斥的一面。为了抢夺在华权益，二者又经常相互牵制，甚至高调反对，也不乏拉拢中国以牵制他国之例。因此，列强有时也会表现出'慈悲之心'，假意照顾中国反侵略的迫切心情"①。

本书"中篇"的研究与王耀振的文章在角度上有交叉之处，也部分赞同其观点。本书进一步引入日内瓦国联档案、日本外务省档案、英国外交文件、美国外交档案、中国台湾"国史馆"档案及部分英文报刊资料等对 1931 年至 1933 年国联调查团对中国抵制日货问题的调查与结论进行详细分析，并尝试提出结论，认为国联调查团并没有完全偏离轨道，《李顿调查团报告书》的判定不仅仅基于中日双方立场，而是多方考量下的结果，其出发点在于维护和平，对化解中日矛盾有一定积极意义，客观上为中国争取民族独立提供了可能。笔者认为在探讨这一问题时，需要对调查团五委员的态度进行考量，笔者认为五委员并非全然站在日本的立场，调查团的判断也基于其各国对华印象及反战的立场。王耀振文中提及列强希望拉拢中国以牵制他国，但并未就此作进一步阐释，本书将在此基础上，根据档案资料进一步分析调查团所代表的英国、美国、苏联、法国等大国对中日双方的态度，力图借助更多的外文资料，详加分析国际视野下的中国抵制日货运动问题，并以此窥视 20 世纪 30 年代的国际关系。

---

① 王耀振：《〈李顿调查团报告书〉对中国抵制日货运动的认定评析》，《民国研究》2019 年秋季号。

二、篇章内容

本书谋篇布局之逻辑在于,中国最早倡议国联派遣调查团,上篇"李顿调查团与中方申诉"从中国申诉的角度研究李顿调查团的东亚之行,审视中国各界向李顿调查团的诉说,涉及途径、内容与影响。在中国诉说的同时,日本亦有申诉,即指责中国抵制日货,这成为日本申诉核心,由此引出中篇"李顿调查团与中国抵制日货问题"。中篇聚焦抵制日货议题,包括日本向国联提出申诉、中国的回应、调查团的判定及影响。在抵制日货以外,"九一八"事变之来龙去脉亦甚为复杂。为引导调查团,中日都制作各类文献资料,围绕焦点问题展开有利于己的游说。由此引出本书下篇"李顿调查团与中日舆论对垒——以《中国说》《日本说》为中心",借助中日各自制作的宣传性书册分析这场舆论战,内容涉及这两本书的成书背景、作者身份、议题对垒,以及表象背后的政治蕴意。

(一)上篇　李顿调查团与中方申诉

"九一八"事变发生后,国民政府选择将中日争端诉诸国联,国联随之派遣调查团来华调查。李顿调查团的来华和《李顿调查团报告书》的公布对中日两国和东亚局势产生了巨大的影响。本篇第一章论述了李顿调查团来华的国内外背景。第一次世界大战后,列强建立了凡尔赛-华盛顿体系,并成立国联,签订《国联盟约》《九国公约》《凯洛格-白里安公约》等一系列条约以巩固国际秩序。国民政府考虑到国内情形与中日实力悬殊,决定协商解决中日纠纷。在社会舆论的推动下,国民政府将事变的解决诉诸国联,国联因此派遣调查团来华。第二章论述中国向国联申诉的途径。主要申诉途径为正式会晤、私人会谈、提交政府说帖和民间呈文、媒体舆论等。国民政府站在国家的角度上表明政府立场、提供官方资料;民间团体和个人则多从自身经历出发,表达广大民众的呼声。

第三章论述了中国向国联申诉的内容。日军在华发动侵略战争,操纵建立伪满洲国,占领东三省以来大肆攫取经济利益、进行文化侵略,国民政府及广大民众竭力搜集证据,向调查团揭发日方罪行。作为受害者,中国人民要求调查团厘清事实真相、明确战争责任,迫使日方尽快撤兵并赔偿一切损失,以上是中方向调查团表达的主要诉求。第四章论述中国向国联申诉的影响。经由中国申诉所促成的报告书在事实陈述上接受中方立场,认定"九一八"事变是日本的侵略行动,且不认可伪满洲国。日本由此放弃与国联合作,不久发出退出国联的公告。而中国人民的爱国主义精神和民族认同感则在申诉过程中被激发,同时,政府和民众认识到不能依靠国联驱逐侵略者,抗日救亡遂成为时代的主流。

(二)中篇 李顿调查团与中国抵制日货问题

在日本发动"九一八"事变后,中国的抵制日货运动变得尤为激烈,遍及全国多地。日本向国际联盟的申诉中不断以此污蔑中国,因此抵制日货成为中日纠纷的关键问题之一。在李顿调查团对中国抵制日货问题的调查过程中,日方将中国的抵货运动污蔑为由国民政府及国民党所组织的"经济战",称其不但危及了日侨的生命财产安全,而且表明中国不遵守条约的排外倾向,甚至暗示其制造了"九一八"事变。中国对此则进行了有力的回击,坚称抵货运动是由日本侵略所激起的民众的自然反应,并以消费权和爱国主义的立场强调这一行为对弱小国家反抗侵略和维护民族国家主权完整具有的重大意义。

本篇第一章叙述日本如何向李顿调查团进行颠倒黑白的申诉,指责国民政府、国民党领导与参与抵制日货运动,主张国民政府进行的排外教育、中国的混乱局势是抵货运动的内因。第二章叙述中国对抵制日货问题义正词严的回应,包括国民政府没有组织抵货运动;中国人民抵制日货是日本侵略东北所致;抵制日货是中国人民自发组织。第三章叙述李顿调查团对抵货运动进行了权衡利弊的判定,内容集中于报告书的第七章"日本之经济利益与中国人之经济绝交"。第四章分析了报告书发表后引发的争论,包括日本对中国抵制日货问题的态度、中国关于抵制日货问题的反应、国联大会对抵货运动的再度探讨,以及最终报告书对中国抵制日货问题的判定。

根据在远东期间调查所得的多种资料,李顿调查团在报告书中一方面强调"并非暗示谓政府各部援助经济绝交运动有何不当之处",另一方面明确提出"国民党实为整个经济绝交运动幕后指挥联络之机关"。《李顿调查团报告书》公布后,关于抵制日货问题的判定,日本虽整体较为满意,但不满于调查团未声明中国政府应负的责任;中国则失望于报告书未明示抵制日货为日军侵华情形下中国人民的一种自然反应。关于抵制日货问题,虽然中日双方继续在国联大会上进行争论,但是中方代表愈加认识到不能全然依赖国联,且外人愈畏惧抵货,国人愈应抵货。

（三）下篇 李顿调查团与中日舆论对垒——以《中国说》《日本说》为中心

在李顿调查团调查期间，中日两国积极提交大量解释性文件、说帖，望国联辨明正误。李顿调查团调查结束后，相关档案文献保存于瑞士日内瓦的"国联和联合国档案馆"（League of Nations and United Nations Archives）和"国联和联合国图书馆"（League of Nations and United Nations Library），其中不乏中日双方的论著和中日以外第三方的著述，是当代研究"九一八"事变后国联来华调查及其国际影响问题值得利用的一手史料。收于"国联和联合国图书馆"中"BOOK 系列"的文献是时人所撰的出版物，其中，由华美协进社社长孟治著，时任中国驻美公使、驻国联代表团首席代表颜惠庆作序的《中国说：关于中日冲突》（China Speaks: On the Conflict between China and Japan）和日本《万朝报》评论人河上清著、日本首相犬养毅作序的《日本说：关于日中危机》（Japan Speaks: On the Sino-Japanese Crisis）是由纽约麦克米伦出版社于同年出版且分别由中日政要作序的两部书籍，甫一面世，即引起瞩目，这对于中日两国争取包括美国在内的国际舆论支持有着相当重要的意义。

本篇分为四章，第一章以"硝烟渐起"说明这两本书成书的时代背景，包括战事背景与舆论背景；第二章为"鼓角齐鸣"，将舆论战的发声者比作战场上的号角手与鼓手，重点介绍本篇的研究对象——《中国说：关于中日冲突》《日本说：关于日中危机》，分别考察两书的作者与作序者的政治主张；第三章将中日辩争概括为"唇枪舌剑"，详细展开两书所讨论的共同话题，集中对比分析在"满洲问题"、国际条约问题与铁路问题三个问题上双方表述的差异；第四章"战事余烟"，从史料、现象与政治三个角度阐释《中国说：关于中日冲突》《日本说：关于日中危机》两书作为史料可被用于分析舆论战的原因，从两书所代表的国家舆论对垒现象探究舆论战的舆情影响，揭橥了舆论争锋的张力与限度。

三、主要观点

第一，通过"上篇"的专题研究，可以发现中国的申诉对于纠正李顿调查团和国联对所谓中日争端的认知起了作用。

最能体现国联态度的即国联大会表决通过的最终报告书。该最终报告书虽对中方的部分意见提出了不同的看法，但在许多重要问题上接受了中国的申诉，认定日本出兵中国东北是侵略行为，且不同意承认伪满洲国。故日本放弃了与国联合作,发出退出国联的公告。中国人民的爱国主义精神和民族认同感则在申诉过程中被激发,同时政府和民众认识到不能依靠国联驱逐侵略者,抗日救亡遂成为时代的主流。在当时中日实力悬殊的情况下,国联大会能以 42 票赞成、日本 1 票反对的压倒性优势通过《李顿调查团报告书》,已经是中国外交的一大胜利,也可反映中国申诉的成效。然而国际道义上的同情不能发挥实质性作用,国联无法将侵略者驱逐出中国领土,中国人民欲捍卫主权独立和领土完整,唯有依靠自身。

第二,通过"中篇"的专题研究,可以看到李顿调查团对抵制日货问题的判定是基于复杂考量的结果。

就立场而言,调查团五委员代表其背后五个国家的利益,因此调查团委员的态度亦是其背后国家对东北问题的看法。团长李顿同情中国,主张制裁日本,法国代表克劳德则站在亲日的立场,德国代表希尼、意大利代表马柯迪和美国代表麦考益态度相对中立,因此在报告书撰写中,五委员需要根据其背后各国的指示和国联宗旨对彼此反日和亲日的态度进行调和。在调查团代表看来,他们已搜集到关于中国抵货运动的一些"负面资料",且难以对之予以否认,故在《李顿调查团报告书》第七章中否认抵货运动是民众自发组织的言论,指出国民党为整个"经济绝交"运动幕后指挥联络机关。调查团五委员还需要在秉持国联公约的基础上,安抚日本的情绪以避免战争,而抵货运动又是远东诸多问题中能明显发现中国行为"不当之处"的,因此,为安抚日本,报告书对抵货运动进行了批评。赴远东调查期间,调查团听闻苏联曾参与国民党的反日教育和指导抵货运动,并且希尼博士还收到来自共产党的斥责信,因此为遏制苏联共产主义的扩张,调查团无法认可抵货运动。从列强在华利益的角度来看,英美等国对抵货运动颇为反感,并且担心对日抵制运动也会危及其在华公民的生命财产安全,但美国又认为抵货问题是中国唯一有效的武器,担心剥夺了抵货这一武器会使远东地区的力量失衡,因此报告书中虽然明面上批评经济抵制,但谈及中国政府应负责任时含糊带过,不愿予以追究。由此可见,《李顿调查团报告书》中对抵货问题的判定也反映出国联调查团的本意在于和平解决中日纠纷,在中日双方间寻求平衡,从而保持远东地区的力量均衡。

20 世纪 30 年代,尽管和平理念依然通行于国际关系理论中,但是在实际操作层面,军国主义和民族主义情绪愈发激烈,现实主义的国际关系终究战胜了理想主义,第一次世界大战后流行于国际社会的和平论和国际主义在此时逐渐被搁置。

第三,通过"下篇"的专题研究,可以认为《中国说:关于中日冲突》和《日本说:关于日中危机》不仅表征着中日两国政府对李顿调查团的游说,而且肩负着两国向以国联及其调查团为代表的国际社会进行宣传的重任,是一种政治策略。

从史料维度而言,此二书是重要史料,有助于透过舆论对垒的现象,洞悉中日外交的本质,可以说在危机应对策略上两国都呈现一种外交受制于内政的特点。日本内部一直存在政党与军部、海军与陆军等的主导权争夺,对内军人集团骑劫文官政治,最终构筑对内的总体战体制,对外文官集团维护国家整体利益,在国际社会发声,为军人集团的冒犯行为辩护。近代中国内部各派力量短期内也没有因外侮快速走向协调,以抗日为手段促成权力重新分配的情况依然存在,国民政府解决中日问题的策略基本可以概括为:有限抵抗,无限外交。外交努力没有建立在坚决有效的军事抵抗的基础之上,呈现抵抗不明显、主要以外交手段求援助的局面。

从现象维度而言,此二书代表着一种国家舆论对垒现象,其成书与出版实际上达到了舆论宣传的目的,成功引起国际公众的持续性注意。两书的文字代表着中日双方的唇枪舌剑,实现了舆论空间中的烽火连天。国际公众虽一时无法言明哪一方占据绝对的道德至高点,但是均感到局部战争势必影响国际和平与安全,意识到国际不平等条约下隐藏着巨大的危机。再者,针对谬言坚持发声的好处即避免失真的历史记忆被不断重复叙述与书写,造成日后真相模糊。

从政治维度而言,此二书背后的政治蕴意代表了中日两国的国家意志,表明两国有意进行舆论导控。近代政治体现于近代战争中,舆论战是近代战争的三大阵线之一,然而舆论战有其局限性,国际争端的解决最终落脚于国家利益的选择。面向国际社会努力发声,有争取国际话语权的意义,此次舆论战亦表明国际话语权的争夺需要日积月累的努力。两书均采用巧妙的宣传技巧,将直接争取中立第三方的意见贯穿全文,是非曲直凭读者定夺,考验的是现代文明社会对真与假、善与恶的辩证,也是对国际秩序理性的认可。

本书涉及伪满洲国、共产主义等相关内容的引述源自日本外务省档案、日内瓦国际联盟档案,非作者本人立场,请读者注意鉴别。

上篇
李顿调查团与中方申诉

"九一八"事变是中国局部抗战的开端,李顿调查团来华和《李顿调查团报告书》的公布对中日两国和东亚局势产生了巨大的影响,是中国近代史上一个关键性的事件。国民政府在"九一八"事变后将争端诉诸国际联盟,国联做出了派遣调查团来华调查的决议。中国为使调查团了解事实,通过各种途径向调查团提交证据、表达心声,可以说在调查团来华期间,中方所做的全部努力都可以归结为"申诉"二字。

研究调查团来华期间中方申诉问题,一则可以了解中方申诉的途径、内容和影响,对申诉问题本身进行较为深入的研究;二则中国各界在遭受日本侵略和向国联申诉的过程中,被激发出了民族意识和爱国精神,这为全民族抗战奠定了基础,有利于深化抗日战争史的研究;三则以史为鉴,以历史研究观照当今世界的和平,对李顿调查和中方申诉进行全面系统的研究,可以为当今国际社会防止地区冲突及其扩大化提供警示。

第一章　事件背景

　　1931年9月,"九一八"事变爆发,日本拉开了武装侵略中国东三省的序幕。当时中国正值多事之秋,国内军阀林立,又逢洪水灾害,国民政府深恐难以武力与日本相抗衡,遂决定暂且隐忍,呼吁国人保持镇定以待国联公断。于是国民政府驻国联代表团向国际联盟提出申诉,请求国联主持正义,派遣调查团来华调查事变真相。李顿调查团之所以来华,其背后有着深刻的历史背景。

第一节　国际背景

一、战后世界格局与国际联盟的成立

　　第一次世界大战结束后,列强通过巴黎和会和华盛顿会议,建立了"凡尔赛-华盛顿体系",奠定了新的世界格局。与此同时,列强为防止战争再次爆发,成立了以保障世界和平与促进国际合作为宗旨的国际联盟。国际联盟致力于削减武器装备数量、平息国际纠纷及促进世界经贸合作,主张和平解决国际争端,保障各会员国的领土完整与政治独立。

　　在此期间,列强签订了一系列条约,其中以《国联盟约》《九国公约》《凯洛格-白里安公约》最为重要。《国联盟约》是《凡尔赛和约》的第一部分,1919年4月28日在巴黎和会上表决通过,规定了国联的组织、职能、原则和会员国义务,其核心条文为第10—16条。盟约第10条规定,联盟各会员国有相互尊重和保障领土完整与现有政治独立之义务;盟约第11条规定,如遇战争威胁,国际联盟应采取适当有效之措施保持各国间的和平;盟约第12—15条规定,会员国间若发生争议,应提交国联仲裁或司法解决,不得在国联行政院作出决议前擅自发动战争;盟约第16条规定,若会员国不顾盟约擅自从事战争,则视为对联盟所有其他会员国有战争行为,各会员国应立即与之断绝商业及财政上

之联系。《九国公约》于 1922 年 2 月 6 日在华盛顿签订，其中第一条规定了各缔约国尊重中国主权独立、领土与行政之完整，应为中国维持有力巩固之政府提供便利，不得借机在中国谋夺特权。《凯洛格-白里安公约》于 1928 年 8 月 27 日在巴黎签订，主要内容为各缔约国谴责以战争为手段解决国际争端，废弃将战争作为实施国家政策的工具，缔约国之间的一切争端均应采取和平方式解决。

中国政府和各界民众对国联的权威及各条约的效力寄予了极大的希望，在"九一八"事变发生后，中国深信国联会依据条约主持公道、制裁暴日。在中国民众向国联调查团提交的呈文中，曾有人如此表达对各条约的看法和对国联的期望："贵团此次不辞跋涉辛劳，辱临敝国，考察日人武力侵略横暴情形，既负重大责任，知必尊重国际盟约、非战公约、九国公约等主张公理正义，解决中日纠纷。"①在报告书提交国联大会审议表决期间，中国驻国联代表团"重申抗议日本在满洲设立傀儡政府的行为是违反'九国公约'和国联理事会和大会的各项决议"②，再次展现了中方对国际条约约束力的期待。

二、日本侵华野心与"九一八"事变

日本欲对外扩张、侵略中国，实非一朝一夕。早在 16 世纪末期，当时日本还处于群雄逐鹿的战国时期，丰臣秀吉就选定中国及朝鲜作为对外侵略的对象，欲将唐之领土纳入日本版图，并曾于 1592 年和 1597 年两度对朝鲜发动侵略战争，其野心不可谓不大。进入近代，日本的侵略野心步步膨胀，1868 年明治维新之后，日本成为亚洲第一个走上工业化道路的国家。随着国力的增强，日本逐渐跻身于世界强国之列，同时大陆政策逐渐成形，走上了对外侵略扩张的军国主义道路。1872 年，日本借琉球使者访问日本之际，出其不意强制"册封"琉球国王为藩王，意欲逐步吞并琉球，1879 年悍然宣布"废琉置县"，将琉球国改为冲绳县，纳入日本版图。1876 年，日本侵略朝鲜，以武力打开朝鲜国门，强迫其签订《江华条约》。1894 年，甲午战争爆

---

① 《四川广元县各民众团体快邮代电》，S38, *League of Nations and United Nations Archives*, Geneve。

② "Sir R. Vansittart to Sir M. Lampson (Shanghai)", 13th February 1932, Documents on British Foreign Policy 1919—1939, F 1296/1/10, *Documents on British Policy Overseas* (DBPO).

发,中国战败后被迫割让辽东半岛(后因三国干涉还辽而未能得逞)、台湾及其附属岛屿、澎湖列岛。

　　然而日本的侵略欲望仍然没得到满足,20 世纪 20 年代,在世界经济危机、国内阶级矛盾激化的情况下,日本内阁首相兼外相田中义一于 1927 年 6 月 27 日主持召开东方会议,决定武力侵略东三省。1931 年 9 月 18 日,日本关东军炸毁沈阳柳条湖附近的南满铁路轨道,蓄意嫁祸于中国军队,并以此为借口炮轰沈阳北大营,是为"九一八"事变,就此拉开了日本侵略中国的序幕。

　　日本的侵华野心由来已久,尽人皆知,不独中国民众心知肚明,李顿调查团在调查之后亦接受这一观点。东三省市民代表在给李顿调查团的信中写道:"日本之抱侵略中国之主义也,为该国数十年来之传统政策,其目的为实现其帝国主义之大陆政策。所谓大陆政策者,先吞并朝鲜,业经成功。故侵占东三省,达到目的以后,再进而侵占华北。然后更拟吞并中国全部,以造成亚洲唯一大帝国。故前首相田中义一氏上日皇奏章中,曾有极精密之计划。"[①]李顿调查团在《李顿调查团报告书》中写道:"良以日本内部各种经济政治因素,致使日本人对此满洲要求重采'积极政策'者,由来已久。"[②]日本处心积虑谋夺中国东三省,此为世人公认之事实,美国驻日大使格鲁在致国务卿的电报中提到,"无论国外有任何性质的反对意见,日本政府都坚定地打算把在满洲的冒险行动进行到底"[③];美国国务卿不无气愤地批判,"日本宣称自己是事实和法律的唯一裁判者"[④]。

---

　　① 《滨江市、哈尔滨市工商市民代表来信(1932 年 5 月 18 日)》,S36, *League of Nations and United Nations Archives*, Geneve。

　　② 《国际联盟调查团报告书》,上海:明社出版部,1932 年,第 99 页。

　　③ "The Ambassador in Japan (Grew) to the Secretary of State", 3rd September 1932, *Foreign Relations of the United States*, Japan 1931—1941, Vol. Ⅰ, p.102.

　　④ "The Secretary of State to the Minister in Switzerland (Wilson)", 21th November 1932, *Foreign Relations of the United States*, Japan 1931—1941, Vol. Ⅰ, pp.106 - 107.

第二节　国内背景

一、国民政府的考虑

"九一八"事变发生后,国民政府高层多认为此时国内内乱不已、国力不昌,并非用兵日本的良机,主张保持镇定,以交涉的方式解决问题。各国同样对国民政府的统治力表示了忧虑,国联秘书长和办公室主任沃尔特斯认为"中国没有强大的中央政府"①,英国方面表示"那些在过去几年中一直在中国工作的人都知道,没有一届中国政府在领土掌握实权"②。因此,国民政府将希望寄托于国联,认为可以借国联使日本撤军,并制裁日本。

蒋介石认为,国家存在种种困难,"内乱不止,'叛逆'既毫无悔过之意,国民亦少有爱国之心,法会无组织,政府不健全"③,且逢洪水天灾,国家衰敝,纵希望以武力驱逐日本,亦恐心有余而力不足。且认为日本武力侵略东三省,公然破坏条约,是对国际联盟威信的挑战,相信"凡国际联合会之参加国及非战公约之签订国,对于日本破坏条约之暴行,必有适当之裁判"④。蒋介石从当时的局势出发,做出"忍痛含愤暂取逆来顺受态度,以待国际公理之判断"⑤的决定,希望广大国民支持政府,举国上下团结一心,若国联公断不能发挥效力,再采取武力抵抗的手段。

1931 年 9 月 20 日下午,国民政府召开中央临时谈话会⑥,于右任、戴传贤、朱培德、邵元冲、王正廷等人列席,讨论事变解决办法,最后各委员认为,交涉是目前最佳的选择,若以武力抗衡,事实上实力悬殊,遂决定一面向日方正式抗议,一面向国联提出申诉。

---

① "Letter from Sir E. Drummond (Geneva) to Mr. Cadogan", 27th October 1932, Documents on British Foreign Policy 1919—1939, F 7733/1/10, DBPO.

② "Sir R. Vansittart to Mr. Patteson (Geneva)", 8th March 1932, Documents on British Foreign Policy 1919—1939, F 2453/1/10, DBPO.

③ 周美华编注:《蒋中正档案·事略稿本 12(民国二十年九月至十二月)》,台北"国史馆",2007 年,第 78 页。

④ 周美华编注:《蒋中正档案·事略稿本 12(民国二十年九月至十二月)》,第 86 页。

⑤ 周美华编注:《蒋中正档案·事略稿本 12(民国二十年九月至十二月)》,第 88 页。

⑥ 《中央开临时会,粤方赞成息争御侮》,《申报》,1931 年 9 月 21 日,第 3 版。

时任国民政府外交部部长王正廷于 9 月 20 日和 9 月 21 日两次对外公布外交方针①，向国人说明政府主张向国联申诉，诉诸公理，请国联会员国和非战公约各签字国主持公义，深信国联会对日本的侵略行为做出正确的评判，非战公约各签字国必能根据条约，立即令日本恢复东三省之原状。

二、社会舆论的推动

相较于政府态度的相对统一，民间舆论对将"九一八"事变的解决诉诸国联这一行为的看法则更为多样化，其中多数人对国际联盟寄予厚望，急切地期盼国联早日主持国际公理正义，但也有部分国民持怀疑甚至反对的声音。总体而言，这一时期的社会舆论坚定了国民政府将"九一八"事变的解决诉诸国联的决心。

1931 年 9 月 21 日，时人在《申报》上发表了一篇名为《迫害世界之日军暴行》的时评，文中控诉了日本武力侵略中国东北的暴行，并认为此举不仅危及中国，而且破坏世界和平，广大爱好和平之国家应立即对日本进行有效的制裁，全体中国国民"当一致忍辱负重，静候非战公约同盟国与国际联盟应急有效之处置"②。南京新闻界于 9 月 21 日致电国际联盟，控诉日本无故出兵中国东北、公然拘杀东三省地方长官、解除中国军队武装、屠杀无辜平民、践踏国联盟约，希望国联主持公道，保障世界和平。南京反日会于 9 月 26 日致电国联，深信国联必能"依据华府九国协约与凯洛格非战公约，迅行责令日本撤兵，暨负责赔偿损失，并请惩此祸首"③，以维护国际联盟之威信。

伴随国民政府和社会舆论的推动，驻日内瓦中国代表团于 9 月 21 日向国联提出申请，要求立即根据国联盟约第十条召集行政院会议，并根据盟约第十一条，"采取最紧急方法，阻止此种情势之扩大，以免危及国际和平。同时恢复原来之状况，并决定中国所应得赔偿之性质及数目"④。

---

① 史料来源分别为《报告外交方针，电请国联主持公道，希望国人力持镇静》，《申报》，1931 年 9 月 21 日，第 8 版；《王正廷报告，对日外交方针》，《申报》，1931 年 9 月 22 日，第 8 版。

② 《迫害世界之日军暴行》，《申报》，1931 年 9 月 21 日，第 9 版。

③ 《京反日会，致电国联呼吁》，《申报》，1931 年 9 月 27 日，第 8 版。

④ 《中国代表团对国际联合会秘书长提出之书面声请书》，《"九一八"事变声请国联》，台北"国史馆"藏"外交部"档案，020 - 010112 - 0034，第 36 页。

第三节　派遣国联调查团

一、派遣经过

在中国代表团向国联提出申诉之后,国联于 1931 年召开行政院会议,先后通过了 9 月 30 日决议和 12 月 10 日决议,最终决定派遣调查团来华调查。其中 9 月 30 日决议的要点[①]为日本政府声明并无图谋中国领土之意,且日本军队已开始撤退,中国政府则声明愿负保护在华日侨生命财产安全之责任,国联行政院深信双方政府必不愿事态进一步扩大,请当事双方各尽所能,力谋迅速恢复两国间之正常关系。12 月 10 日决议的要点为重申 9 月 30 日一致通过之决议,并决定派遣调查团赴华调查,"就地研究任何情形影响国际关系而有扰乱中日两国和平或和平所维系之谅解之虞者,并报告于行政院"[②],此即李顿调查团之来源。

二、人员构成

李顿调查团由调查委员、中日两国参加委员、秘书处及专家组成。其中,调查委员五人,分别为意大利马柯迪伯爵、法国克劳德中将、英国李顿爵士、美国麦考益少将及德国希尼博士。调查委员会委员是调查团的核心成员,其中李顿爵士任委员长。当事双方中日两国各委派一名代表作为参加委员,襄助调查团工作,中国代表为国民政府外交部部长顾维钧,日方代表为驻土耳其大使吉田。国际联盟委派国联秘书厅股长哈斯任调查团秘书长,并将国联情报股股员派尔脱、政治股股员派斯塔柯夫、情报股职员卡尔利等人调往调查团秘书处任用。除此之外,调查团另聘请多名专家协助工作,如法兰西大学助教台纳雷、加拿大国有铁路助理上校希爱慕、威海卫领事莫思等。

---

① 《国际联盟调查团报告书》,上海:明社出版部,1932 年,第 1—2 页。
② 《国际联盟调查团报告书》,上海:明社出版部,1932 年,第 3 页。

三、性质、职权范围及任务

国联行政院 12 月 10 日决议规定,国联调查团虽系顾问性质,然职权范围甚为广泛,英国政府第 33 号外交部备忘录指出,调查团的职权为"就地研究并向理事会报告任何有可能扰乱中日两国和平或和平所依赖的两国的互相理解"[1]。国联报告书对调查团的职权范围做了界定"在原则上无论何项问题关系任何情形,足以影响国际关系而有扰乱中日两国和平及和平所维系之谅解之虞,经该委员会认为须加研究者,均不得除外,该委员会得用充分之裁量,以决定何项问题应报告于行政院,如认为适宜时,并得缮具临时报告"[2],但若中日双方自行开始协商,则不在调查团职权范围之内。调查团来华的任务主要有两项,其一为考察中日争端,包括争端的原因、发展及调查时之状况;其二为考虑中日争端可能的解决办法,使中日两国的基本利益能相互融合。

调查团欧洲委员于 1932 年 2 月 3 日由勒哈弗尔港登轮出发,美国委员于 2 月 9 日在纽约登轮,2 月 29 日国联调查团到达日本,3 月 14 日抵达中国,开始了为期半年的调查工作。

---

[1] "Foreign Office Memorandum", 08th March 1932, Documents on British Foreign Policy 1919—1939, F 2348/1/10, DBPO.

[2] 《国际联盟调查团报告书》,上海:明社出版部,1932 年,第 5 页。

第二章　中方申诉途径

李顿调查团抵华后,中国方面为助调查团明了真相、做出公正裁决,积极向调查团展开申诉,国民政府站在国家的角度上表明政府立场、提供官方资料,民间团体和个人则多从自身经历出发,表达广大民众的呼声。

第一节　政府层面

一、正式会晤

李顿调查团来华后,多次与国民政府展开官方正式会晤,交换各自意见。调查团为了解中国的一般情况,抵华后并未直接奔赴东三省,而是先后途径华东、华中、华北等地区,最后赴东北调查"九一八"事变情形,其中停留较久、了解情况较为详细的分别为上海、南京、武汉、北平及东三省。

李顿调查团于 1932 年 3 月 14 日抵沪,来沪主要为了解"一·二八"事变情形,调查团认为"当务之急是使上海的撤军谈判迅速而圆满地结束,这对国际联盟以及各方来说都是非常有价值的成就"[①]。中国方面显然希望调查团早日前往东三省,认为调查团"长期滞留上海,明显违背了所有相关各国对李顿委员所期待的任务"[②]。日本方面坚持不愿撤军,使问题更加复杂,外务大臣芳泽在致驻英代理大使泽田的函电中说:"作为日本,将我军无条件撤离到

---

① "Sir J. Simon to Mr. Patteson (Geneva)", 20th March 1932, Documents on British Foreign Policy 1919—1939, F 2682/1/10, DBPO.

② 「澤田局長から芳澤外務大臣まで」(1932 年 3 月 22 日)、JACAR(アジア歴史資料センター)Ref. B02030443200(第 35 画像目から)、国際連盟支那調査員関係 第二巻(外務省外交史料館)。

居留地附近是不可能的。"①

3月21日,中方代表顾维钧、总务主任张祥麟等陪同调查团视察上海战区②,遍历闸北、真茹、江湾、吴淞等处,向调查团展示火车站、大学、图书馆、街道等被战火破坏的情形,揭露日方暴行。调查团也向日本方面提出要求,希望视察日军野战医院;日军陪同他们视察了两所兵站医院及福民医院③。

除视察战区及医院外,李顿曾与顾维钧在3月15日下午进行了一次正式会晤,双方就"一·二八"事变及"九一八"事变交换了意见。李顿认为,就"一·二八"事变,日方必须停止战争、撤退日军,调查团愿为促进沪案顺利解决提供援助。顾维钧提出沪案和辽案并案办理的建议,认为两案各自联系、难以分离。经过讨论,双方基本达成一致,即"第一步解决沪案军事部分,第二步解决辽案军事部分,第三步将上海安全问题及辽案其他问题同时解决"④。同时,李顿也提出调查团方面的希望,即望中方设法有一巩固之政府,国联愿为此提供种种物质上之援助。顾维钧则表示,中方愿为调查团之工作提供种种便利,包括"随时向该团提出对于各问题之说帖,并为该团介绍接见政府及各界领袖,借以明了中国方面之宗旨及志愿,且有必要时亦可介绍公私团体向该团正式陈述意见"⑤。

调查团于3月27日抵达首都南京,赴京主要为与国民政府当局交换意见。据《国际联盟调查团报告书》记载,在南京期间,调查团曾与国民政府主席林森、行政院院长汪精卫、军事委员会委员长蒋介石、外交部部长罗文干、财政部部长宋子文、交通部部长陈铭枢、教育部部长朱家骅等人会晤⑥。

① 「芳澤外務大臣ヨリ在英澤田代理大使宛」(1932年3月14日)、JACAR(アジア歴史資料センター)Ref. B02030443200(第6画像目から)、国際連盟支那調査員関係 第二巻(外務省外交史料館)。

② 《国联调查团昨参观战地,上午历遍闸北真茹江湾,下午我代表力主赴吴,各地凄凉有如大地震后》,《申报》,1932年3月22日,第1版。

③ 「重光公使から芳澤外務大臣まで」(1932年3月17日)、JACAR(アジア歴史資料センター)Ref. B02030443200(第9画像目から)、国際連盟支那調査員関係 第二巻(外務省外交史料館)。

④ 《上海顾维钧致外交部电》(1932年3月16日),《革命文献—淞沪抗战》,台北"国史馆"藏蒋中正文物,002-020200-00015-090,第128—129页。

⑤ 《上海顾维钧致外交部电》(1932年3月16日),《革命文献—淞沪抗战》,台北"国史馆"藏蒋中正文物,002-020200-00015-090,第129—130页。

⑥ 《国际联盟调查团报告书》,上海:明社出版部,1932年,第9—10页。

在宁期间,调查团与国民政府先后四次在铁道官舍举行会谈,对中日纠纷及"九一八"事变真相交换意见,并讨论解决方案。3月29日,举行第一次会谈,调查团提出三十余项问题,逐条征询中方意见。3月30日,举行第二次会谈,汪精卫详细陈述中日纠纷症结,并正式提出今后的解决之道。3月31日,举行第三次会谈,双方对新发现问题互相征询意见,并论及"一·二八"事变,中国希望日方及时醒悟。4月1日,举行第四次会谈,双方均侧重于陈述意见,由顾维钧向调查团提交中国政府全部意见书。

调查团于4月4日抵达汉口,赴汉的原因较为复杂,一方面武汉发生水灾,地方政府认为正因受辽案、沪案影响才导致中央政府无法全力救灾,希望调查团前来视察,与此同时,调查团也希望全面了解中国国内舆论及各地情形;另一方面日方也希望借机拖延,日本重光公使"援引去年十二月的国联理事会决议,劝说各委员前往视察广东、汉口等地"①,不欲调查团尽早到达东三省。

调查团确定赴汉行程后,国民政府训令当地市政府进行欢迎准备,对委员及其随员进行慎重保护,同时清除市区墙壁上张贴的反日传单标语②。4月4日,调查团拜访湖北绥靖公署主任何成浚,询问水灾"匪情"甚为详细。4月5日,地方官员陪同调查团视察水灾情形,先后走访张公堤、载家山一带灾区堤工及抚院街灾民收容所,并递交说明书,详细报告湖北水灾惨象及救济情形③。

4月9日,调查团抵达北平,来平主要为询问张学良及其他东三省旧任官吏"九一八"事变之具体情形。4月14日,调查团与张学良会晤④,询问"九一八"事变发生时沈阳关内及东三省其他各处所驻扎之东北军队数量,及东北方

①　「重光公使から芳澤外務大臣まで」(1932年3月19日)、JACAR(アジア歴史資料センター)Ref. B02030443200(第24画像目から)、国際連盟支那調査員関係　第二巻(外務省外交史料館)。

②　「坂根総領事から芳澤外務大臣まで」(1932年3月25日)、JACAR(アジア歴史資料センター)Ref. B02030443600(第109画像目から)、国際連盟支那調査員関係　第二巻(外務省外交史料館)。

③　《国联调查团由汉乘轮东下,抵浦后即转车北上,中央派员到埠迎送》,《申报》,1932年4月7日,第5版。

④　《北平顾维钧致南京外交部电》(1932年4月15日),《沈阳事变(二)》,台北"国史馆"藏蒋中正文物,002-080103-00012-005,第34页。

面当日驻守锦州及撤退情形,并询问张学良与东北义勇军之关系,是否给予其协助,对参与伪满洲国的旧官吏持何态度。张学良提交了关于"九一八"事变的报告书,"陈述奉天、锦州、天津的各个事件的原因、经过、损失、现状,在其结论部分列举各个的责任所在、对世界的影响及支那方所期望的解决办法"①。4月15日,调查团再次与张学良会晤②,张学良做出数点声明:其一,东北从前所谓之独立只因不愿加入内战,并非真心脱离政府;其二,即便过去东三省政治存在不良之处,亦应加以改善,而不能借词侵占土地;其三,我国尊重门户开放政策,日方则不然;其四,日方有伪造文书之可能,所谓证据不可全然信之。

　　除与张学良会晤外,调查团也与其他东北官吏进行会谈。4月12日,调查团在顺承王府举行第一次会议③,张学良、万福麟、荣臻等出席,详谈东北问题,张学良向调查团提供了许多"九一八"事变的文字材料及照片。4月13日,在顺承王府举行第二次会议④,东北边防公署参谋长荣臻详细陈述其在沈阳所目击之"九一八"事变情况;东北军第七旅旅长王以哲在事变中驻守北大营,向调查团说明日方无故挑衅、开炮进攻等种种事实。4月14日,在顺承王府举行第三次会议⑤,调查团与东三省各长官商谈吉黑两省损失及中东铁路问题,吉林省主席张作相、黑龙江省主席万福麟分别草就报告书说明吉黑损失。4月15日,在顺承王府举行第四次会议⑥,讨论铁路并行线问题。

　　4月21日,调查团抵达沈阳,正式在东三省展开调查。自"九一八"事变后,以张学良为首的国民政府行政机关先后撤出东三省,东三省被日军及伪满控制,虽有部分坚持抗日的爱国将领仍留守东北,如马占山等,但日伪组织多

---

　　① 「矢野参事官から芳澤外務大臣まで」(1932年3月21日)、JACAR(アジア歴史資料センター)Ref. B02030443200(第33画像目から)、国際連盟支那調査員関係 第二巻(外務省外交史料館)。

　　② 《北平顾维钧致外交部电》(1932年4月17日),《沈阳事变(二)》,台北"国史馆"藏蒋中正文物,002-080103-00012-005,第42页。

　　③ 《国联调查团与张万等会谈,顺承王府开会,详谈东北问题》,《申报》,1932年4月13日,第1版。

　　④ 《国联调查团在平调查工作,与张学良荣臻等迭开会议,详细研究满铁平行线问题》,《申报》,1932年4月18日,第6版。

　　⑤ 《国联调查团第三次谈话会,商吉黑及中东路事,昨午接见满蒙王公》,《申报》,1932年4月15日,第6版。

　　⑥ 《国联调查团续商铁路平行线案,材料征集完竣,开四次谈话会,接见各界代表》,《申报》,1932年4月16日,第8版。

番阻挠调查团与之会晤,故在东三省,调查团与国民政府间的正式会晤极少,多与欧美各国领事、日本官员及伪满官吏会谈。

　　日方的策略是"尽量减少在满洲的宴会的次数,以说明情况的会见为主"①,将"排日运动、接受旧租界前后行政状态的比较、共产党的运动等"②作为说明重点。4 月 23 日上午,李顿访问本庄繁;23 日下午,日本驻奉天总领事森岛守人会见调查团,会谈内容"主要集中于中村事件和东北四省的赤化问题"③;24 日,日本军区司令官会见调查团,回答了调查团关于"九一八"事变、日本在东三省军队配置状况④等方面的问题。

二、私人会谈

　　调查团与国民政府间的接触,除正式会晤外,还有以宴饮、茶话会等形式为主的私人会谈。需要注意的是,这些宴会是礼节所需,更重要的是国民政府欲借宴饮向调查团表达意见,可谓宴饮为虚、申诉为实。与正式会晤相同,私人会谈也以介绍上海、南京、武汉、北平及东三省等几个重要地区为主。

　　调查团于 3 月 14 日抵达上海,15 日外交次长郭泰祺及上海市市长吴铁城即相继举行宴会招待调查团。郭泰祺在午宴上致欢迎词,表达了国民政府愿与国联密切合作的决心,并历数"一・二八"事变之惨状,希望国联能妥善处理辽案和沪案,以维护远东和平。吴铁城在晚宴上致辞,对调查团来华表示欢迎,控诉日本侵华野心,希望调查团秉公调查,以谋世界公理与和平之实现。⑤

---

　　①　「重光公使から芳澤外務大臣まで」(1932 年 3 月 21 日)、JACAR(アジア歴史資料センター)Ref. B02030443200(第 31 画像目から)、国際連盟支那調査員関係　第二巻(外務省外交史料館)。

　　②　「上村総領事代理から芳澤外務大臣まで」(1932 年 3 月 27 日)、JACAR(アジア歴史資料センター)Ref. B02030443600(第 124 画像目から)、国際連盟支那調査員関係第二巻(外務省外交史料館)。

　　③　「田代領事から芳澤外務大臣まで」(1932 年 4 月 23 日)、JACAR(アジア歴史資料センター)Ref. B02030445600(第 48 画像目から)、国際連盟支那調査員関係　第三巻(外務省外交史料館)。

　　④　「関東軍参謀長から参謀次長まで」(1932 年 4 月 25 日)、JACAR(アジア歴史資料センター)Ref. B02030445600(第 66 画像目から)、国際連盟支那調査員関係　第三巻(外務省外交史料館)。

　　⑤　《报界招待国联调查团,史量才致辞欢迎,李顿有恳切答词,顾维钧昨晚盛宴》,《申报》,1932 年 3 月 16 日,第 1 版。

3月17日,顾维钧代表国民政府设宴招待调查团,顾维钧在晚宴上致欢迎词,向调查团说明中国目前正处于过渡时期,国家正在改造中,需要稳定的环境和各国的支持,如今日本无故发动侵略,希望调查团践行盟约义务,保障世界和平。①

调查团于3月27日抵达南京,28日汪精卫、罗文干分别设宴接待。汪精卫在午宴上致辞,向调查团说明日本武力侵华、中国不得已正当防卫;中国追求自由平等,希望废除不平等条约,绝非排外,此次中国人民的抵制日货运动全因日本侵略激起民愤而起。罗文干在晚宴上致辞,向调查团表达中国克服种种困难,努力在政治上和社会上走向近代化,希望可以获得各国的同情和帮助,然日本不顾条约,以武力攻击我东三省、天津、上海等地,希望调查团秉公处理。② 3月29日,林森举行宴会招待调查团并在席上致辞,其大意为"希望通过公正的调查结果以及长久的解决方法,处理好日中关系,保持远东和平,以此使不只日中两国,也让各国受益"。③

调查团于4月4日抵达汉口,当天市长何葆华和湖北绥靖公署主任何成浚分别宴请调查团。何葆华在午宴上致辞,向调查团说明武汉受灾情形,并谓因"九一八"事变、"一·二八"事变相继发生,救灾工作及建设计划无法按期展开,表达了政府追求和平的愿望。何成浚在晚宴上致辞,谓中国人民仅欲对中日纠纷求得一公正无偏之结果,深信调查团之调查结果定能彰显正义。④

4月9日,调查团抵达北平;11日晚,张学良在怀仁堂宴请调查团。张学良在席上致欢迎词⑤,认为调查团是代表了国际合作与公道正义之原则的团体,此次中日纠纷关系世界和平,希望调查团诸君注意如下数点:其一,从历史、政治、经济等诸多方面观之,东三省实为中国之一部分,伪满系借武力所建

---

① 《报界招待国联调查团,史量才致辞欢迎,李顿有恳切答词,顾维钧昨晚盛宴》,《申报》,1932年3月18日,第1版。

② 《国联调查团在首都之酬酢,历谒政府当局,汪罗设宴款待》,《申报》,1932年3月29日,第3版。

③ 「上村総領事代理から芳澤外務大臣まで」(1932年3月30日)、JACAR(アジア歴史資料センター)Ref. B02030444200(第231画像目から)、国際連盟支那調査員関係第二巻(外務省外交史料館)

④ 《国联调查团员抵汉,再纪隆和轮上之情形》,《申报》,1932年4月7日,第5版。

⑤ 《国联调查团在平研究条约,昨开全体会议,中日代表列席辩论异常紧张》,《申报》,1932年4月12日,第5版。

立,目的是掩盖日本侵略土地之野心;其二,中国正处于过渡阶段,无法在短期内形成完美的政治秩序;其三,中日争端的真正原因正在于中国经济社会处于进步之中,且政治渐臻统一,因此引起日本仇视,欲武力占据东三省。

调查团于 4 月 21 日抵达沈阳,此时东三省在日本及伪满掌控之中,国民政府行政机关纷纷撤出,留任官吏多变节,爱国将领又因重重阻碍而无法与调查团接触,因此在东三省,国民政府少有与调查团进行私人会谈的机会。

三、政府说帖

除了在正式会晤和私人会谈时表达意见,国民政府也向调查团提供了一系列书面资料。中央各部会及地方各省市机关分别向调查团提交了诸多说帖和证据。

截至 1932 年 8 月 15 日,调查团在华调查工作已接近尾声,此时国民政府向调查团提交的说帖及经调查团询问而提出的答复文件大致可分为以下几种类型。其一,总括性质的说帖,即中日纠纷问题总说帖。其二,关于日方侵略的说帖,分别有:日本破坏中国统一阴谋说帖、日本违背条约与侵犯中国主权说帖、日本占领东三省说帖、所谓东三省之独立运动说帖、日本在东三省及沪津以外各地挑衅事件说帖等。其三,关于中国政治稳定问题的说帖及答复文件,如关于盗匪之说帖、关于共产党之说帖、东三省行政问题及东三省特区行政问题等。其四,关于东三省及中国经济问题之说帖及答复文件,如中国经济上对于东北之倚赖、东北输入关内货物之统计、东三省农业问题、日本攫取东三省海关说帖、日本攫取东三省盐税说帖、日本攫取东三省邮政说帖、抵制日货说帖及大连两重关税问题等。其五,关于铁路问题的说帖之答复文件,如日本企图独占东三省铁路说帖、关于平行线问题及所谓一九一五年议定书说帖、吉会铁路说帖及对于日人所称与南满铁路竞争各项问题之辩正等。其六,关于中朝纠纷的说帖,如朝鲜人在东三省之地位说帖、万宝山事件说帖及朝鲜仇华暴动说帖等。①

有时为说明某些重要问题以增加观点的说服力和可信度,除说帖外,国民政府会另外向调查团提供证据,包括公文汇编、概况表、调查表、条约、合同等。

---

① 《北平顾代表致外交部电》(1932 年 8 月 16 日),《搜集日本违法行为资料提交国联调查团(六)》,台北"国史馆"藏"外交部"档案,020 - 010102 - 0267,第 67—69 页。

如关于日本武力侵略问题,东北外交研究会汇编了"九一八"事变以来的公文,"将我国官方所有对内对外,凡可以证明沈阳、长春、锦县、天津、青岛、上海等处,事变责任及经过之文电,悉数列入,以供调查团参考"。① 又如"九一八"事变损失问题,东北交通委员、炮兵独立六旅、骑兵独立旅等机关分别向国民政府上报损失调查表,②供国联调查团参考。另外,关于中日铁路问题,铁道部向调查团提供了《洮昂铁路合同换文》《吉长铁路更换八十磅钢轨结果情形节略》《交通部呈临时执政陈明查悉吉敦承造合同内容情形,拟设法取消或暂缓执行各缘由》等数十份文件。③

第二节 民间团体及个人

一、正式会见

民间团体及个人希望面见调查团并向其申诉,调查团亦愿接触民众以了解舆情,因此每至一地,国民政府照例安排接见民间团体及个人,以下分别介绍上海、南京、武汉、北平及东三省地区的面见情况。

调查团 3 月 14 日抵沪,23 日上午九时许,旅沪各省区同乡会面见调查团④,申诉日军侵沪以来上海人民所受之损害,希望调查团秉公处理中日纠纷。上午十一时,上海金融界代表张公权、徐新六、李馥荪等面见,调查团对经济财政问题有所咨询,尤其关注抵制日货问题,部分调查团成员认为抵制日货运动是上海麻烦的根源;⑤十二时,温世珍面见调查团,与调查团谈及东北财

① 《外交部致上海办事处转谭委员绍华电》(1932 年 3 月 5 日),《搜集日本违法行为资料提交国联调查团(一)》,台北"国史馆"藏"外交部"档案,020-010102-0262,第 146 页。

② 《东北外交研究委员会公函》(1932 年 3 月 18 日),《搜集日本违法行为资料提交国联调查团(一)》,台北"国史馆"藏"外交部"档案,020-010102-0262,第 15 页。

③ 《铁道部公函》(1932 年 3 月 13 日),《搜集日本违法行为资料提交国联调查团(一)》,台北"国史馆"藏"外交部"档案,020-010102-0262,第 59—63 页。

④ 《昨呈调查团面报告书,日内将组救国联合会》,《申报》,1932 年 3 月 24 日,第 1 版。

⑤ "Foreign Office Memorandum", 08th March 1932, Documents on British Foreign Policy 1919—1939, F 2348/1/10, DBPO.

政状况。24 日上午十时半,慈善团体代表朱庆澜面见调查团,①向调查团说明日本处心积虑谋夺东三省,欲攫取东三省资源、独占东三省之市场,且破坏我国领土完整、政治独立。24 日晚七时许,杭州各团体代表来沪面见,诉及日机扰杭情形,并提交日机飞杭一览表、损害照片及其他证据多件。全体旅居苏门答腊的华侨向国联提出请求:"期待对于满洲上海事件的公正合理的判断。"②

调查团于 3 月 27 日抵达南京,29 日首都报界面见调查团,对调查团表示欢迎并递交长文一件,陈述对过去及现在中日交涉之意见。30 日午,中国国联同志会理事程锡庚、陈登皋等面见调查团,李顿向其询问"九一八"事变、"一·二八"事变及中日外交历史。31 日,首都农工商教各界代表赴励志社面见调查团,总代表王树藩向调查团声明以下几个要点③:其一,抗日运动并非排外,而系自卫运动;其二,抵制日货运动是民众基于义愤发起的爱国运动;其三,伪满洲国完全由日本一手把持,并非出于东三省"民意";其四,详述日本屠杀我国无辜平民、破坏我国文化机关之情状。4 月 1 日,首都新闻界拜访调查团④,面致《敬告和平使者国联调查团》一文,呼吁调查团明辨是非、秉公处理,必要时建议援引盟约第十六条,予以日本切实制裁,并提交《日军在东北及上海暴行实地写真》一册作为证据。

4 月 4 日调查团抵达汉口,5 日,各界代表面见调查团⑤。商界代表向调查团说明武汉商业受损情况,并说明抵制日货系日人侵略东三省之结果;新闻界代表向调查团申诉日人干涉汉口言论自由之情形,李顿询及汉口历次抵货情况;学界代表递交日本报刊侮辱国联、污蔑中国"元首"及挑拨中外感情之证据多件;工界代表认为两次事变同为日本侵华政策的实施,希望国联勿将其分

① 《国联调查团行动记,杭州欢迎代表昨日晋谒,昨见朱子桥有恳切谈话,今晨接见百余团体代表》,《申报》,1932 年 3 月 25 日,第 1 版。

② 「棉蘭内藤領事から芳澤外務大臣まで」(1932 年 3 月 17 日)JACAR(アジア歴史資料センター)Ref. B02030443200(第 14 画像目から)、国際連盟支那調査員関係 第二巻(外務省外交史料館)。

③ 《国联调查团昨日谒中山陵,赴中央党部午宴,叶楚伧致欢迎词》,《申报》,1932 年 4 月 1 日,第 4 版。

④ 《国联调查团昨晚由京赴汉,仍乘隆和轮西驶,返京后换车北上》,《申报》,1932 年 4 月 2 日,第 5 版。

⑤ 《国联调查团昨赴武昌视察》,《申报》,1932 年 4 月 6 日,第 4 版。

别处理,并表示中国工人誓不屈服于暴力。

调查团 4 月 9 日抵达北平,12 日中国国联同志会代表向调查团述及东北情形及天津事变经过。15 日晨,新闻界代表向调查团报告日方压迫中国舆论情形,"说明日人在东北压制当地舆论,禁各地新闻纸输入,使东北人民耳目失其作用"①,希望调查团赴中国东北调查时多加注意。15 日上午十时许,东北各法团民众代表卢广绩、苏上达等向调查团报告"九一八"事变经过情形,并正式代表东北民众否认伪满洲国之合法性,申诉日人在中国东北活埋中国学生、摧残教育等种种暴行②。16 日,东北大学教授代表赵明高、杨挚奇等向调查团陈述"九一八"事变及东北大学遭破坏之情形,并将其自著之《东北沿革考》《东北条约问题》《东北铁路问题》《东北形势》等书提交国联③。

调查团于 4 月 21 日抵达沈阳,自"九一八"事变以来,东三省在日军及伪满统治下,民间团体及个人面见代表团受到诸多妨碍,还要承担巨大的风险,因此正式的会面甚少,大多只能借助英美领馆的帮助或通过邮寄信件秘密向调查团呈递资料。

二、私人会谈

与国民政府相同,民间团体和个人也通过宴饮、茶会等形式私下与调查团进行会谈,表达意见和看法,并向调查团提交证据、贡献建议。

调查团在沪期间,3 月 16 日,上海各大学联合会在华安饭店举行午宴招待调查团,交通大学校长黎照寰致辞④,向调查团说明日本武装侵略之事实,中国人民志在求存,为维护国家主权,唯有奋起自卫,希望国联及时制止日本的侵略行为、维护世界和平。李顿则表示,"国联的任务是,通过保证拥护对抗侵略和维持正义来消除成员国的恐惧之念;同时作为国联,期待各成员国不仅

① 《国联调查团续商铁路平行线案,材料征集完竣,开四次谈话会,接见各界代表》,《申报》,1932 年 4 月 16 日,第 8 版。

② 《国联调查团出关之行程,日方主张分水陆两路前往,十五六两日接见代表甚多》,《申报》,1932 年 4 月 21 日,第 5 版。

③ 《国联调查团出关之行程,日方主张分水陆两路前往,十五六两日接见代表甚多》,《申报》,1932 年 4 月 21 日,第 5 版。

④ 《国联调查团将参加和议,留沪日期或须延长数天,各大学联合会昨午盛宴,李顿爵士发表庄重答辞》,《申报》,1932 年 3 月 17 日,第 1 版。

仅只是口头上,更要衷心地爱好和平"①。17 日,上海报界在万国体育会公宴调查团,《申报》总理史量才致欢迎词②,历数万宝山惨案后鲜人排华、"九一八"事变日本武装夺取东三省、"一·二八"事变日军袭击上海之种种事实,控诉日本控制舆论、胁迫报纸停刊等种种恶行。18 日晚,上海市商会在华懋饭店宴请国联调查团,由商会主席王晓籁致辞,历数日本的侵略事实,认为国联迟迟不予有效制裁助长了日军气焰,直言"唯环境非日本所能单独造成,其责任实在于国联自身"③,呼吁调查团从速作详尽确实之报告提交国联。

调查团进京主要为与国民政府当局交换意见,因此多受官方接待,民间团体与个人多无私下与调查团进行会谈的机会。

调查团在武汉期间,4 月 4 日晚外商联会在西商会跑马厅举行茶会宴请调查团。5 日,调查团视察水灾情形时途径武汉大学,武汉大学举行茶会接待调查团,席间将全校意见书④面交李顿,意见书大意为:非法占据东三省及上海之日军,应立即撤退;所有中日悬案,须全部解决;为履行国联盟约第十条,调查团不得承认伪满洲国;如国联调查和决议不能取得满意结果,应立即实施盟约第十六条。

调查团在北平期间,因工作繁忙,欲集中精力从事调查,因此对民间团体及个人之宴请一律谢绝。

调查团在东三省期间,日本"令伪国加派便衣侦探监视调查团,数达千三百名,此外日方派军警宪及高等刑事四十名,便衣探二百,监视调查员及随员行动"⑤,严禁当地居民与调查团接触,因此亦少有进行私人会谈的机会。

---

① 「芳澤外務大臣ヨリ在英澤田代理大使宛」(1932 年 3 月 14 日)、JACAR(アジア歴史資料センター)Ref. B02030443200(第 6 画像目から)、国際連盟支那調査員関係 第二巻(外務省外交史料館)。

② 《报界招待国联调查团,史量才致辞欢迎,李顿有恳切答词,顾维钧昨晚盛宴》,《申报》,1932 年 3 月 18 日,第 1 版。

③ 《国联调查团开始调查,昨晨十时接见日方要员,决定二十一日参观战地,昨晚八时赴市商会欢宴》,《申报》,1932 年 3 月 19 日,第 1 版。

④ 《国联调查团由汉乘轮东下,抵浦后即转车北上,中央派员到埠迎送》,《申报》,1932 年 4 月 7 日,第 5 版。

⑤ 《国联调查团商议首次报告,顾维钧将同赴黑垣》,《申报》,1932 年 4 月 27 日,第 5 版。

三、民间呈文

"九一八"事变爆发后,国际联盟派遣调查团来华调查,关内关外各地的民间团体与个人自发通过发送电文及邮寄书信等方式向调查团表达意见,提供可供调查团参考的资料。关内各省民众的呈文代表了当时中国主流社会对日本侵华的严正立场和鲜明态度;关外民众的呈文则多以亲身经历为实证,具有很强的感染力。电文及书信等呈文大致可分为以地域为单位、以团体为单位及以个体为单位三种形式。

1. 关内

关内的呈文多以地域或团体为单位。关内民众对东三省事变多无亲身经历,因此以个体为单位的呈文极少,大多选择以团体呈文的方式加大陈情的力度。

以地域为单位,即以省市或基层区县的名义发送电文或邮寄书信,集中向国联调查团表达某一地区民众的意见。以省市名义投递的呈文有:中国西北六省民众来信(1932 年 4 月 12 日)、浙江全省各机关团体呈文(1932 年 3 月 21 日)①、云南全省民众团体呈文(1932 年 5 月 4 日)、南京市各机关团体电等。以浙江全省各机关团体呈文(1932 年 3 月 21 日)为例,97 个机关团体联合向调查团陈情,其中包括浙江省杭州市各界反日救国联合会、浙江全省商业联合会、杭州市商会、杭州市农会、杭州市教育会、杭州市新闻记者工会、国立浙江大学、私立之江文理学院、杭州基督教青年会等,涉及农工商学各界。基层区县的电文及书信因基层行政组织的基数庞大,故而在数量上更为可观。

绝大部分的呈文则是以团体为单位,集中表达某一群体的意见。团体多以行业区分,如教育会、农会、商会、工会、军会、新闻记者联合会、律师协会、妇女协会等,囊括农工商学各界②。农界呈文有:山东三省曲阜县农会等团体快邮代电(1932 年 4 月 19 日)、河南省鄢陵县农会等团体快邮代电等。工界呈文有:上海总工会呈文、汉口市工人教育协进会意见书等。商界呈文有:山东三省齐河县商会快邮代电(1932 年 4 月 19 日)、湖北省孝感县商会快邮代电

---

① 《浙江全省各机关团体呈文》(1932 年 3 月 21 日),S38, *League of Nations and United Nations Archives*, Geneve。

② 参见 S38, *League of Nations and United Nations Archives*, Geneve。

(1932 年 5 月 30 日)等。教育界呈文有:南京市教育会全体会员呈文、山东栖霞县教育会等电(1932 年 4 月 25 日)等。新闻界呈文:江苏全省新闻记者工会呈文(1932 年 3 月 17 日)、开封市新闻记者联合会快邮代电等。

关内各界民众通过电文和请愿书等向调查团表达了自己的意见,其内容大致可以分为以下几个方面。其一,表达对调查团的期待,即希望调查团主持公理正义、解决中日纠纷,并采取严厉手段促使日本撤军、赔偿损失等。其二,控诉日方暴行,即悍然违反国联盟约、武力侵占东三省、破坏中国领土主权完整;扶植建立伪满,攫夺东三省资源,控制铁路、邮政等东三省经济命脉;控制舆论,关停报社,对东三省民众进行奴化教育;进攻淞沪,滋扰武汉、天津等地,造成当地民众生命财产损失等。其三,表达了中华民族反对外来侵略、坚持抵抗到底的决心。

2. 关外

关外的呈文可分为以地域为单位、以团体为单位及以个体为单位三类。其中以个体为单位的呈文在关外民间呈文中占绝大多数,因东三省民众亲历"九一八"事变,是日军暴行的亲历者和见证者,几乎每个个体都有一段饱含血泪的亲身经历。

以地域为单位的呈文在关外呈文中为数较少,其中以哈尔滨东北民众来信、沈阳民众代表来信(1932 年 5 月 15 日)、黑龙江绥化县全境民众来信(1932 年 5 月)、滨江阿城两县民众报告书(1932 年 5 月 14 日)、海伦县各界快邮代电(1932 年 4 月 26 日)等为代表。

以团体为单位的呈文包括农工商学各界呈文,与关内呈文在构成上区别不大①。农界呈文有东北农民民众联合会来信、双城县厢白旗二屯全体农民来信等。工界呈文有哈埠汽车工会来信(1932 年 5 月 17 日)、辽宁电灯厂全体中华工人来信等。商界呈文有哈尔滨全体商民联合会来信、哈埠商民团体来信等。学界呈文有中国教育界来信、辽宁省学生联合会来信等。

以个体为单位的呈文是关外民间呈文的主体,陈情者遍及各行各业,上至耄耋老人,下至稚龄儿童。部分底层民众未接受过教育,没有识文断字的能力,请人代笔者有之,呈文的文字书写错误较多,有些仅仅只是几句申辩、一个

---

① 《农工商学各界呈文》,S36, *League of Nations and United Nations Archives*, Geneve。

恳求,但是民众心声的真实表达。日本为掩盖恶行、阻碍民众向调查团表达意见,采取了威胁恐吓、巡逻监视、搜查信件等种种手段,东北民众在艰难的环境下,冒险通过各种方式将书信和证据传递给调查团。

因惧怕日本及伪满的暴行,多数书信中没有透露真实姓名,部分民众则向调查团明言"因有性命关系不敢镌刻图章"①,"日本宪兵警察已在门前过了二次,不能再说了"②。陈情人多以无名氏、民众代表自称,或使用具有明显含义的化名,或以亲身经历指代本人。

以无名氏和民众代表自称是最为常见的方式,如"无名氏来信""中国国民无名氏来信(1932 年 5 月 12 日)""中国无名热血勇士来信"等,又如"中华民国真国民代表来信(1932 年 5 月 20 日)""中国东北三省三千万民众代表来信(1932 年 4 月 30 日)"等。部分民众在书信中使用具有明显含义的化名,如"卧尝来信(1932 年 4 月 21 日)","卧尝"取卧薪尝胆之意;"爱华来信","爱华"取热爱中华之意;"觉民来信","觉民"取民族觉醒之意;"时正乱来信","时正乱"取身逢乱世之意。化名体现了东北民众的爱国热忱和美好愿望。部分民众在书信中以亲身经历指代本人,如"在倭奴铁蹄之下之中国小民一分子来信""中华民国东北被压迫者来信""由铁岭逃难至奉天的中国人来信""辽宁省居民受拷者来信""被害民户三百二十七家代表来信(1932 年 5 月 10 日)""辽宁省海城县失业者代表来信(1932 年 4 月 24 日)""东北失学人来信"等,反映了东北沦陷区人民被欺压奴役、失业失学、流离失所的悲惨经历。

除书信、电文及请愿书外,东北民众还借地利之便,搜集和提交了一系列证据。如《颂建国歌》《建国纪念联合大运动会计划书》《运动会秩序表》《建国纪念联合大运动会会歌》等,皆是日本及伪满强迫东北民众庆祝伪国建立、学习伪国"国歌"的物证。本庄繁所发布告中"本军对于此等排日侮日一切反动行为,无论何人尽认为抵抗行动,不但饬属严拿重办,断然膺惩以断乱根"③等恐吓之语。相较于文字证据,图片证据更真实可感,东三省民众向调查团提交

---

① 《哈尔滨全体商民联合会来信》,S36, *League of Nations and United Nations Archives*, Geneve。

② 《无名氏来信(1932 年 5 月 18 日)》,S36, *League of Nations and United Nations Archives*, Geneve。

③ 《大日本军司令官本庄繁布告》,S37, *League of Nations and United Nations Archives*, Geneve。

了《日军刺伤中国军人与警察》《日军刺杀中国青年知识分子》《日军捆缚徒手华兵迫跪地上》《日军机枪队向街市扫射》《车站老源合栈门前炸死车夫陈正一名》等多幅图片证据①，直观体现了日军的暴行。

四、媒体舆论

李顿调查团来华调查期间，《申报》《大公报》《益世报》《东方杂志》《时代公论》等各报刊积极发声，向调查团提供建议，发挥了重要的作用。如调查团"晤马占山将军之志愿，起于报纸等之评论"②，虽然因日军、伪国之阻挠，会晤未能成行，但这无疑是媒体舆论影响调查团思想行为的一大实例。

从内容上看，调查团来华期间的媒体舆论可分为表明态度和立场、贡献观点和建议、向调查团施加压力等三类。

其一，表明态度和立场。1932年3月14日，调查团来华之初，《大公报》登载了一篇题为《敬告国联调查团诸君》③的时评，向调查团说明抵制日货皆因日本侵华招致，若日本停止暴行，则抵货运动定可不禁自绝；同时向调查团表明了中国绝不放弃东三省的严正立场，所谓"满洲国"系日本一手策划，中方誓难承认。3月27日，《大公报》刊登一篇题为《贡献于调查团诸君》④的时评，向调查团表明了希望日方承担一切赔偿责任、返还所侵占领土的态度，并希望调查团援引盟约第十六条，对日本采取经济封锁和武力干涉。

其二，贡献观点和建议。3月17日、18日，《申报》连载了一篇题为《"满蒙"是日本的生命线吗》⑤的时评，表达了对所谓"满蒙生命线"问题的看法，认为日本人口激增不能以侵占东三省的方式解决，东三省对缓解中国人口、土地的压力也具备重要的作用，且我国对东三省拥有不可否认的主权，无论出于何种理由，日本都不可随意侵占他国领土。3月19日，《大公报》登载了一篇题

① 《日军在中国东北虐杀民众惨状》，S36，*League of Nations and United Nations Archives*，Geneve。
② 《苏联不允调查团假道，李顿欲转俄境赴黑河晤马占山，苏联严守不干涉政策表示不允，团员多于昨晨由哈乘专车赴沪》，《申报》，1932年5月22日，第8版。
③ 《敬告国联调查团诸君》，天津《大公报》，1932年3月14日，第2版。
④ 《贡献于调查团诸君》，天津《大公报》，1932年3月27日，第8版。
⑤ 彬：《"满蒙"是日本的生命线吗（一）》，《申报》，1932年3月17日，第1版；彬：《"满蒙"是日本的生命线吗（二）》，《申报》，1932年3月18日，第1版。

为《排货责任不在中国》①的时评，向调查团表达了对于抵制日货问题的观点，认为中国民众之所以抵制日货，一方面是因为国货进步的必然结果，另一方面则是因为日本官民暴行所激起，排货责任全在日本，如欲中国停止抵货行为，日本应先行改变态度。

其三，向调查团施加压力。3 月 14 日，《申报》上登载了一篇题为《敬告国联调查团》②的时评，认为国际联盟及李顿调查团遇事迁延、缺乏果断、工作效率不高，才导致日本得寸进尺，事态一再恶化，如今的困局国联应负责任。8 月 3 日，《益世报》刊登了一篇题为《热河事件与调查团之责任》③的时评，认为热河事变爆发，日本进一步侵华，中日争端几乎到了不可调和的地步，国联是否能使日本切实遵守 9 月 30 日及 12 月 10 日决议案，关系国联威权；而调查团能否将热河局势尽快报告国联，使世界明了日本扩大侵略的真相，则足以体现调查团是否尽责。媒体舆论的施压在一定程度上取得了成效，英国外交大臣约翰·西蒙在备忘录中提到，"远东严重局势蔓延而国联找不到解决的办法，这至少让国联受到了批评、丧失了威望"④；美国国务卿在电文中表示，"整个联盟的权利、义务和利益问题被提出，联盟的权威直接受到挑战"⑤；英国驻北平临时代办英格拉姆表示，"国联如果不能迅速解决问题，就会导致这个机构的弱化"⑥。

国民政府和广大民众通过种种方式向调查团提出申诉、呈递证据，表明了国民政府反对日本侵略、维护国家主权的严正立场，体现了广大民众保家卫国的爱国热情。

① 《排货责任不在中国》，天津《大公报》，1932 年 3 月 19 日，第 2 版。
② 翰：《敬告国联调查团》，《申报》，1932 年 3 月 14 日，第 1 版。
③ 《热河事件与调查团之责任》，《益世报》，1932 年 8 月 3 日，第 2 版。
④ "Sir R. Vansittart to Mr. Patteson (Geneva)", 08th March 1932, Documents on British Foreign Policy 1919 – 1939, F 2453/1/10, DBPO.
⑤ "The Secretary of State to the Minister in Switzerland (Wilson)", 21th November 1932, *Foreign Relations of the United States*, Japan 1931 – 1941, Vol. Ⅰ, pp.106 – 107.
⑥ "Mr. Ingram (Nanking) to Sir J. Simon", 25th November 1932, Documents on British Foreign Policy 1919 – 1939, F 8257/1/10, DBPO.

第三章 中方申诉内容

日军在华发动侵略战争、操纵建立伪满洲国、占领东三省以来,大肆攫取经济利益、进行文化侵略,国民政府及广大民众多方搜集证据,向调查团揭发日方罪行;作为受害者,中国民众要求调查团厘清事实真相、明确战争责任,迫使日方尽快撤兵并赔偿一切损失,这几点是中方的主要诉求;同时,为使调查团了解事实、免受日方欺蔽,国民政府及广大民众积极向调查团提交资料反驳日方谬论。以上三方面是中方申诉的主要内容。

第一节 揭露日方罪行

一、发动侵华战争

"九一八"事变爆发后,日军迅速占领了东三省,继而制造天津事变和"一·二八"事变,复派遣日机滋扰江浙沿海,并在汉口、福州、厦门、广州、汕头等处迭次借端寻衅,侵略范围延及东北、华北、华东、华南等地区。时人对此曾有评论:"今者东三省,我国之领土也,日本已夺为己有矣。上海,我国之腹心也,日本已炸毁无余矣。南京江浙,我国之首都畿辅也,日本已肆其毒机到处抛弹矣,满目疮痍,尽成灰烬。"[①]

日军侵华的具体情形,可从政府说帖和民众呈文中管窥一二。其中比较有代表性的有:黑龙江省民众代表张毅新等来信[②]、太仓县城厢被日本飞机损

---

① 《清丰县各机关各团体快邮代电》,S38,*League of Nations and United Nations Archives*,Geneve。

② 《黑龙江省民众代表张毅新等来信》,S36,*League of Nations and United Nations Archives*,Geneve。

害状况表①,分别可以反映东三省及江浙地区受日本侵略情形。黑龙江省民众代表张毅新等来信系黑龙江当地居民呈文,信中描述了日军入城后向商会勒索给养,占据地方党部、军械厂、子弹库、讲武堂、实业厅、银行等机关,将军备及物资掠夺一空。为把持内政,日人唆使劣绅先行组织自治委员会;为控制舆论,日军强行将《东三省民报》改组为日本之宣传机关报;为垄断商业,日本商人在军方支持下强制收购城内两家民办火柴厂和极有规模之龙江饭店。种种恶端,不胜枚举。

自"一·二八"事变发生,日机时常滋扰江浙沿海地区。1932年3月2日,日机轰炸太仓县,机枪任意扫射,并从空中投掷炸弹,致太仓县城大桥、青云顶、梓橦街、北巷弄及南码头等地多处民房、商店、庙宇被炸毁,其中梓橦街文昌庙中炸死学生十余人,南码头东街包姓民居门前炸死何永全之妻及杨小二人。此项调查表或据被害者自述,或询被害者邻人,并经当地政府实地核查,且表后附有被轰炸后之断壁残垣照片二十余张,颇具说服力。

除具体实例外,各地均提交了事变情形报告及调查损失表等资料,以反映受害情形,经国联调查团中国代表办事处转交各调查委员。为说明"九一八"事变经过,东北外交研究委员会提交了东北边防军司令长官公署参谋长荣臻及驻沈阳北大营第七旅旅长王以哲报告各一份②,两位当事者的报告有助于调查团了解事实真相。为调查"九一八"事变损失,东北交通委员会、辽宁教育厅、沈阳市政公所、边业银行、东北军工厂、炮兵独立六旅、骑兵独立旅、通信大队等部门共计提交调查损失表数百份。

华北地区的事变经过,由中国代表处林椿贤委员拟就天津事变说帖,在津各机关"不断收集与天津事变给中国造成的损失及该事变原因相关的证

---

① 《太仓县城厢被日本飞机损害状况表》,《搜集日本违法行为资料提交国联调查团(一)》,台北"国史馆"藏"外交部"档案,020-010102-0262,第148—149页。

② 《外交部致上海沧州饭店国联调查团中国代表办事处顾少川先生电》(1932年3月11日),《搜集日本违法行为资料提交国联调查团(一)》,台北"国史馆"藏"外交部"档案,020-010102-0262,第52页。

据"①,由河北民政厅、河北教育厅、北平绥靖公署卫队部等部门提交损失调查表②。同时召集天津工、商、学各界代表,"命他们调查天津事变中各界所蒙受损失及其原因,以及还有可作参考的事实"③。华东地区的事变情形由上海市政府编写沪案经过,淞沪警备司令部函送第六十师伤兵李芳辉受日方达姆弹伤之照片五张④,可反映沪战人员伤亡之一斑;另有中央大学、同济大学、劳动大学、私立持志学院被毁情形及商务印书馆、慎记纱厂损失清单等,可反映物资损失。

二、操纵建立伪国

"九一八"事变后,日本迅速占领辽吉两省大部分地区,并将侵略矛头指向黑龙江省,遭遇黑龙江省代主席马占山的坚决抵抗,江桥抗战失利后,日军占领黑龙江省省会齐齐哈尔,东三省大部落入敌手。日本在发动侵略战争的同时,积极策划建立伪满洲国。

日军在占领沈阳后,指使赵欣伯、袁金铠、于冲汉等于 1931 年 9 月 24 日成立所谓"奉天地方自治维持会",未几改称"辽宁省地方维持委员会",宣告脱离国民政府,不久改辽宁省为奉天省。占领吉林后,日军故技重施,命熙洽成立伪吉林省长官公署,宣告吉林省"独立"。张景惠于 1932 年 1 月 1 日发表"独立宣言",不久就任伪黑龙江"省长"之职。此后,东三省伪政权分别成立。

各地伪政权成立后,为控制基层政权,日军指使于冲汉等成立伪奉天自治指导部,并派人到各县建立自治指导委员会,名为监督并指导各县开展"自治运动",实则冒称"民意",为建立伪满洲国造势。对于此类自治运动,东三省民众在向调查团递交的呈文中如此描述:"又召集地方代表会议,其实雇用当地

---

① 「桑島総領事から芳澤外務大臣まで」(1932 年 3 月 26 日)、JACAR(アジア歴史資料センター)Ref. B02030443600(第 118 画像目から)、国際連盟支那調査員関係 第二巻(外務省外交史料館)。

② 《东北外交研究委员会公函》(1932 年 3 月 18 日),《搜集日本违法行为资料提交国联调查团(一)》,台北"国史馆"藏"外交部"档案,020 - 010102 - 0262,第 15 页。

③ 「桑島総領事から芳澤外務大臣まで」(1932 年 3 月 26 日)、JACAR(アジア歴史資料センター)Ref. B02030443600(第 118 画像目から)、国際連盟支那調査員関係 第二巻(外務省外交史料館)。

④ 《顾维钧致外交部电》(1932 年 3 月 16 日),《搜集日本违法行为资料提交国联调查团(一)》,台北"国史馆"藏"外交部"档案,020 - 010102 - 0262,第 25—26 页。

之人充之,每人日给工钱八元,少则数角。……游行三次,参加者名为各团体、学校,其实乃牛马之贫民,临时招雇,工钱二角五角不等"①,所散发之传单、标语均系日人制作,议事日程及事项皆由日人拟定。

待时机成熟后,日方制造天津事变,将溥仪掠往中国东北,1932 年 2 月 16 日,张景惠、熙洽等在本庄繁命令下召开所谓"东北政务会议",17 日成立伪东北行政委员会,18 日发表东三省"独立宣言",宣布与国民政府脱离关系。日本借废帝控制东三省的居心路人皆知,时人如此评论:日军"劫制废帝溥仪,唆使叛国分子组织傀儡政府,借满蒙独立之名以行其并吞之实"②。

伪东北行政委员会于 3 月 1 日发表"建国宣言",宣布伪满洲国成立,同时组建"全满建国促进运动大会",请溥仪就任执政之职。3 月 9 日,举行就任执政典礼,日军逼迫各地举行"建国庆祝大会",同时遍邀各国领事参加③。所谓"建国庆祝大会",纯为日军强迫民众参与,当地民众呈文表示"如届时各商民不到会,……商民等亦以反对'新国家'论罪,民众等既受此种威胁自不得不到会以塞责"④,然民心向背,不以日方胁迫而转移,典礼上司仪引导民众高呼"'满洲国'万岁"之口号,并无一人应和⑤。

日军费尽心机,终于建立了伪满洲国,伪国成立后的政府官员构成直观地体现了其傀儡政权的实质。伪满首届"内阁"中,各部"总长"虽为华人,但手握实权的"次长"多为日人,如"外交部次长"大桥忠一、"司法部次长"古田正武、"实业部次长"高桥康顺等。马占山在致国联调查团的电文中揭露了伪政府任命之真相:伪国甫一宣告成立,驹井板垣即持日本军部命令,"开伪国务会议,同时并发表满洲伪国政府设总务厅长由日人充任,掌管各部一切实权。凡不

---

① 《给调查团上书(日本占据吉林经过情形报告书)》,S36, *League of Nations and United Nations Archives*, Geneve。

② 《中华民国黑龙江省改组前各法团报告书》(1932 年 4 月 20 日),S36, *League of Nations and United Nations Archives*, Geneve。

③ "Mr. Eastes(Mukden)to Sir M. Lampson(Peking)", 10th March 1932, Documents on British Foreign Policy 1919—1939, F 2882/1/10, DBPO.

④ 《呼兰县民众抗日救国会来信》,S36, *League of Nations and United Nations Archives*, Geneve。

⑤ 《哈市商民来信》,S36, *League of Nations and United Nations Archives*, Geneve。

经该伪厅长签字盖章,一切政令不得执行"①。当时的东北民众如此评价伪政府:"执政府、国务院、参议院首脑为中国人,但实权操诸日人,主要职员亦是日人。执政徒拥虚名,毫无主权。"②国联报告书亦得出相似结论:"日本人控制事实上等于国务总理衙门之总务厅、法制局、谘议局及各部各省之总务厅,各县区之自治指导委员会,以及奉天吉林及黑龙江省之警察厅。"③伪国之政权,完全操诸日人之手。

三、攫夺经济利益

日军自侵略东三省以来,便步步蚕食东北地区丰富的资源,操纵伪满洲国政权之后,更肆无忌惮地设立金融机构,进行币制改革,攫取东三省海关、盐税、邮政,控制铁路、电话、电报、无线电等公用事业,非法占有官员和民众的私有财产,掠夺了大量的经济利益。

设立"中央银行",进行币制改革。伪满洲国成立后,日军合并旧有省立银行及边业银行,筹备建立所谓"中央银行",将原有各银行的全部资金、营业及附带事业一概归并。银行中的重要职员为中日银行家、金融家,但掌握实权的是日方官吏。各地银行皆由日人点验接收,并许日人在"中日银行"投资二千万元,垄断东北金融④。"中央银行"成立后,又推行币制改革,以新币代替原先通行之哈币,"以一元五角五分之旧有哈币换给不信用之新币一元,强迫使用,否则即治以捣乱金融之罪"⑤,使广大东北民众深受其苦。

攫取海关。东北地区在中国关务行政中占有重要的地位,据统计,"满洲各埠(大连在内)征收之关税,一九三〇年在全中国之税收为百分之十四点七,在一九三一年为百分之十三点五"⑥。正因如此,在占领东北后,日军迫不及

---

① 《抄马占山致国联调查团原电》,《搜集日本违法行为资料提交国联调查团(二)》,台北"国史馆"藏"外交部"档案,020 - 010102 - 0263,第 126 页。

② 《给调查团上书(日本占据吉林经过情形报告书)》,S36, *League of Nations and United Nations Archives*, Geneve。

③ 《国际联盟调查团报告书》,上海:明社出版部,1932 年,第 144 页。

④ 《东北民众救国义勇军军政委员会来信》(1932 年 5 月 10 日),S36, *League of Nations and United Nations Archives*, Geneve。

⑤ 《劳工代表报告书》(1932 年 5 月 9 日),S36, *League of Nations and United Nations Archives*, Geneve。

⑥ 《国际联盟调查团报告书》,上海:明社出版部,1932 年,第 151 页。

待地希望控制海关管理权,夺取关税收入。以安东地区为例,1933 年 3 月,伪满派遣一日本海关顾问赴安东海关公署,6 月中旬该顾问传达伪满"财政部"命令,要求停止将关税汇往上海。6 月 16 日,伪满派遣武装警察四人,偕同一日本军官,竟称以武力看守关税。6 月 26 日,日本顾问要求税务司交出安东海关行政权,税务司不允,日警竟拘捕海关职员数人,并对其他职员施以威吓,强迫其停止工作,强行接收安东海关公署①。

掠夺盐税。"九一八"事变发生后,日本当局命令东北地区所有负责保管盐税的官署及银行,未经日军允许,不得动用盐税。1931 年 10 月,日本派员接收牛庄(后改称营口)盐务稽核分所,10 月 30 日将牛庄中国银行内所存盐款共计 672 709.56 元全部夺去,未经原存款人允许,仅留收据一纸作为凭证,上书日本顾问签名②。伪满成立后,日本借口盐税收入当属于伪国,扣留东三省盐税,不再汇往国民政府。1932 年 3 月 25 日,伪满"财政总长"命令将盐务督办之所有存款、账目、文件及其他财产尽数移交"满洲国"盐务管理专员,成立盐务管理署负责东三省盐务。

掌控邮政。"九一八"事变后,日本军事当局在东北检查报纸及信件,控制舆论,妨碍民众通信自由。"满洲国"成立后,其"政府"欲接手东三省境内邮政。日本军事当局及伪满委派专员接手邮政;在各邮局中派遣监察员,继续检查民众信件;印发新邮票,不再通用国民政府印行之邮票。③

攘夺铁路。日本武力占领东北后,即着手夺取东三省铁路,在各铁路部门设置专门顾问。时人向调查团上书,控诉日军派遣石原主持洮昂、齐克两铁路之路政,"我国自立之交通机关已成日军专用机关,又复将呼海路以收买名义据为己有"④。除此之外,日军将中国所有铁路存于东三省银行之资金一概扣留,断绝关内外铁路联络,任意更定铁路运输价目⑤,从中牟利。

控制电话、电报、无线电等公用事业。"九一八"事变以来,以上三种公用事业在日本军事当局的操纵下,均与在东三省之日本机关进行密切联络。日

---

① 《国际联盟调查团报告书》,上海:明社出版部,1932 年,第 151—152 页。

② 《国际联盟调查团报告书》,上海:明社出版部,1932 年,第 150 页。

③ 《国际联盟调查团报告书》,上海:明社出版部,1932 年,第 153 页。

④ 《中华民国黑龙江省改组前各法团报告书》,S36, *League of Nations and United Nations Archives*, Geneve.

⑤ 《国际联盟调查团报告书》,上海:明社出版部,1932 年,第 140 页。

人与东北电报机关订约，共同办理东北地区各地、关东租借地、日本、朝鲜、中国台湾地区等地之来往通报事宜。在各电报、电话、无线电机关，逐步添加日本职员，并令原有华人职员学习运用日文字母之方法①。此外，在东三省开设日本电报局，"与中国人民公开发寄，其价值尤特别取廉，借夺吾电权也"②。

非法占有官员和民众的私有财产。日军占据东三省后，借口昔日东三省官吏多欺压百姓、中饱私囊，其财产不能被认为合法私有财产，遂没收了张学良、万福麟、鲍毓麟等东三省原重要官吏的私人财产③。为安置日本及朝鲜移民，日军粗暴掠夺东三省农民的土地，强迫其租借所谓"多余土地"，租借期往往长达二三十年甚至五十年；日军巡逻之时，公然入室搜夺财物之举，比比皆是。

四、进行文化侵略

日军占领东三省之后，关停报馆、扣留信件，控制舆论；检查教科书、更改课程、强占校舍，更在各学校推行奴化教育，对东三省的文化事业造成了极大的破坏。

日军占领东三省以来，查封《吉长日报》《东三省公报》《东三省民报》《黑龙江日报》等报社，使东三省民众丧失言论自由；改组《国际协报》《吉林日报》《龙江日报》等报社，使其统一由日人"指导"所有稿件，经日人审察后方准刊发，借此伪造"民意"。广销所谓《满洲日报》《盛京时报》《大北新报》及其他日人所经营之各种报纸，并强迫各机关订阅日本报纸④，在长春发行所谓《满洲国大纲》的出版物，"断言日本的行为是自卫的必要行为，没有违反任何条约，它声称'满洲独立运动'是自治的"⑤，以种种手段控制舆论。严禁关内报纸入关，下

---

① 《国际联盟调查团报告书》，上海：明社出版部，1932年，第148—149页。

② 《黑龙江省民众代表张毅新等来信》，S36, *League of Nations and United Nations Archives*, Geneve。

③ 《国际联盟调查团报告书》，上海：明社出版部，1932年，第153—154页。

④ 《东北民众救国义勇军军政委员会来信》（1932年5月10日），S36, *League of Nations and United Nations Archives*, Geneve。

⑤ "The Secretary of State to the Minister in Switzerland (Wilson)", 21th November 1932, *Foreign Relations of the United States*, Japan 1931—1941, Vol. I, pp.106-107.

令对售卖《大公报》者处以极刑①,隔绝关内外消息,闭塞东三省人民耳目。

日军每至一地,学校等文化机关往往成为其破坏的首要目标。日军进入黑龙江省城时,首先破坏城内教育机关,将教育厅作为其宪兵司令部;将交通、农业、一中、女师、工业、讲武堂等各中等学校尽行占据,充作日军兵营;将第三中学作为日军野战病院。校内一切设备,包括桌椅、仪器、图书等,一并焚毁无遗,"尤以第一中学校之仪器图书最多,价值最贵,约值十万元以上,全部被其焚毁"②,使黑龙江省教育陷于停顿。即使有个别小学勉强开学,日军亦对课程限制极严,"非用彼在辽吉二省删改之课本,即系采用民国十六年以前之教科书加以删改"③,对课程中的爱国内容一概删去,更强迫学生学习日语。

日军进驻吉林省城时,径至第一师范、第五中学、女子师范等学校检查教科书,凡书中稍有涉及日本情事者,辄污之为"反日",勒令删改销毁。凡教科书中有不甚明了之处,则将全部书籍查抄而去,以第一中学被抄书籍为最④。各大书坊亦被检查,大量书籍被抄没。

"九一八"事变以后,辽宁省教育厅被改为筹备处,内分四科,其中日人任科长者三人,科员十六人,其他日人充咨议、顾问者,不下数十人。城中各学校校舍大多被日军警备队占据,东北大学及第三高中被洗劫一空,理化仪器、博物标本及应用书籍被损坏者不计其数,各中学几乎全部关闭,仅余女子一中、二中两校及职业学校若干。日人主持改革辽宁各学校教科书,受影响最巨者为国语、历史及社会科学,其中关于爱国思想的内容均行删除,至于党义各科,早令停止教授⑤。

调查团赴东北调查期间,日本军事当局组织东三省各学校召开所谓"建国纪念联合大运动会",挑选部分中国学生、日本学生和俄国学生参加,以示"合

---

① 《中华民国真国民代表来信》,S36,*League of Nations and United Nations Archives*,Geneve。

② 《哈尔滨农工商学各界市民敬告国联调查团书》,S36,*League of Nations and United Nations Archives*,Geneve。

③ 《中华民国黑龙江省改组前各法团报告书》,S36,*League of Nations and United Nations Archives*,Geneve。

④ 《给调查团上书(日本占据吉林经过情形报告书)》,S36,*League of Nations and United Nations Archives*,Geneve。

⑤ 《中华民国真国民代表来信》(1932 年 5 月 20 日),S36,*League of Nations and United Nations Archives*,Geneve。

作"和"友好"之意,向调查团展示所谓的中日亲善。"开会时,中国学生无一人唱歌,赞礼人喊至五六次,助以音乐,仍无应者,仅日本学生唱歌而已。童子天真,其反对'新国家'、反对日人于此可见"①,至向国旗行礼时,中国学生亦不愿领首。

五、制造中朝冲突

日本为实现侵占东三省的野心,蓄意策划万宝山事件,引起中朝冲突,为出兵东北制造舆论。1931 年,中国不法商人郝永德在未经当地政府批准的情况下,骗取万宝山周围 12 户农民的土地,违法转租给李升薰等 188 名朝鲜人,用以种植水稻。当地农民因此与朝鲜人产生冲突,日本驻长春领事派遣日本警察到现场"保护朝鲜人",使双方矛盾更加激化,之后日方更通过《朝鲜日报》记者金利三散播谣言,谎称有众多朝鲜人在万宝山被虐杀,继而引发朝鲜半岛大规模的排华运动,在朝鲜的华侨死伤失踪者众多。

为还原万宝山案真相,国民政府多方搜集相关资料提交调查团。如派专人绘制万宝山租田位置面积详细地图②,令原长春市政府撰写万宝山案经过报告③,由国联调查团中国代表处委员林椿贤编写万宝山案说帖④,再由专人将说帖翻译成英文。

万宝山案之后的朝鲜半岛排华运动所带来的影响,则可从中华民国驻朝鲜总领事馆提交的报告中看出。据不完全统计,在朝鲜人暴动中,在朝鲜的华侨死亡人数达 142 人,其中平壤 133 人、新义州 2 人、元山 5 人、仁川 2 人。重伤人数达 120 人,其中平壤 74 人、镇南浦 1 人、京城 6 人、仁川 2 人、元山 3 人、江原道长箭 16 人、通行郡 1 人、沙川津里 1 人、南崖里 2 人、沛川 2 人、咸境南道安边郡 1 人、新义州 2 人、云川郡大岩洞 1 人、龙川郡南市 2 人、云山北

---

① 《举行建国纪念联合大运动会计划书》,S36, *League of Nations and United Nations Archives*, Geneve。

② 《北平代表处致外交部电》(1932 年 5 月 21 日),《搜集日本违法行为资料提交国联调查团(二)》,台北"国史馆"藏"外交部"档案,020 - 010102 - 0263,第 187 页。

③ 《外交部致北平代表处电》(1932 年 5 月 24 日),《搜集日本违法行为资料提交国联调查团(二)》,台北"国史馆"藏"外交部"档案,020 - 010102 - 0263,第 190 页。

④ 《外交部致上海静安寺路沧州饭店国联调查团中国代表处电》(1932 年 3 月 11 日),《搜集日本违法行为资料提交国联调查团(一)》,台北"国史馆"藏"外交部"档案,020 - 010102 - 0262,第 53 页。

镇桥洞 2 人、昌城郡大榆洞 2 人、釜山 2 人。另有轻伤 426 人,失踪 182 人①。惨案发生后,其他在朝鲜的华侨不免人心惶惶,回国者总计 52 720 人。此案影响之巨,由此可见。

　　朝鲜人排华运动给在朝鲜的华商的生意和华工的生活造成了极大的影响。中国与朝鲜半岛历来贸易频繁,每年输入朝鲜的农产品、丝织品、药品、矿产、木材数额巨大,而朝鲜人排华运动发生后,各类商品输入额大大减少。凡留鲜经营贸易者,"尤其业棉布商者,殆无一家不受亏折,尚不如业菜馆,理发洋服者,虽亦备受时局影响,究尚能糊口"②。部分华侨为维持生计冒险留在朝鲜工作,但他们的生活状况不尽如人意。在朝鲜的华工受朝鲜人和日警的歧视压迫,无法得到合理的劳动报酬和司法保护,华人住所时常受到当地居民的无理攻击,因此难以忍受而被迫回国者不在少数。

六、在华制贩毒品

　　日人为获取不当收入,多年来在华制造并贩卖麻醉毒品,贻害匪浅,并非"九一八"事变后始行之。调查团来华调查之际,中国为揭露日本罪行,提出编写日人制运麻醉毒品祸华之说帖③,并分电内政部、财政部、禁烟委员会等中央部会及河北省政府、河南省政府、山东三省政府、山西省政府、陕西省政府、福建省政府、北平市政府、天津市政府、上海市政府、青岛市政府等地方各省市政府④,命其各自搜集案例,详细列表后汇寄外交部以备参考。需要指出的是,当时各部会及地方各省市政府在搜集案例时,将朝鲜人及日籍台民在华制贩毒品事实也一并列入,但犯罪主体仍是日本人。

---

　　①　以上数据出自《驻朝鲜总领事馆报告》(1932 年 4 月 6 日),《搜集日本违法行为资料提交国联调查团(二)》,台北"国史馆"藏"外交部"档案,020 - 010102 - 0262,第 37—39 页。

　　②　《驻朝鲜总领事馆报告》(1932 年 4 月 6 日),《搜集日本违法行为资料提交国联调查团(二)》,台北"国史馆"藏"外交部"档案,020 - 010102 - 0262,第 128 页。

　　③　《外交部致北平顾代表电》(1932 年 7 月 20 日),《搜集日本违法行为资料提交国联调查团(五)》,台北"国史馆"藏"外交部"档案,020 - 010102 - 0266,第 16 页。

　　④　《外交部致内政部、财政部、禁烟委员会、河北省政府、河南省政府、山东三省政府、山西省政府、陕西省政府、福建省政府、北平市政府、天津市政府、上海市政府、青岛市政府电》(1932 年 7 月 20 日),《搜集日本违法行为资料提交国联调查团(五)》,台北"国史馆"藏"外交部"档案,020 - 010102 - 0266,第 23 页。

在收到外交部电文后,国民政府中央禁烟委员会主席王景岐"向国联调查团提交书面文件,列举一直以来日本人进行毒品走私的事实"①。王景岐搜集历年旧案,编写了《日人在华制造贩运麻醉毒品案件表》②,表中共记载16个案例,各案分列案由、时间、贩制机关人名、地点及办理经过情形五项内容。各案发生时间为1929年4月至1931年5月,广布东三省安达地区(今安达市)、青岛、昌黎、汉口、上海、厦门、南台(今福州市台江区)等地。制贩毒品者多系日本商人,他们借日轮贩运毒品,朝鲜人及日籍台民亦有之。值得注意的是,在华制贩毒品不仅是侨民个人行为,日本官方也牵涉其中,如大连旅顺日人纵毒一案影响巨大,皆因日本关东厅在大连旅顺以专卖鸦片为政策,当地有一百余家日商参与贩卖毒品。

各案涉及毒品的种类有吗啡、烟土、伯斯土、海洛因、高根、烟膏等。案由可分为制造毒品,开设药房掩人耳目以行贩卖毒品之实,在铁路沿线各站贩卖麻醉毒品,开设烟馆土栈诱人吸食毒品,通过日本货轮运输毒品,通过海关邮局运递毒品,等等。因日本和朝鲜侨民系外国人,受领事裁判权保护,各案的处理不外乎为交涉抗议、焚毁毒品、查禁商店、将贩毒者遣送回国、将案件转报国联等,难以对不法分子施加有效制裁,故其有恃无恐,在华制贩毒品事屡禁不止。

在中央禁烟委员会提交的16个案件中,规模最大、牵涉人数最多的当数胶济铁路各站日人贩运毒品案。此案破获于1929年12月,大批不法日人常年在胶济铁路沿途大小各站,如周村、潍县、博山、张启等,大肆贩运麻醉毒品,所贩毒品多由青岛日商供给。本案参与贩运毒品的日人有两万余人,规模之大,令人咋舌。中央禁烟委员会经实地调查,确认无误后,咨请外交部向日方交涉,并惩办了部分日商。

除了中央各部会,地方各省市政府同样积极搜集当地日人犯罪事实,并列

---

① 「矢野参事官から芳澤外務大臣まで」(1932年3月21日)、JACAR(アジア歴史資料センター)Ref. B02030443200(第33画像目から)、国際連盟支那調査員関係 第二巻(外務省外交史料館)。

② 《国民政府禁烟委员会快邮代电》(1932年7月26日)、《搜集日本违法行为资料提交国联调查团(五)》,台北"国史馆"藏"外交部"档案,020 - 010102 - 0266,第41—43页。

表呈报外交部。如河北省政府提交的《破获日韩人在河北省贩卖毒品一览表》①共记载案件 9 起；山西省政府提交的《日本制造麻醉毒品运销山西概况表》②分析了山西麻醉毒品来源、秘密输入情形，并统计了入境毒品之种类、数量、影响等；山东三省政府提交的《山东三省会公安局查获日人制造贩运麻醉毒品表》③共计案件 19 起。又如，青岛市政府提交的《青岛市历年查获日韩侨民贩卖毒品一览表》④共记载案件 56 起；天津市政府提交的《天津市缉获麻醉毒品案件一览表》⑤共记载案件 59 起。

日人在华制贩毒品数额巨大，参与人数多，分布范围广，不仅给中国带来了巨大的经济损失，而且危及了中国民众的身心健康，造成了巨大的危害。

第二节　表达中方诉求

一、思想上明晰事实

1. 厘清事实真相

李顿调查团来华，国民政府及中国民众首先希望调查团了解事实，如"九一八"事变、"一·二八"事变、伪满洲国建立的真相，并在此基础上做出正确的判断。

在民众呈文中，人们向调查团表达内心的期望，"中国所希望者，唯本案之事实得有坦白确实之表示，与日本虚伪之宣言及捏造之事实得有彻底之暴露

---

① 《河北省政府致外交部电》(1932 年 8 月 2 日)，《搜集日本违法行为资料提交国联调查团(五)》，台北"国史馆"藏"外交部"档案，020 - 010102 - 0266，第 99—101 页。

② 《山西省政府代电》(1932 年 8 月 3 日)，《搜集日本违法行为资料提交国联调查团(五)》，台北"国史馆"藏"外交部"档案，020 - 010102 - 0266，第 112—114 页。

③ 《山东三省政府密咨》(1932 年 8 月 6 日)，《搜集日本违法行为资料提交国联调查团(五)》，台北"国史馆"藏"外交部"档案，020 - 010102 - 0266，第 143—149 页。

④ 《青岛市政府公函》(1932 年 8 月 1 日)，《搜集日本违法行为资料提交国联调查团(五)》，台北"国史馆"藏"外交部"档案，020 - 010102 - 0266，第 85—89 页。

⑤ 《天津市政府快邮代电》(1932 年 7 月 29 日)，《搜集日本违法行为资料提交国联调查团(五)》，台北"国史馆"藏"外交部"档案，020 - 010102 - 0266，第 96—98 页。

而已"①；"素仰各委员主持正义，倡导和平，此次中日事件之是非曲直全凭贵团秉公调查，主持公道以判断其真伪，解决此案"②。民众希望调查团切实展开调查，广泛搜集资料，以敏锐的观察力做出正确的判断，不要被日人的一面之词蒙蔽；希望调查团将日本侵略的事实及中国受祸的惨烈秉公报告国联，使日本有所顾忌。

媒体也表达了明晰事件真相的诉求，《新京日报》发文表示，"日本破坏条约，获得了最大利益。这当中的是非曲直，即使未经调查也已明了。……（调查团）一行的责任便是将这次纷争更加明白地向世人展示，同时铲除对未来世界和平造成阻碍之物"③。

2. 明确战争责任

日本蓄意挑起事变，侵略我国东北、华北、华东、华南各地，给中国带来巨大损失，破坏了远东国际秩序，极大地危害了世界和平。战争责任的判定是调查团后续做出决策的基础。

日本毫无疑问应当承担全部责任，江西南昌市教育会在致李顿调查团的电文中如此表示："诸先生爱护和平扶植正义，对于日本之恃强凌弱事实及任意蹂躏惨无人道之处，当已调查明晰，务乞主持公道，认识此次责任所在，以挽回人类浩劫，维持国联威信。"④江苏省江阴县农会、商会、教育会等团体致调查团的电文⑤中更明确要求查明事实真相，令日本承担侵略东北及上海等地的责任，以维持国联盟约的权威。

中国民众的申诉获得了各国的认同，英国政府第33号外交部备忘录有记录："很难反对这样的结论，……日本人不但顽固不化，而且雄心勃勃，诡计多

---

① 《青县教育会、妇女文化促进会快邮代电》，S38，*League of Nations and United Nations Archives*，Geneve。

② 《中国国民党山东三省惠民县执行委员会暨农会等团体快邮代电》，S38，*League of Nations and United Nations Archives*，Geneve。

③ 「上村総領事代理から芳澤外務大臣まで」(1932年3月27日)、JACAR(アジア歴史資料センター)Ref. B02030443600(第123画像目から)、国際連盟支那調査員関係第二巻(外務省外交史料館)。

④ 《江西南昌市教育会快邮代电》，S38，*League of Nations and United Nations Archives*，Geneve。

⑤ 《中国江苏省江阴县农会、商会、教育会快邮代电》，S38，*League of Nations and United Nations Archives*，Geneve。

端,对整个局势负有责任,是当前僵局的主要原因。"①这明确了日本应承担的责任。

二、行动上付诸解决

1. 勒令日方撤军

日本发动侵华战争后,派遣了大量军队来华,早在 1931 年 9 月,国联通过 9 月 30 日决议时,便要求日本将军队撤出东三省,然而日本称局势不稳定,借口保护侨民,迟迟不肯撤军。

东三省民众饱受日军欺凌压迫,生活苦不堪言,迫切地希望国联调查团勒令日方撤军,以谋得生路:"今救命贵团来哈,乃我商民不幸中之大幸也,恳求贵团令日军退出我国,民众得生活之路,永远不忘贵团大恩大德,苦不尽诉。"②日军横行东三省,极大地破坏了当地社会秩序,影响了商业经营和人民生活,民众希望"调查团主持公道,使日本军队撤出东三省,恢复我三千万民众旧业"③。在中国民众的不断申诉下,各国了解到中方坚决要求日方撤军的决心,英国驻华公使兰普森在致英国驻华大使馆代理参赞普拉特的信件中写道:"有一点不证自明,中国绝不会同意任何会使满洲的军队在中国本土永久化和规范化的安排。"④

2. 赔偿一切损失

日军侵略中国,战争给各地带来的人员伤亡和物质损失难以估量,发动战争的日本应当承担一切赔偿责任。江西南昌市教育会在电文中向调查团表示,"淞沪一带横被日军轰击,东三省被日军久占,天津被日军扰乱,因此中国所受之损失,殆不可以数计,应保留中国要求赔偿损失之部分"⑤。日军的侵

---

①　"Foreign Office Memorandum", 08th March 1932, Documents on British Foreign Policy 1919—1939, F 2348/1/10, DBPO.

②　《辽河县民众代表来信》(1932 年 5 月 17 日),S36, *League of Nations and United Nations Archives*, Geneve。

③　《民众代表团来信》,S36, *League of Nations and United Nations Archives*, Geneve。

④　"Letter from Sir M. Lampson to Sir J. Pratt", 15th October 1932, Documents on British Foreign Policy 1919—1939, F 7573/1/10, DBPO.

⑤　《江西南昌市教育会快邮代电》,S38, *League of Nations and United Nations Archives*, Geneve。

略给中国民众带来了巨大的痛苦,这一要求合情合理。

3. 各案同时解决

"九一八"事变发生后,国民政府将日本的侵略行为诉诸国联,日本为转移国联注意力,制造了"一·二八"事变。调查团抵华时,面临的已不单是"九一八"事变,而是辽案和沪案两个棘手的问题。

1932年3月14日,调查团抵达上海,第二天顾维钧就在与李顿的会晤中提出对辽案与沪案并案办理的建议。因国联9月30日决议和12月10日决议规定,调查团来华主要为调查"九一八"事变,李顿表示并案办理有困难。经过协商,双方认为可将两案分三步解决,第一步解决沪案军事部分,第二步解决辽案军事部分,第三步解决上海安全问题及辽案其他问题①。广大民众也对调查团寄予厚望,希望他们的到来能解决所有问题:"敝国人民之态度,最希望日本先行撤兵及东三省上海朝鲜等案同时解决,以期真正和平公理之实现。"②

4. 给予日方制裁

日本作为侵略战争的发动方,违反了国联盟约和非战公约,破坏了国际秩序,根据条约应当受到制裁。作为日本侵略的受害方,中国民众坚决要求国联严厉制裁暴日,"敝国人民除表示欢迎,并接受调查外,务望站在正义公理之立场,秉着良心上之主张对于暴日种种不法行为加以公道之制裁"③,以实际行动制止日本暴行,恢复远东和平,维护国联威权。

第三节　反驳日方谬论

一、所谓伪国建立出于"民意"

日本为侵占东三省资源,避免国际干预,一手操纵建立伪满洲国,对外则

---

① 《上海顾维钧致外交部电》(1932年3月16日),《革命文献—淞沪抗战》,台北"国史馆"藏蒋中正文物,002-020200-00015-090第128—130页。

② 《中华民国国民救国会快邮代电》,S38, *League of Nations and United Nations Archives*, Geneve。

③ 《中国国民党江西省宜春县党务整理委员会快邮代电》(1932年4月),S38, *League of Nations and United Nations Archives*, Geneve。

宣称东三省民众不堪忍受以张学良为代表的旧军阀的压迫,"自发"建立"新国家"。东三省民众为揭露日本的阴谋,纷纷向调查团上书以表心声,既日本谎称伪满洲国的建立出自"民意",再没有比民众呈文更有力的反驳。

在数以千计的民众呈文中,东三省民众表达对伪满洲国成立的不满是一个绝对的主题。从形式上看,有些呈文通过口号式的反对直率地表达愤懑之情,如哈尔滨公安局职员在来信中写道:"反对日本强占东北! 反对日本包办满洲政府! 反对日本强迫东北民众脱离中央政府! 反对日本以武力压迫民众服从主义"[1];又如一位无名商贩来信控诉:"打倒日本主义,铲除'新国家'!"[2]这些呈文没有表达实质的内容,而是直观地进行情感宣泄。

另一些民众则在呈文中详细罗列他们对伪满洲国的不满,以种种理由对其进行控诉。如东三省民众张良万、李万久在来信[3]中写道,他们反对伪满的原因在于日本的暴行不合人道,以强权压迫弱小,同时日军肆意破坏东三省社会秩序。另一位民众在来信[4]中罗列伪满洲国的建立并非出于"民意"的依据:其一,各省官吏大半为日人强迫而任职;其二,城内宣传标语皆系日人杜撰以蒙蔽观听,并无一字可信;其三,日朝移民侵占东三省土地,广大民众苦不堪言,绝无赞成伪国之理。

更多的民众选择结合个人经历,用事实说话,以自身的遭遇为实例,表达他们对日军暴行的不满及对伪满洲国的反对。如辽阳县城南二十九村屯十余万农民的遭遇[5]:1932 年 4 月 1 日以来,日本司令部派日人河田、鲜人金玄根率领军队二千余人,欲强占辽阳县城南三里庄、八里庄、蛾眉庄等二十九村屯之土地,挖掘河道以种植水稻。该地村民咸以务农为生,失去土地无异于断绝生计,无奈扶老携幼赴辽阳县公署请愿。因调查团将至东三省,日方不欲引起

① 《哈尔滨公安局职员来信》(1932 年 5 月 13 日),S36,*League of Nations and United Nations Archives*,Geneve。

② 《小商人无名氏来信》,S36,*League of Nations and United Nations Archives*,Geneve。

③ 《张良万、李万久来信》,S36,*League of Nations and United Nations Archives*,Geneve。

④ 《中华民国东北三千万民众来信》(1932 年 4 月 24 日),S36,*League of Nations and United Nations Archives*,Geneve。

⑤ 《辽阳县城南二十九村屯十数万人民全体来信》,S40,*League of Nations and United Nations Archives*,Geneve。

暴动,遂暂缓强征土地,二十九村农民深恐调查团离开后日军故技重施,于是上书调查团请愿。学生王超来信①言,"九一八"事变后,校长通知学生,日军强占东三省,各重要机关被洗劫一空,兵工厂、航空处、讲武堂等均落入日人之手,料想学校亦不能幸免,不日日军果然宣布关闭学校,包括王超在内的许多青年学生一夜之间变为失学者。现城内只有几处小学及工科学校开课,学校添授日语课程,中学、大学则绝对不允许开课,青年学生饱受失学之苦。

李顿调查团在东三省调查期间,各阶级民众纷纷通过各种途径向调查团及各国驻华公使表达对伪满洲国的真实看法,如英国驻北平使馆临时代办霍尔曼先生收到了大量中文匿名信,"声称在长春方面的指示下,中国学生,商人等被迫签署一份载有新政府制度优势的文件"②。民众的意见极大地影响了调查团的判断,《国际联盟调查团报告书》中记载,在东三省调查期间,与调查团委员会面的商人及银行家均对"满洲国"极为仇视,农民多对"新政府"抱着消极的仇视态度,城市居民则采取不合作态度。根据所见所闻,调查团得出结论,"即一般中国人对'满洲国政府'均不赞助,此所谓'满洲国政府'者在当地中国人心目中直是日人之工具而已"③,日本的谎言被揭穿。

二、所谓中国政府缺乏统治能力

1927 年 4 月 18 日,南京国民政府成立。1928 年 12 月 29 日,张学良通电全国,宣布东北自即日起遵守三民主义,将北洋政府的五色旗改为国民政府的青天白日满地红旗,正式宣告服从国民政府的统治。这一事件标志着北伐的顺利结束,国民政府初步完成统一。虽然此时国内军阀林立、各派系间争斗不休,但国民政府的"合法性"得到越来越多国家承认。日本污称中国完全陷于四分五裂的混乱状态,国民政府缺乏统治能力,甚至谎称东三省早已脱离国民政府的统治,这无疑是对国联调查团的欺骗和蒙蔽。

国民政府为驳斥日本恶意诋毁,一方面分电中央各部会及地方各省市政府,罗列各处建设成绩,以证明政府的统治能力;另一方面组织编写"剿共"概

---

① 《王超来信》,S40, *League of Nations and United Nations Archives*, Geneve。

② "Mr. Holman (Peking) to Sir J. Simon", 19th November 1932, Documents on British Foreign Policy 1919—1939, F 8082/1/10, DBPO.

③ 《国际联盟调查团报告书》,上海:明社出版部,1932 年,第 163 页。

要，以证实国民政府有能力防止"赤化"，国内统治稳固，不需要日本越俎代庖。

所谓建设成绩，包括中央整顿财政办法，以及各地卫生、教育、工业、铁路、航空及其他公共设施建设成果等①，国民政府行政院分电中央内政、教育、交通、铁道、实业、军政、财政等部建设委员会，以及南京、上海、北平、天津、青岛、广州各市政府②，命各单位从速拟具说帖送行政院，以备参考。

不久，中央各部会及地方各省市纷纷汇寄资料至行政院：内政部送来说帖一份，附图表一册；教育部寄来设施概况一本，附社会教育概况、全国初等教育概况、全国公私立中等学校名称及分布概况、全国中等教育概况、全国高等教育统计各一本③；交通部邮寄说帖一本；铁道部亦送说帖一本，附中华民国铁路里程表、铁道部国道路线网图、国内及国际联运略图各一纸，铁道部国道分期建筑计划、第十五次中日联运协定书各一册及联运成绩报告表五纸；南京市送来政府建设概况说帖一本；上海市汇寄政府业务纲要一本；北平市邮寄重要设施实况一本；天津市寄来政府历年建设说帖一本；青岛市送达建设成绩说帖一本。以上资料可以直观反映当时历年的内政改革、教育文化、交通事业、市政建设的发展和进步。

日本一味攻讦国民政府全无统治能力，事实上其自身在东北沦陷区的非法"统治"亦不能称之为稳固。英国驻东京大使林德利在致英国外交大臣约翰·西蒙的电报中就说，"关于平定满洲问题，我向牧野议员表示了我的遗憾，从显而易见的改善情况来看，东三省全面显著恶化，日本军队似乎无力应付广泛传播的疾病"④。英国驻东京大使馆军事随员詹姆斯上校在其访问满洲的报告中写道，"整个铁路系统，除南满铁路外，已经全部或部分瘫痪，迄今为止日本军队企图做的只不过是保持主要交通线路和人口集中区域的开放，

---

① 《北平顾代表致外交部电》(1932 年 6 月 8 日)，《搜集日本违法行为资料提交国联调查团(三)》，台北"国史馆"藏"外交部"档案，020-010102-0264，第 33—34 页。

② 《行政院致外交部电》(1932 年 6 月 14 日)，《搜集日本违法行为资料提交国联调查团(三)》，台北"国史馆"藏"外交部"档案，020-010102-0264，第 105—106 页。

③ 《参与国际联合会调查委员会中国代表处公函》(1932 年 7 月 15 日)，《搜集日本违法行为资料提交国联调查团(四)》，台北"国史馆"藏"外交部"档案，020-010102-0265，第 282—284 页。

④ "Sir F. Lindley (Tokyo) to Sir J. Simon", 13th October 1932, Documents on British Foreign Policy 1919—1939, F 7868/1/10, DBPO.

显然需要至少一年的时间来恢复秩序"①。

三、所谓中国排日问题

李顿调查团来华调查时,日本为推卸战争责任,污称中国抵制日货是引起中日冲突的重要原因,更无中生有地指责中国虐待日本和朝鲜的侨民。国民政府拟制说帖向调查团澄清抵制日货问题,并电令驻日本、朝鲜等地的大使及领事,搜集日本政府及人民抵制华货、虐待华侨、取缔行动与通信自由、威迫华侨回国等事实②,以反驳日方污蔑,并证明日本的排华行为。

国民政府向调查团提交了《上海抗日会之组织及其经过概况》③等说帖说明中国上海地区抵制日货经过。上海抗日会(原名上海市反日援侨委员会),乃因万宝山惨案发生后上海各界团体激于义愤而自动召集各界代表大会商议而成立。由此可见,上海民众抵制日货运动的起因是日本蓄意挑起中朝矛盾,属于事出有因,且为民众自发组织,并非政府行为。

反日援侨委员会推举虞洽卿等三十七人为委员,王晓籁等七人为商务委员,下设总务、宣传、检察、调查、登记及保管六科,负责宣传反日援侨及抵制日货思想。另设一经济委员会保管援侨救济金及售卖日货之罚金,一设计委员会研究反日援侨的具体计划,并制定《抵制日货大纲》四条、《抵制日货原则》及《处理日货办法》④,作为抵制日货运动的指导方针及行动指南。

"九一八"事变发生后,上海市反日援侨会宣布扩大反日组织,召集各团体代表大会,更改会名为上海市抗日救国会,致力于从事抵制日货运动。抗日救国会的组织与反日援侨会大致相同,只是范围更为广泛,态度也更为坚决。突

---

① "Sir F. Lindley (Tokyo) to Sir J. Simon", 15th October 1932, Documents on British Foreign Policy 1919—1939, F 7835/1/10, DBPO.

② 《外交部致台北林总领事、东京江代办、朝鲜卢总领事电》(1932 年 5 月 27 日),《搜集日本违法行为资料提交国联调查团(二)》,台北"国史馆"藏"外交部"档案,020 - 010102 - 0263,第 201 页。

③ 《外交部致北平档案保管处转钱参事阶平电》(1932 年 7 月 21 日),《搜集日本违法行为资料提交国联调查团(五)》,台北"国史馆"藏"外交部"档案,020 - 010102 - 0266,第 29—33 页。

④ 《外交部致北平档案保管处转钱参事阶平电》(1932 年 7 月 21 日),《搜集日本违法行为资料提交国联调查团(五)》,台北"国史馆"藏"外交部"档案,020 - 010102 - 0266,第 31—32 页。

出表现为增设一义勇军委员会,负责召集有志之士训练成军,以备对日作战①。此次矛盾的进一步激化,起因在于日本武力发动侵华战争,日方应负完全责任。

上海市抗日救国会的组织及经过概况可以表明中国抵制日货运动是由日本的侵略及挑衅引发的,日本却倒果为因,反污中国的抵货运动是引发战争的重要原因。而且,抗日救国会为民众出于义愤自发组织成立,国民政府借用民意向日本施压之心或有之,日本却称抵制日货运动系国民政府一手策划。

事实上,国民政府曾多次在事态有所好转时呼吁民众取缔排货运动,如在济案解决后,下令停止检查或扣留日货;②甚至上海市抗日救国会也因日方提出严正抗议而被国民政府命令解散。③ 英国驻华副领事斯科特在备忘录中写道,当上海抵制日货运动再次发生时,"上海市市长在 9 月 1 日向从事非法抗日活动的人发出警告,敦促中国公众和新闻界劝阻谣言,保持冷静"。④ 英国驻北平临时代办英格拉姆在致英国外交大臣约翰·西蒙的电报中同样表示,"恐吓涉嫌贩卖日货店铺的活动仍在继续,所以在零售商店里几乎没有公开摆放日货,虽然有时可能会偷偷地进行销售。中方当局正在阻挠这种恐吓活动"。⑤

同时,国民政府电令东京江代办、朝鲜卢总领事及台北林总领事搜集日本在各地排华的证据,向调查团揭露日本的不法行为。驻日使馆向外交部提交了日本排华法令,并翻译日本法学博士信夫淳平所著《反吉草纸》中评论日本

---

① 《外交部致北平档案保管处转钱参事阶平电》(1932 年 7 月 21 日),《搜集日本违法行为资料提交国联调查团(五)》,台北"国史馆"藏"外交部"档案,020－010102－0266,第 33 页。

② 《外交部致北平档案保管处转钱参事阶平电》(1932 年 8 月 1 日),《搜集日本违法行为资料提交国联调查团(五)》,台北"国史馆"藏"外交部"档案,020－010102－0266,第 90 页。

③ 《上海市政府快邮代电》(1932 年 8 月 9 日),《搜集日本违法行为资料提交国联调查团(五)》,台北"国史馆"藏"外交部"档案,020－010102－0266,第 171—172 页。

④ "Memorandum by Mr. Scott", 20 October 1932, Documents on British Foreign Policy 1919—1939, F 7628/1/10, DBPO.

⑤ "Mr. Ingram (Peking) to Sir J. Simon", 4 November 1932, Documents on British Foreign Policy 1919—1939, F 7819/1/10, DBPO.

排外法令的文章①，以此作为日本排华行为的证明。驻朝鲜总领事卢春芳向外交部提交了长篇排华报告书②，其中收录了日本海关苛税华货表、朝鲜各地虐待华侨案例及各处辱华事实，数据翔实，事例清楚，极具说服力。台北总领事提交了历年来日本当局颁布的歧视和压迫华人的各项条例，包括《非劳动者中国人处理条例》《关于清国劳动者办理手续费及实费》《关于处理华人办法及关于管理华人办法》等③，证明华商和华工在台湾地区遭到日本当局的残酷压迫和剥削。

从以上种种事实中不难看出，中国民众确有抵制日货行为，但系出于爱国热情，而发动侵略战争的日本才是罪魁祸首。至于虐待日本和朝鲜侨民，纯属无中生有，战争爆发后各地间或有中国民众与日本和朝鲜侨民冲突之事发生，但远远未达到需要日方出兵保护侨民的程度。

---

① 《外交部致北平档案保管处转国联调查团中国代表处电》(1932 年 7 月 1 日)，《搜集日本违法行为资料提交国联调查团(四)》，台北"国史馆"藏"外交部"档案，020 - 010102 - 0265，第 35 页。

② 《驻朝鲜总领事馆呈外交部函》(1932 年 6 月 4 日)，《搜集日本违法行为资料提交国联调查团(三)》，台北"国史馆"藏"外交部"档案，020 - 010102 - 0264，第 39—69 页。

③ 《驻台北总领事馆呈外交部电》(1932 年 7 月 12 日)，《搜集日本违法行为资料提交国联调查团(六)》，台北"国史馆"藏"外交部"档案，020 - 010102 - 0267，第 4—25 页。

第四章　中方申诉影响

中国的申诉影响了国联对中日争端的认知,最能体现国联态度的即大会表决通过的《李顿调查团报告书》。报告书在许多重要问题上接受了中国的申诉,但同时对中方部分意见提出了不同的看法。国联报告书认定日本发动"九一八"事变是侵略行为,建议东三省由国际共管,日本因此放弃了与国联合作,不久后发出了退出国联的公告。中国人民的抵抗精神、危机意识和爱国情怀在申诉过程中被激发,同时政府和民众认识到不能依靠国联驱逐侵略者,抗日救亡遂成为时代的主流。

第一节　国联的态度

一、国联报告书内容

报告书作为李顿调查团调查活动的总结性文件,经过国联大会正式表决通过,最能反映国联对中日纠纷的态度,国联报告书对中日争端的许多重要问题做了判断。

报告书分为绪言、正文、附录及附件四个部分。绪言记叙李顿调查团派遣缘由、所负使命及调查经过。正文共分十章,第一章记叙中国近年发展概况,指出中国社会正处于近代化过渡时期,中央政府的脆弱统治使各国蒙受不利影响,也将威胁世界和平。第二章叙述东三省状况及其与中国其他部分及俄国的关系,认为虽然客观上日本的投资对东三省的发展起了作用,但是东三省系中国人民胼手胝足开辟;包括日俄在内的许多国家都在东三省有"特殊利益"。第三章至第五章主要描述中日冲突,第三章历数"九一八"事变前中日关于东三省的争执,第四章记叙了"九一八"事变及其之后中日在东三省的冲突,第五章则介绍了沪案情形。第六章集中分析伪满洲国,介绍了伪国成立的经过、时任"政府"构成及东三省居民对伪国的态度。第七、八两章主要涉及经济问题，第七章记叙日本在华经济利益及中国的抵制日货运动，第八章分析中日俄等国在东北的经济利益。第九、十两章则是调查团提出的解决中日争端的原则、条件和建议。

除绪言和正文外，另有附录和附件。附录记载有关各项特殊问题的研究，附件则包括调查团途经地点之详图、其访问机关及人员的名录和中日两国政府送交调查团参考的各项文件清单①。

二、接受中方申诉部分

在国民政府及广大民众的共同努力下，国联调查团在许多重要问题上认同了中方的意见，如"九一八"事变超出"合法自卫"范畴、伪满建立并非出于"民意"、东北义军不能与"土匪"混为一谈等，由此可见中国申诉的成效。

1. "九一八"事变超出"合法自卫"范畴

李顿调查团认为"九一八"事变是日本武力侵占东三省的关键性事件，极为重要，因此不惜耗费时间精力，对当夜情形详细调查。调查团先后访问了中日双方当事军事长官：日本方面的河本中尉、岛本中校及平田上校等，中国方面驻守北大营的王以哲及其他相关军官。日方向调查团表示，"九一八"当夜，日军在南满铁路附近巡视时遭遇流弹攻击，随后铁轨被中国士兵炸毁，中日军队交战数小时后，日军占领北大营②。中方则向调查团申诉，"九一八"当夜，日军无故进攻北大营兵房，中国军队奉张学良命令，极力避免与日军冲突，步步撤退，任日军攻击北大营。除第六百二十团因出路被日军堵截，不得不力战以谋夺路外，中国军队几乎没有向日军发起主动进攻③。

因双方所述分歧较大，为公平起见，调查团着意查访当时在沈阳的外国人，如各国公使、新闻记者等。英国驻东京大使林德利在电报中写道："1931年9月日本采取的军事措施超出了自卫的合法需要……对于每一个不带偏见

① 《国联调查团报告书，昨外交部在京沪平汉同时公表》，《申报》，1932年10月3日，第3版。
② 《国际联盟调查团报告书》，上海：明社出版部，1932年，第100—102页。
③ 《国际联盟调查团报告书》，上海：明社出版部，1932年，第102—103页。

的人来说,调查团应该作出定论。"①调查团结合各界人士意见及各方提交的文件,在分析和判断后,得出了日本对发动战事有充分计划的结论,而中国并无进攻日军的准备,且无危害日人生命财产安全的打算。即使铁轨遭到破坏,亦不能引为发动军事行动的理由,因此,"九一八"事变显然超出了"合法自卫"的范畴②。

2. 伪满建立并非出于"民意"

调查团在东三省调查期间,日本军事当局及伪满洲国极力避免东三省民众与调查团接触,派遣士兵对各委员进行贴身保护,名为保护,实为监视,并在各委员的住处安排重兵巡逻,禁止民众接近。因此东三省民众极难与调查团当面会谈,只能通过邮寄书信的方式表达心声。

在华调查期间,调查团收到民众书信共计一千五百五十余件,除极少数书信外,其余均对伪满洲国及日人深表仇视。此类书信言辞诚恳,调查团认为足以作为真实民意之体现。

同时,调查团通过走访和观察,大致了解了当地民众对伪满洲国的真实态度。在伪满洲国任职之官吏多被日军威逼利诱,或为避免私人财产被充公而勉强任职;警察多为维持生计,不得不继续为伪政府工作;商人及银行家对伪满洲国极为仇视,只为保护生命财产安全而不敢反抗;农民深恐日本和朝鲜移民侵占土地,对日军的暴行亦极为痛恨;工人担心失业,对伪满洲国持一种消极的默认和仇视态度。

调查团悉心研究从各方获取的证据,包括公私谈话及书信文件等,"掌握了日本在建立和实际控制新的独立的'满洲国'的倡议方面的确凿证据"③,得出一个结论,即绝大多数民众对伪满洲国抱有反对和仇视的态度,认为其仅仅是日人侵占东三省的工具④。所谓"民心所向",纯属子虚乌有。

3. 东北义军不能与"土匪"混为一谈

"九一八"事变后,国民政府的正规军大部撤出东三省,但仍有部分爱国将

---

① "Sir F. Lindley (Tokyo) to Sir J. Simon", 13 October 1932, Documents on British Foreign Policy 1919—1939, F 7868/1/10, DBPO.

②《国际联盟调查团报告书》,上海:明社出版部,1932年,第104页。

③ "Sir J. Simon to Sir R. Lindsay (Washington)", 8 June 1932, Documents on British Foreign Policy 1919—1939, F 4720/1/10, DBPO.

④《国际联盟调查团报告书》,上海:明社出版部,1932年,第162—163页。

领和民众自发进行抵抗，而日本却将这些义军诬为"土匪"。东北义军分为正式军队和非正式军队两类，前者多为原东北军余部，其领袖为马占山、丁超、李杜等，日方估计其军队人数有三万；后者则多为民众自发组织，在原有乡团的基础上建立起来，往往规模不大，多分布于沈阳、锦州及奉热二省交界处。

对于东北义军，日本一律诬之为"土匪"，而调查团在了解军队构成及其抗日救国行为后，认为"此项军队，与土匪并无关系，不能混为一谈"①。

三、局部有悖中方意见

中国的申诉虽取得了巨大的成效，但调查团并未完全接受中方的观点，在个别问题上，调查团与中国意见相左，如认为国民政府统治不稳固、认为存在"有组织的抵制日货行为"等。

1. 认为国民政府统治不稳固

国民政府为证明自己的统治能力，罗列各地建设"成绩"，并向调查团提交了"剿共"情形报告书，调查团虽认可国民政府在各地取得的建设成就，但认为"中国之特点，乃为政变，内讧，及社会上暨经济上之恐慌。结果乃使中央政府日就衰颓。此种现状，所有与中国有密切关系之国，无不受其不良影响"②，甚至会危及世界和平。

调查团认为国民政府统治不稳固的原因不外乎以下几点：其一，中国表面上虽统一，但国内军阀派系林立，国民党党内各派意见分歧巨大，削弱了中央政府的统治力；其二，共产主义在中国日益发展壮大，报告书中写道，"福建江西之大部分，及广东之一部分，据确实报告，均已全被'赤化'……中国各市镇几无处不有与共产主义表同情之人"③；其三，调查团认为中国人民国家观念弱，只知有家而不知有国，不具备国民意识。

当时国内军阀林立、各派系间争斗的现象是客观存在的，但国民政府的"合法性"已得英美等大多数国家承认，包括东北地区在内的地方政府实际上均接受国民政府的统治。国民政府对部分地区的统治确实薄弱，但在国际法上并不影响中国行使主权。中东铁路事件爆发时，国民政府积极斡旋，使这一

---

① 《国际联盟调查团报告书》，上海：明社出版部，1932年，第120页。
② 《国际联盟调查团报告书》，上海：明社出版部，1932年，第13页。
③ 《国际联盟调查团报告书》，上海：明社出版部，1932年，第26—27页。

事件得到和平解决,亦可证明国民政府作为当时政府的合法统治地位得到国际社会承认。

2. 关于"有组织的抵制日货行为"

关于中国的抵制日货运动,中日双方争议的焦点有三:其一,抵货运动是民众自发还是被国民政府操纵;其二,中国所采取的经济绝交手段是否合法;其三,国民政府对于抵制日货运动应负何种责任。

国联承认中国人的抵制日货运动对日本经济产生了负面影响,是造成中日冲突的重要原因;认为中国的抵制日货运动是有民意基础的,但国民政府的"组织"也是抵货运动得以存在和发展的重要原因;国联对抵货行为的态度是不支持①。

中国人民抵制日货的起因在于日本武力侵华,抵制日货是民众抒发爱国情感的一种自发行为。对于国联而言,从根源上解决问题,即制止日本的侵略行为,才是当务之急。至于国民政府在其中扮演的角色,不应成为问题的焦点。

除个别论断外,调查报告书对中日纠纷中的各项事实的认定基本是中肯的,但由国际共管东三省的建议极其不合情理,且报告书多方袒护日本,为日本的侵略行为开脱,最终也没有决定如何制裁日本。

第二节　日方的反应

调查团调查工作结束后,国联于 1932 年 10 月 2 日在东京、南京和日内瓦同时发表《李顿调查团报告书》。报告书发布后,国联对中日双方的舆情反应较为关注,国际联盟秘书长德拉蒙德希望各国公使提供有关中日两国政府和新闻界对《李顿调查团报告书》反应的总结②。从各国公使的汇报中,国联注意到日本强烈的不满,"当人们翘首以盼的报告终于公之于众,日本的报纸爆发出普遍的不满情绪"③。

---

① 《国际联盟调查团报告书》,上海:明社出版部,1932 年,第 179—180 页。

② "Letter from Sir E. Drummond (London) to Sir R. Vansittart", 8 November 1932, Documents on British Foreign Policy 1919—1939, F 7886/1/10, DBPO.

③ "Sir F. Lindley (Tokyo) to Sir J. Simon", 13 October 1932, Documents on British Foreign Policy 1919—1939, F 7868/1/10, DBPO.

具体而言,日本对报告书中的许多内容感到不满,如认为"九一八"超出"自卫"性质,肯定伪满洲国的建立并非出于"民意",不赞成继续维持伪满的统治,认为东三省的主权仍然属于中国,建议取消日本在东三省的驻兵权等。

报告书甫一出台,即遭到日本朝野上下的激烈声讨。日本外务省对报告书第六章中关于伪满洲国的描述大加反对,认为调查团太过重视平凡无名的华人的证词,不同意东三省自治的建议①,声称报告书对日本多有不公之处,并拟起草意见书对报告书加以反驳。日本陆相荒木对记者发表言论,认为日本早已承认伪满洲国,满案已尘埃落定,调查报告书对事实认识不清,只可作为旅行见闻看待,并表示日本政府已决意对报告书置之不理②。

日本民间对报告书同样大加反对。李顿调查团报告书发表后,日本朝日新闻、日日新闻等各大报纸纷纷激烈批评报告书,谓其为错觉、曲言、认识不足、愚蒙之报告书,毫无价值可言,并称报告书不顾事实一味要求日本撤兵是蔑视现实的行为③。日本工商界则称报告书有悖事实,日本承认伪满洲国的决心绝不会因报告书而动摇,甚至鼓励政府在情况恶化时宣布脱离国联④。

在国际联盟审议《李顿调查团报告书》期间,日本逐渐察觉国际局势的不利,"他们预料到李顿调查团的报告书对日本是不利的,并且国联的行动可能令人不快"⑤,但并不准备放弃在东三省的利益。报告书公布后,日本驻伦敦大使与国联方面进行了谈话,"谈话期间前者曾表示如果国联大会通过决议谴责日本和采纳《李顿调查团报告书》的建议,会出现危险和复杂的情况"⑥。1933 年 2 月 20 日,在国联大会正式表决通过报告书的前夕,日本召开紧急内阁会议,决定若国联大会通过报告书,则日本宣布立即退出国联。2 月 24 日

---

① 《日本提早发表李顿报告书,外务省赶草意见书定四周内完成,对首五章少争点,对第六章颇非难,超越自卫权一点日军部反对尤烈》,《申报》,1932 年 10 月 3 日,第 3 版。

② 《日陆相荒木驳斥李顿报告,竟谓不能以公理解决中日案,干涉满洲将造成巴尔干第二》,《申报》,1932 年 10 月 3 日,第 3 版。

③ 《日本朝野反对东报指为错觉曲言》,《申报》,1932 年 10 月 4 日,第 3 版。

④ 《日本全力应会国联,松冈洋右赶赴日内瓦,日工商界勉政府迈进》,《申报》,1932 年 10 月 5 日,第 6 版。

⑤ "The Ambassador in Japan (Grew) to the Secretary of State", 3 September 1932, *Foreign Relations of the United States*, Japan 1931—1941, Vol. I, p.102.

⑥ "Sir F. Lindley (Tokyo) to Sir J. Simon", 28 October 1932, Documents on British Foreign Policy 1919—1939, F 7658/1/10, DBPO.

国联大会表决通过李顿报告书后,日本外相内田于 3 月 27 日向国联秘书长德拉蒙德表示,日本与国联各会员国在远东和平的看法上存在严重分歧,因此决定退出国联。日本退出国联之举,从表面上看似乎挣脱了国联和国际条约的束缚,得以自由采取军事行动,但也因此远离了国际主流政治舞台,陷入了孤立的境地。

第三节 中方的应对

"九一八"事变后,自国民政府诉诸国联到《李顿调查团报告书》被正式表决通过,先后历时约 17 个月。在这段漫长的时间里,国民政府面对日本的侵略一再退让,寄希望于国联制裁日本,恢复东三省"九一八"以前的状况,但残酷的现实使全体中国人民认识到,国联并不可恃,自救才是唯一的出路。

一、国民政府的抗日决心日坚

在《李顿调查团报告书》公布之初,国民政府虽然对其中部分内容和建议感到不满,但仍然希望以报告书为讨论依据,谋求中日争端的和平解决。对于这一点,英国驻北平临时代办英格拉姆如此认为:"中方认为李顿的报告是讨论与日本和解的适当依据,因为它所有建议都没有太书面化,中国有讨价还价的余地。"①但随着时间的流逝,国联的软弱无能日渐暴露,"国联没有对抗暴力的有效手段。国联是与暴力相对的另一个可能的选择项"②,而日本的侵略行为愈演愈烈,于是国民政府的抵抗决心日益坚定。

《李顿调查团报告书》公布之初,蒋介石向罗文干面授其对报告书的意见,认为"对于报告书,宜采取温和态度不可表示过度之反抗"③,但政府必须尽最大的努力,在报告书未经国联大会审议通过之前,对其部分内容做出修正。由

---

① "Mr. Ingram(Nanking)to Sir J. Simon", 24 October 1932, Documents on British Foreign Policy 1919—1939, F 7602/1/10, DBPO.

② 「重光公使から芳澤外務大臣まで」(1932 年 3 月 17 日)、JACAR(アジア歴史資料センター)Ref. B02030443200(第 10 画像目から)、国際連盟支那調査員関係 第二巻(外務省外交史料館)。

③ 《罗文干致日内瓦中国代表团电》(1932 年 10 月 17 日),《"九一八"事变之解决方针及措置(五)》,台北"国史馆"藏"外交部"档案,020 - 010112 - 0026,第 9 页。

此可见,此时蒋介石仍然希望通过协商解决中日争端,尚未下武力抵抗的决心。

在报告书提交国联大会讨论期间,日本一再借故拖延,先提出不可限定审查期限①,又"提出延期六个月"②,而国联不断迁就日本的无理要求③,并未有主持公道之举。事实证明,国联并无意对日本实施有效的制裁,国际联盟秘书长德拉蒙德在致英国外交大臣约翰·西蒙的信件中写道:"我相信(国联)理事会会收到日本和中国政府对报告的长久以来的意见,除非日本人接受报告的某些措施,但这似乎不大可能,理事会不愿意做除提交报告和这些意见给十九国委员会和议会以外更多的事。"④国联的主导国英国甚至无意对日本进行谴责,认为此举无益于达成和解⑤。

面对这样的局势,蒋介石表示,"余信正义公理,必有克服武力强权之一日也,然我充实国力之基本计划,不可须臾或缓矣,尤颇吾国人之早自醒悟焉"⑥。此时蒋介石的想法已经从"协商解决"逐渐转变为"充实国力",因为他认识到国联的软弱,意识到依赖国联制裁日本是不切实际的。

报告书提交国联大会讨论期间,汪精卫在日内瓦发表的宣言⑦同样反映了国民政府由倾向协商转向武装自卫。汪精卫在宣言中表示,自日本侵华以来,国民政府一直秉持交涉与抵抗并行的方针。初期,中国始终信任国联,呼吁国人镇静,听候国联解决,以交涉为本旨。然而日本侵略不已,"九一八"事

---

① 「重光公使から芳澤外務大臣まで」(1932 年 3 月 17 日)、JACAR(アジア歴史資料センター)Ref. B02030443200(第 11 画像目から)、国際連盟支那調査員関係 第二巻(外務省外交史料館)。

② "British Delegate (Geneva) to Sir J. Simon", 19 June 1932, Documents on British Foreign Policy 1919—1939, F 4974/1/10, DBPO.

③ "Mr. Patteson (Geneva) to Sir J. Simon", 1 December 1932, Documents on British Foreign Policy 1919—1939, F 8361/1/10, DBPO.

④ "Letter from Sir E. Drummond to Sir J. Simon", 24 October 1932, Documents on British Foreign Policy 1919—1939, F 7681/1/10, DBPO.

⑤ "Memorandum by Sir J. Pratt respecting the Sino-Japanese Dispute", 3 December 1932, Documents on British Foreign Policy 1919—1939, F 8494/1/10, DBPO.

⑥ 《1932 年 11 月 2 日记事》,《事略稿本——民国二十一年十一月》,台北"国史馆"藏蒋中正文物,002 - 060100 - 00055 - 002,第 7 页。

⑦ 《中国驻日内瓦代表团致外交部电》(1933 年 1 月 13 日),《"九一八"事变之解决方针及措置(三)》,台北"国史馆"藏"外交部"档案,020 - 010112 - 0024,第 8—12 页。

变后,又制造"一·二八"事变,更进犯山海关、热河,中国政府及人民认识到日本的侵略野心绝无餍足之时。面对日本的暴行,国联优柔寡断,缺乏制裁力,国民政府不得不认为交涉几乎全然绝望。

不久,报告书在国联大会上表决通过,中国取得了外交上的胜利,获得了世界各国在道义上的同情,但通过向国联申诉迫使日本撤兵的幻想也正式宣告破灭。蒋介石在致驻日内瓦中国代表团的电文中说道,"此时外交方面既得胜利,已告一段落,此后当重在军事实际之抵抗"①,武装抗日正式提上国民政府的议事日程。

二、普通民众的民族精神觉醒

日本侵略东三省,更将战火延及中国各地,关内外民众对日本暴行深感愤怒,民族意识和爱国热情得到了前所未有的激发。报告书出台后,时人纷纷在各大报刊发表评论,多对国联袒护日本的行为感到不满,主张抗日救亡。

在致调查团的呈文中,东三省民众表达了不甘受奴役的心声,言曰:"我中华民国财固不充,器固不良,而四万万人心固未死也。势必牺牲一切与此蔑视公约、不顾正义而又自号东亚文明国家之强暴日本抵抗到底。推到伪国,还我河山! 宁为阵前鬼,不做亡国奴。"②关内民众同样向调查团表达了誓死抵抗外来侵略的决心,谓民众"唯冀执事等以正义公理与本身职责为立场,以拥护国际盟约之神圣为攸归,对日本此次暴行迅速采有效之制裁,不然,则我中华民族唯有取自卫手段继续抵抗,宁为玉碎,不为瓦全"③。

报告书出台后,民众纷纷发表评论,"新闻界的语气显然变得更加不肯通融"④。1932年10月,时人在《申报》上连载了一篇名为《国联调查团报告书之

---

① 《蒋委员长致日内瓦颜顾郭三代表电》(1933年3月13日),《"九一八"事变之解决方针及措置(三)》,台北"国史馆"藏"外交部"档案,020-010112-0024,第204页。

② 《黑龙江省绥化县全境民众来信》(1932年5月),S36, *League of Nations and United Nations Archives*, Geneve。

③ 《中国国民党四川渠县党务指导委员会、农会、工会等团体快邮代电》,S38, *League of Nations and United Nations Archives*, Geneve。

④ "Mr. Ingram (Peking) to Sir J. Simon", 31 October 1932, Documents on British Foreign Policy 1919—1939, F 8728/1/10, DBPO.

价值》①的时评,依次批判了调查团提出的解决东三省问题的原则、条件和建议,认为国联迁就日本,所谓追求中日两国利益的根本调和,不过是外交辞令。《大公报》上刊登了一篇名为《读了〈国联调查团报告书〉之后》②的时评,认为在遭受外来侵略时,中华民族应当奋起抗争,谋求自卫,而不是仰人鼻息,一味依赖国联。《益世报》上登载了一篇名为《推敲报告书与挽救国难》③的时评,指责国民政府不应只顾埋头反复推敲报告书,认为东三省问题已到了只能用武力解决的地步,政府应当切实整顿军务,民众也应支持政府,上下团结一心,精诚合作以挽救危亡。

面对外来侵略,阶级和地域的畛域被打破,中国人从未如此深刻地认识到自己所需要承担的保家卫国的责任。

---

① 《国联调查团报告书之价值上》,《申报》,1932 年 10 月 3 日,第 3 版;《国联调查团报告书之价值下》,《申报》,1932 年 10 月 4 日,第 3 版。

② 《读了〈国联调查团报告书〉之后》,天津《大公报》,1932 年 10 月 18 日,第 8 版。

③ 《推敲报告书与挽救国难》,《益世报》,1932 年 10 月 14 日,第 2 版。

本篇小结

"九一八"事变后，国民政府选择诉诸国联，其原因是多元的。当时国内地方军阀尚未肃清，国民党内部亦有分歧，国家军事力量分散，武装抵抗日本侵略需要付出巨大的代价。以夷制夷的传统外交思维影响仍在持续。国际联盟的成立、各项和平条约的签订及三国干涉还辽的实例，使国民政府依赖于国联、列强的力量牵制日本。

在决定以交涉为手段应对"九一八"事变后，国民政府及广大民众将希望寄托在国联和李顿调查团身上。中国通过种种途径，如谈话、提交说帖及呈文、搜集证据、发表舆论等，积极向调查团展开申诉。中国申诉的三大重点分别为揭露日本罪行、表达中国诉求及反驳日方谬论。国民政府站在国家角度上表明政府立场、提供官方资料，民间团体和个人则多从自身经历出发，表达广大民众的呼声。此时的调查团如同一位法官，中日双方在法庭上各执一词，不断寻找对自身有利的证据，希望自己的观点和意见能被法官认可。

这场申诉的结果是作为受害方的中国得到国际道义同情，作为加害方的日本却没有受到制裁，这使中日双方都不满意。客观来看，在当时中日实力对比明显的情况下，国联大会能以 42 票赞成、日本 1 票反对的压倒性优势通过《李顿调查团报告书》，已经是中国外交上的一大胜利，也可从中看出中国申诉的成效。然而，中国不能满足于这个结果，国联虽然明确日本是侵略者，但无法使日本撤兵，无力施行有效的制裁。

"九一八"事变和国联调查团来华对中日双方产生巨大的影响。日本选择放弃与国联合作，退出国联。从表面上看，日本似乎挣脱了国联束缚，得以自由采取军事行动，但也使日本从此远离国际主流的政治舞台，陷入孤立的境地。中国则从依赖国联的幻想中清醒，决心以武力抵抗日本侵略，抗日救亡成为时代的主流。需要强调的是，面对中国的申诉，日本也在多个层面劝导李顿调查团倾向于日本,其中尤以抵制日货问题为焦点。日本抛出该问题,不仅引起中国积极应对,而且使调查团在报告书中单列一节研究以抵制日货为代表的中日经济纠纷。

中篇
李顿调查团与
中国抵制日货问题

对于中国人而言，抵货运动并不陌生。最早的抵货运动发生在 1905 年，是因美国要求续签《中美会订限制来美华工保护寓美华人条款》而引发的抵制美货运动，此后，中国境内规模不等的抵货活动此起彼伏。可以说，在整个 20 世纪上半叶中国的对外交涉中，抵货运动都是中国对外抗议的方式之一，特别在中日纠纷中，为了抗议日本的侵略与捍卫主权完整，中国境内规模不等的抵制日货活动此起彼伏，但也因此在国际社会上一直饱受争议。

1931 年至 1932 年的抵制日货运动由万宝山事件和朝鲜排华惨案引发，于"九一八"事变前后达到高潮。1931 年 5 月初，约两百名朝鲜人在长春附近的万宝山非法从事水田经营，引发当地中日冲突。① 万宝山事件后，朝鲜各地兴起排华运动，捣毁华侨所设商店，攻击华人居住区域，致使华侨伤亡惨重。② 朝鲜排华惨案发生后，民情悲愤，"全国民众既痛华侨之无辜被害，更愤日人之狼子野心，愈益露骨"③，抵货运动纷纷兴起，《中央周报》更是发表《为朝鲜排华惨案既万宝山事件告全国民众书》，称"我们唯一有效的对策，便是对日市场封锁，贸易绝交，使失经济上之活动能力"④。

自 1931 年 12 月国联大会决定成立调查团赴远东起，抵制日货运动便是国联调查团探究的一个重要问题。就此问题申诉时，日方以中国违反国际条约为由指责中国，而中国则以国家自卫权为自己进行辩护。除访谈对话外，国联调查团还搜集了大量相关的资料去分析中国的抵货运动，并在报告书的第七章中专门论及此事。民族主义与国际法亦是当时国际社会分析此事件的两个重要出发点。叶礼庭（Michael Ignatieff）在《血缘与归属 探寻新民族主义之旅》中将民族主义者对民族国家的理解表述为："只有当拥有自己的地方时，一个民族才能成为完整的人类，完整的自己。"⑤中日之间关于抵货运动的争论中，中国恰是站在追求民族国家独立完整的立场上为自己辩护，在抵货的语境中，日本侵犯了中国的领土，而为了寻回中国的领土、抵抗日本的侵略，抵货

---

① 《万宝山韩民水田经营问题》，《日本研究（上海）》1931 年第 11 期，第 12 页。

② 《朝鲜排华与反日大会》，《东方杂志》1931 年第 4 卷，第 1 页。

③ 《抵制日货史的考察与中国产业化问题》，《平等杂志》1931 年第 7 期。

④ 《为朝鲜排华惨案既万宝山事件告全国民众书》，《中央周报》1931 年第 166 期，第 13—385 页。

⑤ 叶礼庭：《血缘与归属 探寻新民族主义之旅》，成起宏译，北京：中央编译出版社，2017 年，第 269 页。

运动应运而生，成为游走在朝野之间的爱国主义行为，同时以集体主义的形式强化了国家与民族认同，这既符合当时建立民族国家的潮流，又符合当时国际和平主义的思潮——在遵循《凯洛格-白里安公约》的前提下维护自己的利益。由此可见，抵货运动并非简单的不买洋货的群众运动，而是涉及国际法、民族主义、爱国主义、近代国家观念及国际主义等多个问题的冲突性事件。因此笔者认为，以这一时期的国联调查团对中国抵制日货问题的处理为切入点，不但可以窥视当时中国、日本与国联及英法美苏等大国的关系，而且可以探析 20 世纪 30 年代初期的国际思潮与国际秩序，即以《凯洛格-白里安公约》为基础的凡尔赛-华盛顿体系如何在破碎边缘继续挣扎。

　　本篇的研究时间为 1931—1933 年，但并不是完整的自然年，具体研究期限为 1931 年"九一八"事变至 1933 年 2 月国联通过《李顿调查团报告书》，共分为四章，第一章具体分析国联调查团赴远东调查期间日本就中国抵货问题向国联调查团的申诉，其内容包括日方如何看待国民政府及国民党与抵货运动的关系、日方所认为的中国抵制日货的原因，以及对日经济抵制延伸出的排斥在华日本和朝鲜侨民的行为等问题；第二章主要分析中国如何向国联调查团回应日方就抵制日货问题对中国的诋毁，其中包括澄清国民政府和国民党与抵货运动的关系、中国抵制日货的原因及合法性等问题；第三章主要分析《李顿调查团报告书》对中国抵制日货问题的判定及此种判定背后所涉及的国际因素；第四章主要探讨《李顿调查团报告书》出台后对中国抵制日货问题的判定所引发的舆论、国联大会对中国抵制日货问题的再讨论、国联最终报告书中对抵货问题的判定及此后中国抵制日货运动的走向等内容。

第一章 颠倒黑白:日本向李顿调查团申诉

　　1931 年 9 月 18 日,日本策划柳条湖事件,并以此为借口出兵东北,占领沈阳。"九一八"事变发生后,举国震惊,群情激愤,视此为奇耻大辱,中国人的抗日情绪和反外国情绪进一步加深[①],抵货运动在全国范围内铺开,全国各地不约而同地进行抵货,并成立各种抗日组织,这些组织遍及北平、上海、广州、南昌、长沙等地[②]。随着"一·二八"事变爆发,此次抵货运动范围更广,以华东地区为中心,几乎波及全国,学界、商界、工人及部分党政人员先后参与其中。此次抵货运动较有组织,除原有的国货商会外,国内还出现了"反日援侨委员会""反日救国联合会""跪哭团""锄奸团"等抵制日本商业贸易的组织。

　　到 1931 年年底,抵制日货和其他反日行动已成为对该地区日本经济活动的严重威胁。[③] 在华日人对此强烈不满,日本驻上海总领事也强烈抗议中国人民的抵制日货运动。1932 年 1 月 28 日,日本轰炸上海,制造了"一·二八"事变,迫于日方压力,上海市市长不得已压制了抵货运动。随后,南京、北平、天津等地的抵货运动也随之陷入低潮。

　　"九一八"事变后,中国将此事上诉国联,寻求国际解决。中日双方在随后的国联会议上申诉,中国境内这场激烈的抵制日货运动遂成为国联调解中日纠纷的关键问题之一。日方不断以中国的抵制日货运动行为指责中国,并就此问题向国联调查团进行申诉,特别强调了抵制日货运动的排外性与违法性。1931 年 10 月 7 日,国联总部收到日本代表团发送的电报,电报中称:"上海和南京的反日协会已经断绝了和日本的经济联系,并正在进行有系统的抵制日

---

　　①　Jonathan. D. Spence, The Search for Modern China, Norton Company Press, 1990, p.393.

　　②　《各地救国情形》,《救国通讯》1932 年第 5 期,第 62 页。

　　③　Sandra Wilson. The Manchurian Crisis and Japanese Society. 1931—1933. Taylor & Francis E-Library Press, 2003, p.23.

本商货贸易的运动。长江流域的形势变得极为危险。"①日方的电报中还声称这些反日组织都由中国政府控制，这种行为不能被认为是符合《巴黎公约》中的和平精神的②。面对日本的诋毁，中方也以抵货运动的合理性与人民的购物自由等理由予以反驳。

1931 年 12 月国联秘密会议决定派调查团赴东北进行调查，③日本同意由国联派遣特别委员会赴中国调停，但主张该项调查不应以"九一八"事变为限，并应考查因抵制日货所造成之局势。④ 日本借机怂恿调查中国抵制日货及反日运动。1931 年 12 月 14 日，英国外交大臣西蒙在给英国驻东京大使林德利的信中提到日本驻伦敦大使松平恒雄提醒他要将调查范围扩大到中国多地的抵制日货运动等问题上，西蒙对此表示赞同。而后，国联理事会最终通过决议，将调查团描述为"就地研究并向理事会报告任何有可能扰乱中日两国和平或和平所依赖的两国的互相理解"⑤，抵制日货问题由此也被纳入调查团的调查范围。

经过国联决议，调查团由来自英国、美国、法国、德国、意大利五国的委员组成，次年初赴远东进行调查。在调查团成员的选派上，日方成功地说服了国际联盟选择包含美国在内的大国代表委员会。日本希望该调查团在中国直接观察分裂的状态如何威胁各大国在华的主要利益。⑥ 1932 年 1 月 5 日，调查团五委员人选最终定为：英国前印度总督李顿爵士、美国麦考益将军、法国军事参议官克劳德将军、德国前驻非提督希尼博士、意大利前驻德大使马

---

① "Telegram Received from the Japanese Delegation on October 7th and October 9th", *League of Nations and United Nations Archives*, Geneve. R1869-1A-31334-31896.

② "Answer of the Japanese Government to the Identical Telegram Sent by the Signatories of the Briand-Kellogg Pact to Japan and China", R1869-1A-31334-32076, *League of Nations and United Nations Archives*, Geneve.

③ 《国联欲敷衍而无法，中国虽迁就而不能，白里安要求休战，日本且反对》，《大公报》，1931 年 11 月 22 日，第 3 版。

④ 《国联决定派中立调查团来华，日本撤兵之案完全作废，日竟拒绝国联请停战之提议》，《益世报》，1931 年 11 月 22 日，第 2 版。

⑤ "Sir John Simon to Sir Lindley (Tokyo)", Foreign Office Files for China, 1919—1980, FO371/15505, p.560.

⑥ Thomas W. Burkman, *Japan and the League of Nations: Empire and World Order, 1914–1938*, Honolulu: University of Hawai'i Press, 2007, p.168.

柯迪。①

1932 年 1 月底,上海战事发生。日本驻德大使小幡酉吉在致外务大臣芳泽谦吉的函电中汇报了 1932 年 1 月 27 日与调查团德国代表希尼博士的谈话内容,小幡酉吉对希尼称,调查团要探明目前中国的混乱状态对于世界经济所带来的影响,而中日两国关系恶化原因是"两国对现有的条约,特别是关于所谓的一九一五年的'二十一条'的效力,存在不同的见解。中国方面主张条约无效,并以此作为对抗武器,不断抵制日货、压迫在中国的日本人,借此手段在精神上和物质上给予了我方莫大的损害。"②小幡酉吉强调日本对于中国并没有领土上的野心,只要能享受条约上规定的权益便会满足,但并不能容忍中方想否认日本基于上述权益所投入的资本和日本人的努力成果。由于希尼本人是研究殖民问题的专家,小幡此举似欲获得希尼之同情。

1932 年 2 月 3 日,调查团欧洲各国委员出发,美国委员于 2 月 9 日在纽约加入调查团。2 月 29 日,调查团成员抵达日本东京,在日本期间,调查团会见了日本许多官员与工商代表。1932 年 3 月 11 日,国联调查团一行于当日下午 3 点 10 分搭乘亚当斯总统号前往上海③,在华停留数月,并与许多日本驻华外交人员、工商团体代表及伪满洲国成员进行会谈。关于中国的抵制日货问题,日方的表述多为以下几点:1. 国民政府与国民党参与了抵货运动,因此违反中日自由贸易条约;2. 中国的抵货问题由内部和外部双重原因导致,内因是国民政府进行的排外教育和混乱的局势等,外因是国际条约具有缺陷;3. 中国不但抵制日货,而且对在华的日本和朝鲜侨民区别对待。除上述与抵货相关的观点外,日本还借机表达了哪怕将面临经济抵制也定要维护远东权益的想法。

---

① 《国联调查团人选始决定》,《大公报》,1932 年 1 月 5 日,第 4 版。

② 「小幡大使から芳澤外務大臣まで」(1932 年 1 月 27 日)、JACAR(アジア歴史資料センター)Ref. B02030441900(第 90 画像目から)、国際連盟支那調査員関係 第一巻(外務省外交史料館)。

③ 「兵庫県知事から芳澤外務大臣まで」(1932 年 3 月 10 日)、JACAR(アジア歴史資料センター)Ref. B02030442700(第 277 画像目から)、国際連盟支那調査員関係 第一巻(外務省外交史料館)。

第一节　国民政府、国民党与抵制日货的关系

抵制日货运动往往与排日运动相联系,甚至被视为排日政策的结果。在调查团与日本官员的会谈中,多名日本官员将国民政府的对外方针称为"排外政策",田中称"无论国民党政府多么温和与健全,他们的方法都是没有希望的,因为这些方法建立在排外情绪和排外政策之上"[1]。因此,在关于抵货问题的申诉中,日方通常还会提及中国的排外政策与反日教育等问题,甚至会对中国的国家性质和社会状况进行攻击。

一、国民政府的排日政策

国联调查团于 1932 年 2 月 29 日抵达日本。当日,调查团拜访了日本外务大臣芳泽,芳泽应李顿之邀谈及中日关系,认为国民政府推行的"革命外交"导致了之后种种事件的发生,并称"上海事件中,在上海的日本居留民受到排日运动的困扰"[2]。随后,在 3 月 2 日的招待晚宴上,芳泽再度发表演讲,称排外的革命外交是国民党最为重要的党纲,甚至认为中国的排外现状威胁了各国在华利益,他称:"今日各国在中国的合法权利、利益受到侵害之处不少,而且各国国民在通商上的自由及生命财产之安全也处于屡屡受到威胁的状态。窃以为各国很有必要对此点加以考虑。我国作为中国之邻国,因中国之行动蒙受之影响最大。"[3]芳泽在演讲中并未明确提及中国的抵制日货运动,但通篇强调国民政府的排外倾向和革命外交对日本及各国国民在华自由及生命财产安全造成的影响,以期获得国联调查团的同情。

国联调查团在日期间对抵货问题的调查集中于 3 月 10 日。当日上午,调

①　"Interview between General Ting and Tanaka", S31—NO.1, *League of Nations and United Nations Archives*, Geneve.

②　「芳澤外務大臣とリットン卿の会談録」(1932 年 2 月 29 日)、JACAR(アジア歴史資料センター)Ref. B02030442700(第 245 画像目から)、国際連盟支那調査員関係　第一巻(外務省外交史料館)。

③　「大阪府知事から芳澤外務大臣まで」(1932 年 3 月 5 日)、JACAR(アジア歴史資料センター)Ref. B02030442700(第 261 画像目から)、国際連盟支那調査員関係　第一巻(外務省外交史料館)。

查团从京都出发赴奈良,下午 2 点,乘坐大阪电气轨道前往大阪,下午 3 点抵达大阪后立刻访问大阪每日及大阪朝日两家报社,之后前往绵业会馆会见大阪实业家,主要就中国的抵制日货问题听取了日本实业家方面的意见。① 下午 4 点 20 分至 6 点 10 分,调查团一行召开了恳谈茶话会,参会人员有内外棉花株式会社专任董事冈田源太郎、三井物产支店长田岛繁二、住友总理事小仓正恒等日本企业家。茶话会前,调查团一行参观了日本所搜集的排日海报,内含"抵制日本货""打倒日本帝国主义,永远对日经济绝交"等内容,来源于北京、上海等地的抗日救国会和同业公会②。此外,大阪工商业协会还向调查团递交了《中国抵货运动概要》的手册,其封面印着"中国政府鼓励并直接参与抵制日货,中国的抵制日货等同于战争行为"③的宣传语,以此直接传达日本工商业人士对中国政府与抵货问题关系的看法。

会上,李顿询问了参会的日本企业家关于如何处理中国抵制运动的看法。日本商工会议所的安宅弥吉称:"最为扰乱日中和平的便是这种抵货运动。日中纷争即远东纷争,进而扰乱世界之和平。中国的抵货运动是中国政府指令的产物,民众中有些人是职业的。"他强调中国抵制日货运动是受政府指使,并希望国联调查团诸委员"在上海实地研究抵货运动的暴虐表现",而列国必须联合起来指责国民政府,使其认识到错误,方能消灭抵货运动。三井物产支店长田岛繁二又指出中国的教科书中便有鼓励排日与抵货的内容,而国民政府又强制命令民众参与抵货,他称:"修改中国的教育制度是第一要务。必须断然删去教科书上使用排日词汇与鼓励抵货的内容。中国的抵货是政府命令,强制实行,违反者加以处罚。普通民众并不喜欢抵货,他们亦非自发参与抵货运动。所以,必须修正政府的错误态度。"李顿随后又询问众人关于抵货是否违反条约及将来是否有必要缔结新条约的问题,安宅弥吉与小仓正恒坚称抵

---

① 「国際連盟支那調査委員本邦滞在中ノ日誌」(1932 年 3 月)、JACAR(アジア歴史資料センター)Ref. B02030443800(第 154 画像目から)、国際連盟支那調査員関係 第二巻(外務省外交史料館)。

② 「排日ポスター」(1932 年 3 月 10 日)、JACAR(アジア歴史資料センター)Ref. B02030442800(第 310 画像目から)、国際連盟支那調査員関係 第一巻(外務省外交史料館)。

③ The Osaka Chamber of commerce and Industry, A Synopsis of the Boycott in China, 1932.

货违反了条约,并称"国民政府对不参与抵制的民众处以拷首、锁足的严厉处罚,此种行为已然违反人道主义"。李顿却认为国民政府如何处置中国国民为国内问题而非国际问题,同时反问日人："既然抵货违反了条约,日本为何现在才向国际联盟申诉?"冈田源太郎与田岛繁二以英国过去遇到的排英运动为例,认为英国未将此事诉诸国际联盟,而基于同样理由,日本也未向国际联盟投诉。二人又以中国无视国际信义为由为日本辩解,以表达日方之隐忍,称："基于过去之经验,中国惯常无视国际信义,即便将日中问题提交国际联盟,中国也决不会履行。我们非常清楚这个情况,所以才没向国际联盟申诉。"而对于中日之间是否应缔结新条约的问题,冈田源太郎和安宅弥吉称"无此必要,如果中国诚心诚意履行现有的条约,问题就解决了。纵使有条约而中国不履行,还是会发生纷争"。他们坚称中国并不诚心履行国际条约,并再次强调中国的抵制日货运动通常是政府的计划性行动,妄图证明中国才是中日纠纷中的过错方。①

二、抵制日货形同经济战

随后,冈田源太郎发表了《中国之对日经济绝交》的讲话,他将"一·二八"事变的主要原因归咎于中国的对日经济绝交,并认为中国的对日经济绝交并非简单的民众不买日货,而是由国民政府唆使的经济战争。他指出国民政府主席蒋介石自 1931 年 9 月以来数次在公开场合发表极端排日演说,而国民政府教育部亦对普通国民灌输排外思想,"其国定教科书上更特别列出排外事项,挑拨学生儿童的对外感情……去年九月二十三日电命各国立大学与各省市教育厅教育局,组织学生抗日运动,老师进行排日演说,学生煽动民众"。他进一步指出,国民政府不仅直接鼓励抵货,更耍弄种种损害日本经济利益的手段,例如,在山东对外国产品收取高额运费及征收货物税。他还称国民政府为了贯彻抵货运动成立了抗日救国会,严命国民"(1) 不买、不卖、不运、不用日货;(2) 不向日本人提供原料等一切物品;(3) 不搭日本船,不通过日本船运货,不为日本船卸货;(4) 拒绝日商银行的纸币,取出存款,停止存入;(5) 不

① 「国際連盟調査団一行ノ懇談茶話会ニ於ケル状況」(1932 年 3 月 10 日)、JACAR(アジア歴史資料センター)Ref. B02030442800(第 285 画像目から)、国際連盟支那調査員関係 第一巻(外務省外交史料館)。

为日本人打工；(6) 不聘请日本人；(7) 不为日本人与日货做广告；(8) 不接待日本人"，并且他称"国民政府还采取暴力手段实行抵货"，他举出了以下的例子：

> 1. 对经营日货的人或与日本人有关系的人之货物与财产实行没收、处罚、监禁、游街、放火、私刑、镣铐等手段，以胁迫之。这些没收货物的一部分经抗日会之手任意处分，其售款之诸多用途不明。许多经营日货的良民被关进天后宫，备尝苦楚，为了避免受苦不得不行贿十多元，连上一次洗手间也需要半元。
>
> 2. 在日本人商馆与跟日本人有商贸关系的中国商店雇员中安插间谍，监视违反抗日会决议的行为。
>
> 3. 设置规定扣留没收日货。
>
> 4. 设置规定封锁中国商店内及仓库内的日货。
>
> 5. 对违反抗日会规定者处以罚款、监禁与拘禁。①

冈田还称，"除这些手段之外，(国民政府)还通过报纸、讲演等，极力挑拨国民对日情绪，结果导致不买日货、扣留、抢夺、不履行已缔结之契约等，日货检查员还成群结队上街游行，通过印刷品、传单、海报等对日本人进行谩骂、诽谤、施暴以及迫害等，无所不至其极"。他认为，在华日人的营业自由根本得不到保障，并举例 1931 年 10 月 18 日，数千名匪徒袭击日本人的纺织工厂，而"更骇人听闻的是，特别法院对工部局逮捕的三人处以罚款三元的轻判"。他不但强调日人在华所遭受的人身威胁，而且诉说了抵货运动对日本造成的经济损失，称"这次抵制日货造成的日货查扣，光是上海、汉口两地就达到了八千万两，加上橡胶、鞋、洋伞、石碱、珐琅、铁器以及其他各种制造工场，去年以来因为抵货运动倒闭的数以百计。此外再看看我国在支纺织业，经济绝交以来过去了五个月，上海、汉口等地不仅没有接到新订单，既有的契约也没有得到履行，一月份不得已全部关闭。这些已经给企业者造成了很大的损失。我国

---

① 「内外綿花株式会社専務岡田源太郎の発言」(1932 年 3 月 10 日)、JACAR(アジア歴史資料センター)Ref. B02030442800(第 293 画像目から)、国際連盟支那調査員関係第一巻(外務省外交史料館)。

海运业从业者也蒙受损失,经过船主协会调查,运费收入减少了五千五百余万两"。在演讲的最后,冈田源太郎将中国的抵货运动判定为"没有硝烟的战争",他认为似乎所有人都相信"九一八"事变是这次抵制日货运动的原因,但这是本末倒置的——他强调这一事变"是日本正当享有的权益不被尊重,不得已靠自己的力量去维护而造成的结果",即中国的抵货运动极大地损害了日本在华的正当权益,而日本为维护自身利益被迫出兵,中国对日本的报复才是酿成满洲事件的原因。他再次提醒国联,"若不停止国民政府的革命排外政策与作为此政策实施手段的排货运动,是绝对不可能确保远东和平的"①。

1932 年 3 月的调查中,日方继续向调查团提供有关国民政府参与抵制日货运动的证据。1932 年 3 月 23 日,日本驻上海公使重光在致外务大臣芳泽的函电中称,3 月 22 日本地实业家对李顿调查团进行说明时,日方向调查团团长出示了交通部天津航政局在不知道东海轮船公司为日本公司的情况下,命令其进行排日行动的证据文件(天津总领事在上海进行报告之物)。②

三、中国的反日组织

日本向国联调查团提供的另一份证据中则提及中国邮局的反日宣传、学校的抗日教育和上海地区法院对中日纠纷的审理等问题,这份证据中称中国在上海的中央邮局过去和现在都是抗日中心之一。在国民党地方总部的主持和领导下,邮局全体中国工作人员(约 3 000 人)组成了抗日组织"邮政工人工会",其中 500 人参加了"义军"。在"一·二八"事变爆发之前,几乎所有的邮局窗口都贴满了反日海报和最具煽动性的图片⋯⋯邮政服务不断受到邮局工作人员的干扰,甚至日本政府公函也受到篡改,邮件不合理延误的情况一直存在,现在仍然存在。此外,邮件上还印着反日的标语。日方想以此证明中国的反日宣传活动无所不在,甚至还涉及篡改日本政府公函这样的违法行为。关于上海法院对中日纠纷的审理问题,这份文件列举了抗日协会和反日人士对

---

① 「内外綿花株式会社専務岡田源太郎の発言」(1932 年 3 月 10 日)、JACAR(アジア歴史資料センター)Ref. B02030442800(第 293 画像目から)、国際連盟支那調査員関係第一巻(外務省外交史料館)。

② 「重光公使から芳澤外務大臣まで」(1932 年 3 月 23 日)、JACAR(アジア歴史資料センター)Ref. B02030443300(第 59 画像目から)、国際連盟支那調査員関係 第二巻(外務省外交史料館)。

日货、日厂进行抢劫破坏却未被施以重罪的例子:

1. 去年11月,抗日协会的几名纠察员到国际清算所的一家中国商店强行、非法地扣押和移走了价值约一千七百两的日本货。他们被市警察逮捕,并在中国地方法院以抢劫和威胁罪被起诉。尽管有确凿的证据,法院还是认定他们没有犯有抢劫罪,只对他们处以20美元的罚款。他们每一个人都被控以威胁罪,缓期两年执行。法庭没有对货物下任何命令,货物仍然掌握在协会手中。

2. 1931年10月,一个反日暴徒闯入一家日本棉纺厂,砸坏了员工住宅的门窗,造成了破坏。其中两名群众被逮捕,并被控恶意破坏。法院对他们每人处以3.00美元的罚款(最高惩罚为一年监禁或500.00美元罚款)。市辩护律师对此判决提出上诉,但上诉失败。

日方文件认为,法院在逮捕与这些组织有关的不法分子方面一直不够积极,又强调自1931年10月以来,上海的中国法院暂停审理所有日本人作为原告的未决民事案件,从而拒绝给予日本人合法的赔偿。中国法院在以前的抗日抵制活动中经常中止对日本人有利的法律程序。①

日本官方的书面证据展示了中国邮局的反日宣传、学校的反日教育和法院对于涉及抵制日货刑事案件的"不公正"处决,而随后4月的会谈中,日方领事官员则继续强调国民政府及国民党党部对抵制日货问题的责任及反日教育带来的影响。

1932年4月4日下午4点,李顿等人与日本驻汉口总领事坂根(Sakane)在英国总领事的官邸中进行了约三十分钟的自由会谈。坂根称由于国民党党部的唆使,潜伏进行的排日行为现在并未停止。对此,李顿提出"如果日中间的纷争平息,民众的排日运动是否能停止"的问题,坂根却称在当地一直都因一些小事件而导致排日排外运动反复发生,还说以上排日排外运动都是国民党党部或者政府中的一部分人故意煽动或强迫本来对此不甚关心的民众发起并不计后果地强行实施的,所以负责任的政府如果认真起来的话,至少在本地

---

① "Some Evidence of the Chinese Government Participation in the Anti-Japanese 'Boycott'", S30 - NO.2, *League of Nations and United Nations Archives*, Geneve.

可以马上让上述排日排外运动停止。①

次日，李顿在英国驻汉口总领事馆与坂根继续进行谈话，坂根称，目前从表面看来汉口地区中日关系相对稳定，日方领事官员与省军事主席何将军之间的关系很好。但是当地日商的生意并不好，主要原因是湖北省遭到共产党和"土匪"的破坏，以及"党部"（国民党的地方支部）对日货的抵制。他强调湖北省农民已经遭受严重的洗劫抢掠，以至于没有产品可以出售，也不再有能力购买外货。此外，农村的警察也协助了抵制运动，他向调查团成员展示了一张照片，照片上显示一名警察因为一个商人购买了日货而下令将他传唤到警局，以此表明中国商人不但因购买日货而被公开惩罚，而且他们受罚事件还被刊登在报纸上用以阻止其他中国人购买日货。此外，坂根还展示了充斥着抗日标语的中国纸币，称"国民政府曾多次利用抵制行动进一步推行其外交政策，以及学生们经常迫使政府采取行动"。并且，他讲述了民族主义者对汉口前英租界的强行占领、排外宣传导致的对日租界的暴动、交还日租界运动，以及对待前俄租界和德租界的态度。② 坂根的发言表明他试图强调中国的抵制日货运动并非群众自发，而是受国民政府指使，并且已经给湖北地区的农民带来了经济上的损失，以此证明抵制日货的不正当性与中国激烈的排外主义。

在华的日本工商团体也就国民党及国民政府与抵货运动的关系向调查团进行申诉。1932 年 4 月 13 日，上海日本商会代表在控诉说明中重点强调"一·二八"事变是南京政府近几年来一直奉行的反外特别是反日政策的必然结果，称"事件爆发前就表现出了高度紧张和极端敌对的气氛，具体表现在中国士兵在非定居道路上凶残攻击外国人、学生中暴徒的活动和中国士兵根深蒂固的威胁性态度，认为是政府和国民党所组成和领导的组织持续仇恨和敌视日本人的宣传和做法，导致了这种可悲但不可避免的氛围"。在日方的控诉中，抵制日货问题往往与排外运动相联系，因此，日方在这份说明中强调了南京国民政府一直实行排日政策，进而将目前的抵制活动称为一种"战争行为"，并以抗日救亡协会为例，称"抗日救亡协会的执行委员会由几位国民党有

① 「坂根総領事から芳澤外務大臣まで」(1932 年 4 月 6 日)、JACAR(アジア歴史資料センター)Ref. B02030444400(第 298 画像目から)、国際連盟支那調査員関係 第二巻(外務省外交史料館)。

② "Interview at the British-General, Hankou", 5 April 1932, S30 - NO. 1, *League of Nations and United Nations Archives*, Geneve.

影响力的领导人组成,一直在进行一场彻底的敌对运动,为达到迫使日本投降的目的,他们破坏了一切商业关系并拒绝向日本人提供生活必需品",并且,日方认为抗日救亡协会还颁布了未经授权的刑法条例,并以拘留、监禁、罚款、没收财产、使犯罪者暴露于公众视野等方式,惩罚经营过日本商品或与日本商人进行过贸易的中国人民。日方代表称,"尽管日本领事和外交代表一再抗议,南京政府还是没有采取任何行动制止各种反日组织的暴行,这暴露出他们实际上是这些敌对活动的幕后黑手"①。

此外,日方称,由于受到国民党的影响,中国法院在上海公共租界的案件审理中没有表现出公正执法和维护法律秩序的倾向,日方眼中"反日活动"的罪犯被起诉后,要么被释放,要么只是受到名义上的惩罚。因此,日方认为国民政府参与抗日抵制活动及未能制止私营组织的非法活动等行为,都明显违反了保障日本公民的商业和居住自由的条约,危害了与日本的和平关系,并导致战争和敌对状态。由此,日方代表认为"事实上,这些行为可以被认为等同于战争"。日方代表甚至提出了解决方法,认为有必要通过条约明确禁止任何组织、公众或其他方面,抵制、起诉或采取其他形式对任一缔约方的人民和货物进行干涉。随后,日方代表又诋毁了中国的国内状况,认为中国从未出现过和平与繁荣的景象,反而已经陷入内战、叛乱、混乱和无序的状况,也从未有过一个足够强大的中央政府来遵守条约,以及适当保护外国人的生命和财产。日方认为,由于中国的此种局面,"日本有必要坚持遵守中国的条约,并设法保护日本国民,当这些条件尚未实现时,日本除了采取自我保护措施,没有什么能做的了",在声明的最后,日方向调查团表明希望全中国能出现和平与繁荣的景象,并声称日本人民希望与邻国和睦相处。②

日本驻齐齐哈尔领事馆提交的另一份《关于黑龙江省共产主义者活动的报告》则将中国的反日运动与苏联共产国际计划相联系,称"2 月 19 日,关东三省警察局长从一名苏联国民那里得到消息,莫斯科共产国际计划往满洲输

① "The Letter from Shanghai Japanese Commerce & Industry Club to Robert Haas, Secretary to the League of Nations Commission of Inquiry", 13 April 1932, S31—NO. 1, *League of Nations and United Nations Archives*, Geneve.

② "The Letter from Shanghai Japanese Commerce & Industry Club to Robert Haas, Secretary to the League of Nations Commission of Inquiry", 13 April 1932, S31—NO. 1, *League of Nations and United Nations Archives*, Geneve.

送更多布尔什维克宣传人员,并在乌苏里斯克(双城子)、符拉迪沃斯托克(海参崴)或哈巴罗夫斯克(伯力)对中国官员进行教育,激起他们对反日思想的兴趣,培养共产主义宣传人员。苏联驻哈尔滨总领事征募了约一百名中国官员,把他们送去这三个地方接受为期三个月的教育"①。

第二节　中国抵制日货的原因

1932年3月10日的会谈中,日本企业家对调查团的申诉中还包含了日方对中国抵制日货内部原因和外部原因的判定。日方所提及的内部原因大抵可分为以下几种②。

1. 民族性与国民心理

日本企业家认为中国人具有显著的利己心和事大心理,具有把本国看作大国、把日本看作小国的"侮日"心理传统,认为中华民国具有自豪感,并且"为达目的不择手段"。

2. 中国的国家性质与内部问题

日本企业家认为在法制及其运用上,中国没有作为文明国家的资格,并且在对外国际关系上也并未达到完全遵守国际义务的文明国家的程度,中国内部尚未形成一个完整的统一的政府,国内军阀间无休止地明争暗斗。

3. 国民政府对外政策问题

日本企业家认为中国在过渡期,蒋介石及其党羽常被反对派攻击为违反了孙中山的革命理想。政府首脑及党部领袖为维护自身立场、迎合国内恢复国权的热潮,常常夸大事实,故意煽动民众的敌忾心,将联合抵制当作践踏既存权益、改废既存条约义务的便利道具。为将国民视线转向国外以缓和内斗,国民政府故意煽动国民掀起收回国家主权的热潮。

4. 中国的国民教育问题

日本企业家认为大部分中国民众没有接受过文明普及教育,而接受了近

---

① "The Activities of Communists in Heilungchiang Province", S31—NO. 1, *League of Nations and United Nations Archives*, Geneve.

② 「調査委員一行ト大阪実業家団体トノ会見」(1932年3月)、JACAR(アジア歴史資料センター)Ref. B02030444000(第157画像目から)、国際連盟支那調査員関係 第二卷(外務省外交史料館)。

代教育的中国学生未能注意到中国自身尚未充分具备文明国家的内部要素,他们只注重争取恢复主权,却忘记了要恢复主权必须做好文明国家的内部整备工作,而不是被激进的恢复主权热潮与排外思想冲昏了头脑。此外,国民政府为转移国内视线,对一般民众施以特殊的排外教育①。

5. 经济利益问题

日方企业家认为在华诸多国家中,日本对中国的借款、投资、贸易额及其在华侨民和工厂的数量是最多的,并且条约上的关系也是最多的,因此两国间的利害关系事项也自然比别国更多。而通过联合抵制,部分中国制造商能获得利益。此外,部分中国商人因商品失去进口竞品而涨价并得以获利。国民党同抗日救国会通过联合抵制会享受到金钱利益。因此,南京国民政府将打倒帝国主义的纲领作为其政策,以打倒日本为目的进行了联合抵制。

日本企业家提出的中国抵制日货的外部原因可分为以下几点。

1. 列强对华外交的缺陷

日方认为列强在对华问题上,虽支持门户开放、机会均等原则,但近年纷

---

① 关于此点,调查团来华期间日方亦就此点进行申诉:1932 年 4 月 25 日上午 10 时,调查团成员与本庄繁等人进行会话,参与谈话的日本中佐岛本正一向李顿等人阐述九一八事变发生前一个月左右,他抵达沈阳任职后所遇到的反日情形。岛本向调查团呈上随身带着的一套由教育委员会正式通过的当地小学教科书,这些书中一些章节不仅涉及日本的侵略或扩张,而且也涉及所有英国、美国、德国、法国等欧美列强的侵略或扩张。岛本还向调查团呈递了在兵营里发现的日报,日报中有些章节涉嫌煽动士兵头脑中的反日情绪,岛本称"这不但是一种反日情绪,而且也是一种排外情绪",他认为,反日教育会成为维护和平的干扰因素,如果不首先消除这些教育方式的话,就不可能实现中国和日本之间的友好关系。此外,岛本还向调查团呈上一本讨论压制基督教教义的书和一些写有"打倒帝国主义"、赎回所有铁路线和强烈要求中国废除与列强之间所有条约的招贴,岛本认为这些书和招贴将传教视为列强在中国进行的侵略活动。1932 年 5 月 4 日,调查团与日本领事田代在长春会谈,田代以同僚仓本在中国学校读书的孩子为例说明中国的反日教育之深刻,田代称他同僚的目标是教会小朋友掌握中国语言,这样,他长大以后就可以成为有助于中日两国的中间人。因此,仓本先生把孩子送到了中国学校。但他送孩子去的那个小学,一年级课本就包含了反日的文章,大意是:日本是个小国,中国非常大;但这个小国狡猾又虚伪,强占了中国的领土,中国终有一天要复仇。孩子们自然受到了这种宣传的影响,开始选择站在中国这边或日本这边。当然,仓本先生的孩子轻信了这篇文章,回来就告诉他的父亲日本人做了什么。田代认为这是一件非常严重的事。"Records of Interview with Tashiro", May 4, 1932, S30 - NO. 2, *League of Nations and United Nations Archives*, Geneve.

纷转到各自的外交政策上，已无法充分协调。

2.《九国公约》的缺陷

日方称，《九国公约》一方面让相关各国负担起尊重中国主权与领土完整的义务；另一方面，列国却疏于抑制中国以联合抵制或打倒帝国主义为口号的经济绝交等武力以外的战斗行为攻击他国、扰乱世界和平。因此，中国避免了承担义务。1922 年以后，中国的抵货问题日益恶化，且愈发频繁，很大程度上是因为《九国公约》的片面义务缺陷。

在日本看来，《九国公约》当初只顾及了对中国的利益，而忽略了中国享有这些条约所须行使的义务，以及遵守国际信义及其他条约规定的一切义务等作为文明国家的必要条件。其结果便是，中国在事实上几乎没有履行任何义务，只是完全享有了《九国公约》规定的权利。日方表示，1922 年以后，中国实际上在国际信义上没有受到任何约束，只是通过《九国公约》确保了其绝对的权利。在此事态下，中国反复实行打倒帝国主义、对日经济绝交这种扰乱世界和平的行动，可以说是完全可预想的。由此，以上的缺陷使中国"更加滥用其传统以夷征夷主义的排外政策"。

3. 国际联盟及《国联盟约》的缺陷

日方称，对于中国这种平日不遵守既存国际条约义务的国家，除了当事方直接交涉，国际联盟没有任何灵活有效的强制手段来使其履行义务。这种平日不遵守既存国际条约义务的国家不受任何限制，为了自己的利益随时会上诉至国际联盟。而国际联盟对此与对待其他遵守条约义务的国家一样，不得不完全按协约行动。以上两项现行国际联盟协约上的缺陷，更加助长了中国对"不法"手段的利用。日方认为国际联盟没有认清中国的实际情况，将其看作一个完全的文明国家，并将中国的抵货运动误认为是国际法所允许的一般的联合抵制，对中国多年反复采取的非国际性的破坏和平的"不法"手段，应该给予抑制和防止，国际联盟对此一直缺乏关注。

4. 列强对解决抵货问题的态度

日方称，一方面，曾受抵货运动所害的英国、日本等国向来认为，把解决抵货问题的希望寄托于向国际联盟申诉反倒会助长抵货运动的气势，而且即使向国际联盟申诉，国际联盟也缺少灵活有效的裁决方法。即便国际联盟实施了恰当的裁决，中国为了自己的利益也会向国际联盟申诉，而日本不利时则不会遵守国际联盟的管辖。另一方面，英、日等国对中国的内政状况颇为同情，一直努力寻求和平解决的方法，但这反倒使中国愈发傲慢，从而使抵货问题更加恶化。由于日、英等"受害国"自我克制，未将这些诉诸世界舆论，这使"受害国"以外的世界列国没有得到正确认识中国抵货问题之特殊性的机会。因此，世界舆论对于会成为世界和平之祸根的中国的抵货问题的重大危害比较冷淡。这也使中国更为傲慢，让国民政府公然将打倒帝国主义、打倒日本列入其政策，心安理得地采取了经济绝交这种极端的非国际性的敌对行为。①

第三节　与抵货运动相关的"压迫"侨民活动

日本驻齐齐哈尔领事馆向调查团提交了《关于中国侵犯日本在黑龙江省权益的情形的报告》，报告中提及中国地方当局对日本侨民和朝鲜农民的压迫，称中国地方当局对日本实行有差别的税收。在铁路关税方面，尽管日本及其他国家一再抗议，但满洲的中国铁路对其运输的本地产品征收的关税更为优惠，而对日本及其他国家制造的产品征收的关税则不同；在消费征税方面，中国地方当局对日商从他省带入当地的水果及大米征收消费税；此外，齐齐哈尔税捐局对经营规模较大的日本公司征收营业税。日方认为以上税收均违反了中日间的条约权利。报告中还宣称中国警察经常向中国地主发出秘密指令，不准其将房屋租给日本人，因此在"九一八"事变之前，日本人很难在齐齐哈尔租到房子；"在签证问题上，日本旅客也受到差别对待，为阻碍日本人去洮南地区、奉天省西部或吉林省北部旅行，为规范日本人在葫芦岛（计划用来与大连竞争的新港口）的旅居活动，沈阳及辽源交涉员在为日本人提供的'护照'上贴了附笺，以限制日人行动，然而其他外国人却能享有优先权"。日方报告中列举了在黑龙江的朝鲜侨民遭到压迫的案例称，"自 1930 年春天起，黑龙江省政府向所有县长发出秘密指令，要求驱逐朝鲜农民。驱逐行动发生于同年7 月至 1931 年 2 月末，这一时期，租约或租赁合同遭到无视，126 户 700 口朝鲜人遭到驱逐。其中一些遭到警察、地主或民兵（保卫团）的强制驱逐，不许其

---

① 「調査委員一行ト大阪実業家団体トノ会見」(1932 年 3 月)、JACAR(アジア歴史資料センター)Ref. B02030444000(第 157 画像目から)、国際連盟支那調査員関係　第二巻(外務省外交史料館)。

他人处置或带走其货物或作物"①。日方此份报告意在证明中国政府不但不能偿还经济债务和履行国际条约义务，而且对在华日本和朝鲜侨民进行差别对待，并在政府授意下发起反日行动并对下一代进行反日教育。日本官方此举，意在向调查团抹黑中国，表明"九一八"事变责任皆在中国。

调查团不但与日籍人士讨论了中国的抵货问题，而且会见了一些伪满洲国的代表。1932 年 4 月 26 日，调查团顾问莫思(George Sinclair Moss)和派尔托(Pelt)与所谓"满洲国报业协会"代表会面时，被问及"当地人和朝鲜人的关系是否有所改善，以及是否已经就影响朝鲜人的土地问题达成解决方案时"，该代表称"还没有正式的解决方案，也没有需要。这些动乱完全源于前政权的排外政策不仅给外国人带来各种困难，而且严重压迫了中国人。现在新国家境内的所有民众将得到平等对待，中朝之间的困难也将自然而然地消失"②。此人的发言既强调此前东北地方政权的排外政策给当地人和外国人带来的困扰，也暗示"新国家"将会带来改善，以此为"满洲国"的合法性寻求借口。

1932 年 5 月 4 日，调查团成员与三名朝鲜农民组成的"代表团"会面，"大量人口的迁移引发了许多关注。朝鲜人来到沈阳，来自各县的一百名代表出席了集会。他们用九天的时间对形势进行讨论，但没有看到出路。因为据他们所见，他们自身没有过错，所有的困境皆源于已经确立的反日政策，这个政策试图打击那些被怀疑是日本人先锋的朝鲜人。但他们不是，他们只是和平的农民，他们离开了人口过多的朝鲜，到满洲寻求生计；除了和平与安全，他们别无所求。日本当局与中国当局讨论如何处理此事，但未达成良好结果。对朝鲜人的恶劣对待仍在继续，为了不让日本干涉，这种恶劣对待变得更加隐蔽"③。

---

① "Instances of Chinese Violation of Japanese Rights and Interests, in the Heilunchiang Province", S31—NO. 1, *League of Nations and United Nations Archives*, Geneve.

② "Records of Interview with Representatives of the Press of the 'Manchukuo'", S31—NO. 1, *League of Nations and United Nations Archives*, Geneve.

③ "Interview between Mr. de Kat Angelino, Mr. Pelt and Representatives of the Agricultural Association of Fengtien Province", S31—NO. 1, *League of Nations and United Nations Archives*, Geneve.

　　调查团来华期间,沈阳报业协会关于满洲问题的声明中将满洲和蒙古称为日本生存的"生命线",而中国政府,特别是张学良将军领导的旧东北政权,竭尽全力给日侨施加了过多的压力。这一声明称"自所谓的辛亥革命开始,中国便未曾享有一天的和平与秩序,也未曾建立一个稳定的政府统治……它正稳步走在国家崩溃的道路上",这份声明力图向国联调查团传达"中国不可信任"的观念,并称"在不抵抗与热爱和平的幌子之下,它再次致力于以国联的帮助来镇压日本的公正主张",声明将中国比喻为一个"被宠坏的孩子",而为了让其成为一个独立而理性的"人","最好的方法就是对其期望获得长辈注意并让长辈卷入纠纷之中的尝试充耳不闻,所以国联能为中国做的最好的事情便是保持冷静,不那么轻易地听取中国总是让人半信半疑的诉求",日方声明认为只要中国放弃反日行动的外交武器,"满洲和蒙古问题"便有机会被解决。①

　　英国驻威海卫代理领事、国联调查团技术顾问莫思与时任伪满洲国奉天省总务司长的金井章次也进行了会谈,关于抵货问题,金井章次称"日本人的想法是,他们确信日本正面临着一场国家危机,日本也准备直面来自国际联盟的敌意,即便会有经济抵制"②。金井章次间接传达了日本一定要维持其在伪满的特殊利益,甚至不顾国际看法,亦不惧经济抵制的态度。

　　中国的抵制日货运动是一场复杂而庞大的民众运动,起因正如顾维钧等早已指出的,系日本对中国无休止的压迫和侵略,却成为日本污蔑中国并制造话题的借口,日本向国联调查团的申诉主要以抨击中国抵制日货运动的合法性与合理性为主,实为倒因为果、颠倒黑白之举。

---

　　① "On Manchuria Issues", S31—NO. 1, *League of Nations and United Nations Archives*, Geneve.

　　② "Interview between Kanai and Moss", S31—No. 1, *League of Nations and United Nations Archives*, Geneve.

第二章　义正词严:中国对
抵制日货问题的回应

　　国联调查团在日期间,日方政府就中国无健全组织、生命财产无安全保
障、不遵守条约、发起抗日运动及抵制日货运动、共产党活跃等五方面向调查
团进行申诉。1932年3月24日,顾维钧获悉日方对国联申诉的要点,因此致
电南京外交部部长罗文干,将此告知他,并称,"抵制日货如何使勿逾越法律范
围,种种问题似宜先事绸缪而当局答复尤须一致,使勿两歧"①。顾维钧在这
份电文中对抵制日货的法律界限表示了一定担忧,而早在3月12日以前,即
国联调查团抵达上海的前两日,颜惠庆已从日内瓦来电,建议中国政府在上海
会议上宣布不参与且不赞助抵货,以期得到世界之同情。国民政府对抵货运
动的态度颇为微妙。李顿调查团在华停留期间,可见国民政府虽视抵货为一
有效武器,但也深知抵货运动处于法律上的灰色地带。

　　根据内部公文,国民政府一方面基本对抵制日货运动中的非法行为进行
遏止,防止其逾越法律界限,另一方面调查国内反日教育情况。为了阻止日本
所提出的中国政府在学校进行反日教育,国民政府对教科书进行了审查。
1932年4月27日,参与国联调查团的北平中国代表顾维钧致电外交部称:
"日方刊行之排外记事一书内载所谓我国排外教科书不下二十余种,除国耻读
本,前贵部所拟说帖曾声明并未经政府审定外,其余各教科书是否均已审定有
案,再贵部说帖称新主义国语教科书内并无辽东半岛,两个渔人一篇,唯日书
所引其他各篇是否均见我国教科书中,统希饬属查明,电复为荷。"②此外,

---

　　① 《上海顾维钧致外交部电》(1932年3月24日),《搜集日本违法行为资料提交国
联调查团(一)》,台北"国史馆"藏"外交部"档案,020-010102-0262,第45—46页。
　　② 《北平中国代表处致外交部电》(1932年4月27日),《搜集日本违法行为资料提
交国联调查团(二)》,台北"国史馆"藏"外交部"档案,020-010102-0263,第90页。

1932年5月26日顾维钧致电外交部,告知"日本向调查团所提说帖及要人陈述均注重吾国排日各点",顾维钧建议国民政府应搜集日本苛待华侨、抵制华货、虐待华侨的资料送交调查团。[①] 随后,国民政府生成《排华报告书》并将其送交调查团。

1932年7月20日,国联调查团中国代表处秘书长王广圻致电外交部称调查团现正从事研究中国抵制日货情形,但是调查团所依仗的资料源于日方,并且日方资料中含有上海抗日会相关资料,因此,"单独根据日方说帖,未免偏袒,用特密为表示极愿我方有所供给以资参考,即请设法搜集,并向上海搜罗上述原案"。[②] 1932年8月31日,顾维钧从北平来电,建议对国联就中央执行委员会制定各级党部指导反日救国行动工作的照片做如下解释:(1)当时正值沈阳、吉林、营口等地被日军非法占领,为避免扩大纠纷,不以武力抵抗却不能不用所有和平方法为正当之自卫;(2)其时人民愤慨之情,不可乡迻,政府势难过于遏抑,因此不得不明定纲要,俾人民行动不致越出轨外,间接以保护日侨声明财产。[③]

调查团来华期间,李顿等人与汪精卫、王云五等中国政界及商民代表进行谈话,中国代表的意见基本分为以下几点:1. 国民党地方支部有组织地参与了抵货,但国民政府不但没有组织抵货,反而一直控制抵货运动发展态势,以维护日侨生命财产;2. 中国人民抵制日货是日本侵略东北所致;3. 抵制日货是中国人自发组织的,利用自己的消费权表达对日军侵华的不满,国民政府无权干涉,因此抵货是合理的。

第一节 国民政府、国民党与抵货运动的关系

1932年4月1日,李顿与汪精卫的谈话涉及国民政府、国民党与抵制日货运动的关系。李顿认为经济压力作为一种讨价还价的资本有其价值,但其

---

① 《北平顾维钧致外交部电》(1932年5月26日),《搜集日本违法行为资料提交国联调查团(二)》,台北"国史馆"藏"外交部"档案,020-010102-0263,第199页。

② 《北平王广圻致外交部电》(1932年7月20日),《搜集日本违法行为资料提交国联调查团(五)》,台北"国史馆"藏"外交部"档案,020-010102-0266,第15页。

③ 《北平顾代表致外交部电》(1932年8月31日),《搜集日本违法行为资料提交国联调查团(六)》,台北"国史馆"藏"外交部"档案,020-010102-0267,第105页。

有效性取决于它能被控制的程度，因此他向汪提问："政府能在多大程度上可以创造、扩大或压制这种经济压力武器？"李顿的问题直指国民政府与抵制日货运动之间的关系。面对李顿的提问，汪精卫称只要日本持续不断的袭击导致中国人民生命财产安全遭受威胁，政府就不能限制这种行动，"国民政府不会干涉中国公民关于他们拒绝购买任何日货的私下的和自愿的承诺。但是，一旦发生任何非法或暴力的行为，或者因为被视为日货导致财产被没收，政府当然会进行干预"。① 接着，汪精卫以 1931 年 10 月 10 日发生在广州的一起事件为例，说明中国警察尽力阻止了抵制者在中国商店的非法行为，汪精卫称，"根据中国不同商会采取的措施，不与日本商人进行贸易的自愿决定各不相同。即使涉及的财产属于中国商人，实际的暴力事件也非常罕见"。汪精卫向调查团表明，中国人民认为抵制不是最有效的方式，因为它也给自身带来了伤害；而且政府不会允许任何违法行为。

由于此前日本一直声称抵货运动造成很多违法行为，李顿等人也收到一本日本新闻联盟发行的宣传册，声称提供了 1931 年 10 月至 1932 年 1 月期间收集的关于抵制运动的事实，其中显示 1931 年 7 月至 11 月期间有 1484 例日货被没收事件。因此李顿询问汪精卫这种行为是否合法，汪精卫认为这些货物并非日本商人所有，并表示没收日本商人手中的货物属违法行为，政府将处罚罪犯并归还货物。当李顿问及国民政府官员或部门是否已发出抵制日本商品和禁止使用日本船只的指示时，汪精卫称"政府没有发布这样的命令，但不排除部分国民党党员可能这样做"。

尽管李顿指出日本人声称可以证明中国政府已发出支持抵制的指令，但汪精卫坚称这并非政府发布的命令，而可能只是引用了群众大会上的发言，不是政府发布的命令。李顿对此与汪精卫进行了如下对话。

> 李顿爵士："但指控的是群众大会决议禁止任何货物或人员使用日本船只旅行，如果政府部门散发了任何有关该决议的信息，就等于采取了相同的措施。"

---

① "Record of Conversation No. 4 with the Members of the Chinese Government on April 1, at 3 pm", S30 - NO. 1, *League of Nations and United Nations Archives*, Geneve.

汪精卫:"但是,在朝鲜发生屠杀中国人之后,人民自己决定采取不使用日本船只和货物的决议。在这种情况下,政府违抗人民的意愿下达命令是最尴尬的。"

李顿爵士:"我认为应该给政府一个机会来评论这些指控。手册上提到了五种不同的政府行为:第一,邮局在信件上贴上邮政口号;第二,日本公司在中国使用电话时遇到了各种各样的困难;第三,电报和无线电信号被故意延误;第四,日本船只被迫停航;第五,禁止旅客登上日本船只。"

汪精卫:"我现在弄清楚了,这个信函的日期是 1931 年 9 月 30 日。那时满洲所有的重要城市都已经被占领了,我们遭受了巨大的生命和财产损失。人民发自内心的愤怒除了消极抵制日本贸易之外,没有采取任何其他形式的行动,在我看来这就是极端忍耐的证明。关于这五点,我的回答是,日本对我邮政当局控诉的内容,是邮政局雇员的自愿行为,我们政府没有下令采取任何行动。但我想提醒大家,中国人在朝鲜被蓄意屠杀,且警察部队在其中也进行了积极合作。如果您对比一下两起事件,您会明白日军的侵略行动给我们的忍耐所带来的压力。"

上述对话表明,汪精卫并没有正面回答群众大会上提出的国民政府是否发表禁止任何货物或人员使用日本船只的问题,也默认了日本对中国邮局的控诉,但坚决否认这些是政府下令造成的行为,而坚称是邮局雇员表达愤怒的自发行为。而后,汪精卫继续提醒调查团,在日本和朝鲜也存在抵制中国商品的行为,而且中国公民不被允许自由进入日本。汪精卫向调查团申明:"现在日本人提出的所有控诉都与发生在 9 月 18 日后的事件有关,因此它们都是日本侵略的结果。"①

1932 年 4 月 17 日,马占山从黑河致电国联调查团中国代表处,此封电文被转交给国联调查团。马占山在电文中称"查日人侵占东北,自知强暴侵凌不容于二十世纪之文明国际,强词夺理以朦世人,观其一再宣言不日出兵保护侨民,则曰中国无遏制苏俄赤化之能力,不得不出为防止以遏世界之乱萌",马占

---

① "Record of Conversation No. 4 with the Members of the Chinese Government on April 1, at 3 pm", S30 – NO. 1, *League of Nations and United Nations Archives*, Geneve.

山认为日本人以保护侨民和遏制苏俄共产主义为由出兵东北，实为一种强词夺理、蒙蔽世人的行为。他随后简述了东北抵制日货的动因与政府之举，称中国地方各级官员都不遗余力地保护日本侨民，即便民众对于日本人种种横行霸道之举心生不满而发生抵货运动，国民政府也随时观察遏止，并未有侨民因此牺牲。[①] 马占山在此电文中强调日本强词夺理，并称抵货运动是民众自发的抗议行为，政府不但进行遏止，并且一直在保护日侨。此外，马占山还列举了日本对中国的种种暴行，以此进行对比。

第二节　中国抵制日货的原因

中国国联同志会主席熊希龄于 1932 年 3 月 26 日致电联及其调查团，叙述东北被日军强行占领后，官吏所有表现皆由日本人操控，提醒调查团在调查时最好避开日本人，并表明中国收复东北的决心，称中国人将来势必以武力收复失地，但是可能会不合国联维持和平的宗旨，因此熊希龄表示，希望国联尽量对日本施压，即不用武力而使日本撤军，将东北归还中国。否则，中国唯有一战或继续抵制日货，以此与日本对抗到底[②]。

国联调查团到武汉后，3 月 28 日，汪精卫在午餐会上发表了欢迎致辞，致辞中也提及抵货问题，他表示中国人民只是在日本采取侵略性措施的情况下，才采取这样的行动，并以"二十一条"和济南惨案为例说明因果。汪精卫称，"从 9 月 18 日开始，随着日本在中国发起的每一次新袭击，中国人民对日本的不满情绪都在增加。中国人民本来没有排日意思，因此确保此类活动停止的唯一有效手段就是停止日本对华敌意与侵略态度。中国人民对于现在情形所抱希望，其志愿为领土与主权之完整"[③]。

---

① 《国际联合会调查委员会中国代表处致外交部公函》(1932 年 5 月 13 日)，《搜集日本违法行为资料提交国联调查团(二)》，台北"国史馆"藏"外交部"档案，020 - 010102 - 0263，第 155—182 页。

② 《全由日人胁迫演成东北叛逆政府，东三省居民绝不容与中国分离，望国联以精神压迫促日撤兵——国联同志会致电国联及调查团声明》，《大公报》，1932 年 3 月 27 日，第 5 版。

③ "Speech of Welcome to the Commission of Inquiry of the League of Nation by the President of Executive Yuan at Luncheon Given by the Latter on March 28", The National Archives, UK, FO371/16166, p.52.

3月29日至4月1日间,调查团都在与汪精卫等中国政府官员进行会谈。在3月30日的会谈中,顾维钧指出,"日本以牺牲中国为代价的扩张政策是造成当前困境的根本原因",若不对此加以遏制,将会中断国联会员国间的友好关系。而对于抵货问题,备忘录中称,"中国人渴望与日本和平相处。抵制日货是日本侵略中国的结果,而不是原因"。① 在4月1日的会谈中,李顿与汪精卫详细探讨了中国的抵制日货运动,李顿称日本不能以武力打开中国市场,中国也不能仅靠抵制日货迫使日本军队撤出满洲,采用这两种手段中的任何一种都会刺激对方更积极地使用另一种。汪精卫则表示仅凭抵货这种武器,无法实现最终目标,中国并不能通过抵制活动达到目的,然而抵货却是其他所有措施都失败时所采取的最后手段,是被逼无奈的行为。汪精卫以"二十一条"提出后的抵制运动为例,称抵制运动在华盛顿会议之前就已停止;而在1923年日本大地震发生时,中国对日本无比同情,向日本提供了各种志愿援助。汪精卫又以济南事件为例,称济南事件之前,中日关系友好;济南事件发生后,中国开始抵货运动;日军撤出后,关系又有所缓和。汪精卫以上述两例表达中国的抵货运动并非持续性的,只是面对日军欺压时表达诉求的无奈之举。汪精卫继续强调两点:第一,中国人民热爱和平,不对任何外国有敌意;第二,抵制给中国人民自身造成了很大的痛苦,中国非常不情愿使用这种武器,但被迫使用它。②

4月1日,南京新闻界在致李顿调查团的声明中强调,中国具有渴望和平的天性,中国人民仍然为建设一个新的国家而奋斗。但是,日本帝国主义野心勃勃,以侵略邻国为传统政策,一直以各种方式威胁着中国人的生命。二十年来,日本一方面推进军事、政治、经济侵略,另一方面以卑鄙的手段阻碍中国的进步,阻碍中国国家和政府的统一。这份声明对日本急于占领东北的原因进行了解释,认为东北取之不尽、用之不竭的粮食、森林、煤炭、钢铁及其他矿产资源可以让日本实现其所谓"大陆帝国"的梦想,将自己的势力扩张到中国北部,然后扩张到更远的内陆,进而在任何未来的国际冲突中,把这些地区作为

① "Memorandum of Chinese League of Nation Union", S30 – NO. 1, *League of Nations and United Nations Archives*, Geneve.

② "Conversation No. 4 with Members of Chinese Government, Part Three", S30 – NO. 1, *League of Nations and United Nations Archives*, Geneve.

资源供应的保证，由此便可藐视《国联盟约》对其进行的"封锁"或"经济制裁"。这份声明意在提醒国联调查团，日本占据东北后对国际秩序的危害，也为解释抵货问题做了铺垫。关于此问题，声明中称，对日抵货实乃由于中国人民别无选择，"如果日本表示悔过，撤兵并赔偿我们的损失，我们会很乐意与日本再次成为朋友，并结束经济禁运"，声明中还强调中国为促进世界和平、维护国际正义所尽的努力，称中国未曾忽视过任何真实有效的条约，尽管困难重重，中国仍竭尽全力维护世界和平。①

　　调查团在天津时，华北工业协会提交了《关于满洲危机若干基本事实问题的备忘录》，备忘录中首先声明中国并不反日，"中国对日本和日本人民没有恶意，但痛惜日本军国主义的摇摆，军国主义是日本对华友好关系的主要障碍，对世界和平构成威胁"，进而说明在这样一个现代世界里，中日之间的经济联系是十分密切的，称"日本需要中国为其提供原材料及制成品市场，而中国在其经济发展的现阶段，需要日本的资本和快速发展的建议，这种合作将给有关国家带来最大限度的互惠利益，因此应尽一切努力进一步促进这种合作。事实上，日本为不断增加的人口找到工作的能力在很大程度上取决于中国对外贸易的扩大，促进和平的商业往来应是中日关系的一项基本原则"。② 接着，这份声明继续指出日本军方并没有通过正常的商业往来扩大贸易，而是在中国实行了一项政治禁锢政策，进而指出中国抵制日货的原因是日本的公开侵略。随后，备忘录中以 1909 年以来中国历次抵制日货运动为例，解释中国抵货皆由日军侵略引发，但最后会在日军撤退后消失，而此次抵货运动则是由日本故意无视万宝山事件和旅顺大屠杀所引起，日本入侵满洲更加剧事态的恶化。因此，华北工业协会在备忘录中总结："每一次抵制都是日本在华活动的结果，每次抵制都伴随着日本贸易的损失。说中国人民反日，就是犯了因果倒置的错误。因为中国人民不反日，他们并不抵制日货，他们只是迫切需要抵制带来的精神鼓舞。他们仅仅把这种经济上的不合作作为自卫的手段和对政治侵略的抗议，同时希望通过这样，日本能被迫认识到自己的错误，并在对待中

---

①　"Address to the Commission of Inquiry of the League of Nations", S30 - NO. 1, *League of Nations and United Nations Archives*, Geneve.

②　"Address to the Commission of Inquiry of the League of Nations", S30 - NO. 1, *League of Nations and United Nations Archives*, Geneve.

国时修改自己的政策。为制止抗日运动而对国民政府施加的军事和政治压力可能会产生暂时性的影响，但最终会证明这种压力是徒劳无功的。因此，对中国采取和解政策是制止抗日运动、实现经济合作的唯一途径。"①

第三节　中国抵制日货运动的合法性问题

面对日本对中国激烈的民族情绪和排外运动的指责，国民政府利用民族国家的自卫权来为自己辩护，强调这是现代民族国家人民所具有的权利，同时坚称本国人民的行为是和平的，其立足点是在追求和平的同时，维护民族国家的安全。

1932年3月22日，李顿调查团成员与上海工商界代表进行谈话，出席的代表有金城银行股份有限公司拓展部董事陈乐亭、恒丰棉花有限公司经理聂潞生、商务印书馆总经理王云五、经营多种工业的刘鸿生等人。这场会谈中，中方代表否认商务印书馆出版的书籍宣传抗日，也解释了这次抵货事件缘起于"九一八"事变，而由于中国是一个弱国，抵制日货是手中唯一可使用的强大武器，而且除非绝对必要，否则肯定不会使用它，并且《国联盟约》第十六条也承认了该武器的合法性。如果日本军国主义停止对中国的侵略，中方将立即停止抵制。而对于哈斯提出的"抵制是在什么样的情况下组织起来"的问题，聂潞生解释说，"抵制是由爱国主义情绪激发的中国人民自发的运动，实际上没有组织。这就解释了为什么有时候抵制会产生误解，比如1927年的反英抵制，就是因为日本人的诡计引起的误解。目前的抵制或多或少是由工会、商人协会和学生组织起来的"。② 陈乐亭还解释了关于抵货运动组织者的问题，称抵货运动最初完全是民众自发的，后来由国民党地方党部领导的各人民团体掌握，此外，商会也参与其中，还以宣传海报、连锁信、报刊等作为载体。陈还强调国民政府不支持这个组织，只有当地的国民党分支机构帮助组织了这次

---

① "Memorandum on Some Basic Points of Fact Relating to the Crisis. Submitted by the North China Manufacturers' Association", April, 1932, S30 - NO. 2, *League of Nations and United Nations Archives*, Geneve.

② "Memorandum on Some Basic Points of Fact Relating to the Crisis. Submitted by the North China Manufacturers' Association", April, 1932, S30 - NO. 2, *League of Nations and United Nations Archives*, Geneve.

运动，而国民党中央领导人没有参与。至于日本所提的扣押货物等问题，只是抵制的一小部分，抵制主要是拒绝购买日本货物，陈强调，"事实上，如果没有民众的支持，抵制就永远不会成功"。① 随后王云五表示，中国的商业界正因为抵制而遭受严重的痛苦，他们并不是为了享受抵制，此外，中国离不开日本商品。基于这些原因，他保证，一旦日本改变对中国的政策，中国将放弃抵制。② 1932 年 3 月 25 日，李顿调查团与上海商会代表进行谈话，一位袁姓商人强调，中国商人和日本商人之间一直有着良好的关系。直到万宝山事件中国公民被杀后，这种良好的氛围才遭到破坏。"自那时起，没有人能阻止中国人民的抵制行动。"袁认为满洲和上海的事件的损失必须由日本人承担，"日本发动上海事件是为了报复抵制，为了使所有贸易瘫痪，然而日本的态度是，如果她自己没有任何贸易利润，其他国家也不应该有任何贸易利润"③。

1932 年 4 月 5 日，国联调查团五委员及秘书长哈斯接见来自武汉商界的贺衡夫、周春棠等六人，并询问武汉方面抵制日货之经过及"一·二八"发生后的影响。武汉商界代表表示"九一八"事变后，武汉民众群情激愤，多自动拒用日货，这也导致武汉商况凋零异常，但是武汉当局对日侨保护周密，民众抵制日货，并非排斥日人，抵货运动仅是自卫手段。此外，几人还驳斥日本污蔑中国排外的说法，表示自"九一八"以后，日货销路虽滞，但其他各国货品畅销，这证明中国人并不排外。④

1932 年 5 月，上海商界代表再度致函调查团申诉抵货问题，强调抵货为人民自由意志之表现，是弱国对外侮表示愤慨的一种极温和的工具。中间举动纵有不尽合法之处，亦与罢工行为相同，纯系国内法律问题；抵制日货中偶然出现的逾越之举，亦完全施加于中国人身上。该函称："一国人民愤他国人

① "Memorandum on Some Basic Points of Fact Relating to the Crisis. Submitted by the North China Manufacturers' Association", April, 1932, S30 - NO. 2, *League of Nations and United Nations Archives*, Geneve.

② "Meeting with Representatives of Chinese Commerce and Industry", March 22nd, 1932, S30 - NO. 2, *League of Nations and United Nations Archives*, Geneve.

③ "Record of Conversation with the Representatives of the Chinese Chamber of Commerce in Shanghai", March 25th, 1932, S30 - NO. 2, *League of Nations and United Nations Archives*, Geneve.

④ 《调查团在汉任务终了，即经浦口转道北来，在津勾留半日即往北平》，《大公报》，1932 年 4 月 6 日，第 3 版。

之夺其土地,杀其人民,以抵货为消极的自卫,此岂得谓为挑衅行为? 岂得为武力干涉之口实? 今有一家庭受商肆之欺凌,相约不购此肆之货以示愤慨,即使对家人之不遵约者,临之以威,亦无与外人之事,而谓肆主人可破扉而入,以暴力相凌乎? 日本之对中国也,何以异是?"①该函以国家自卫权和民众消费权为抵制日货行为进行辩护,并认为以经济抵制对待侵略者是《国联盟约》第十六条所规定,中国人民不过履行本国早应履行的义务而已。

国民政府深知抵货运动涉及法律问题,因此一方面颇为小心谨慎地加以遏止,部分党部也参与其中进行控制,另一方面担心日本片面之词会对调查团产生影响,因此出面对中国的反日活动和日本的排华行为进行调查,而顾维钧等人则根据这些调查生成了《参与国际联合会调查委员会中国代表处说帖》。② 就抵货问题看,顾维钧在说帖中一直强调抵货行为的民众性并非政府性,并以现代民主国家所具有的言论自由权和结社自由权来强调政府无法禁止这一合法爱国行为。就抵制日货的合法性与非法性而言,该说帖认为,从国内法来看,个人抵制货物是合法的,因为国家无权干涉人民选择之自由,也不能强令任何一人的购买行为;从言论自由的角度看,在"不扰乱公共秩序,不用强暴手段,不行触犯刑章之鼓励,不违反保护各友邦元首代表之身体名誉之法律规定之时",劝告人民不购买某国之货是合法的;③从国际法的角度看,现行条约也无法对抵制日货者进行定罪,因为中日条约中并没有规定中国人民必须购买日货的义务,并且抵货运动已经成为国际关系中反抗压迫的惯例,并非中国所独创。而日方在说帖中所列举的中国种种抵货行为并未牵涉国家责任。在国际法学说上,也并未有学者论及其是否合法。④ 顾维钧等人的说帖还论述了 1905 年以来中国境内的数次抵货运动,并且就中国责任问题称"抵制货物出于民意,国家不能为其人民之行为负责,关于国家对于抵制外货或更

---

① 《沪商会函国联调查团痛驳日本宣传(续):中日纠纷纯系日人所造成,证诸事实无一非意在侵略》,《大公报》,1932 年 5 月 8 日,第 3 版。

② V. K. Wellington Koo, *Memoranda presented to the Lytton Commission*, New York: The Chinese Cultural Society, 1932.

③ 《关于抵制日货之说帖》,《参与国际联合会调查委员会中国代表处说帖》,上海:商务印书馆,1932 年,第 179—180 页。

④ 《关于抵制日货之说帖》,《参与国际联合会调查委员会中国代表处说帖》,第 180—183 页。

普通之排外运动所致损失之责任,并无有任何专则存焉。则国家有无责任之问题,系以国际责任之通则为准绳。按照国际责任之通则,则一国在国际上有责任者,唯因其自己之行为,或自己之疏忽而已。至其人民之行为,国家不能负责也,个人行为之负责,在于犯此行为及经由法院正当手续可向其要求赔偿之人"。① 民众抵货本身为合法行为,无需承担责任,而对于抵制日货过程中所涉及的潜在非法行为,受害者亦是中国人民,而非日本侨民。日本所称中国抵制日货造成日本人民的经济损失也是难以证明的,因为第一,自发的抵货运动是合法的,因此日商所称的损失不能与此形成直接的因果联系,也不能判定损失率;第二,无法明确辨别被害人,也无法开列名单,因此损失是无法计算的。② 最后中国代表处的结论为中国抵制日货为一种温和报复手段,也为《国联盟约》第十六条所许可的一种反压迫方法③。

---

① 《关于抵制日货之说帖》,《参与国际联合会调查委员会中国代表处说帖》,第186页。

② 《关于抵制日货之说帖》,《参与国际联合会调查委员会中国代表处说帖》,第187页。

③ 《关于抵制日货之说帖》,《参与国际联合会调查委员会中国代表处说帖》,第189页。

第三章 权衡利弊：李顿调查团
对抵货问题的判定

第一节 《李顿调查团报告书》中对抵货问题的判定

《李顿调查团报告书》于 1932 年 10 月 2 日公布，共分为十章，其中第七章谈及中国对日经济绝交问题，其中包含中日贸易关系、日本在华投资情况、历次抵制日货运动、抗日宣传、中日经济绝交的起源和原因、抵制日货方法规则、对中日经济及心理的影响、抵制日货的合法性及中国政府对于经济绝交所负的责任等方面内容。

报告书中认为万宝山事件后的抵制日货运动是朝鲜排华惨剧所致，称"万宝山事件，及中村事件，恒被视为中日'满洲事变'爆发之近因。不过万宝山事件之真正重要性，颇觉夸张过甚。惟以对于此项并无死伤发生之事件，为震骇听闻之纪述，遂使中日双方顿生极劣之恶感，且使朝鲜方面发生朝鲜人肆意攻击华人之惨剧。因有此种排华之暴动，遂又使中国对日之经济绝交复活"①。

报告书中还提到充斥在中国的抗日宣传颇多，"中国报纸篇幅中，充满此类宣传文字。城市房屋墙垣之上，遍贴标语，其语气，每趋于极端激烈。抗日口号，亦有印于钞币，书信，电报纸之上者，亦有以连锁信，互相传授者。"②报告书在注释中提到之前调查团所经过的城市大都已将抗日标语除去，但当地有人早已目睹这些宣传标语，调查团也收到了这些抗日宣传海报的样张，因此调查团认为中国的抗日宣传教育属实。

论及中国抗日团体所遵守的抵制日货规则，调查团认为"经济绝交之最后

---

① 《国际联盟调查团报告书》，上海：明社出版部，1932 年，第 90 页。
② 《国际联盟调查团报告书》，上海：明社出版部，1932 年，第 173 页。

胜利,虽以政治环境为主要成分,但抗日团体之程序规则,如不能一致,此种运动断难有效",调查团认为中国的抵货运动虽政治宣传环境为主因,但若没有抗日团体所制定的程序规则,也难有实际效果,报告书以1931年7月17日上海抗日会第一次会议所通过的四项原则为例,说明此项规则之主要目标,其原则列举如下:

（甲）凡已定日货,应即撤回订单。

（乙）凡已定日货,而尚未交货者,应即停止载运。

（丙）凡已到货栈,而尚未付款之日货,一概拒绝收受。

（丁）凡已买日货,应向抗日会登记,暂停出售。登记手续另行规定。①

报告书中称中国商人被强制登记其所储存的日货,而这是实施经济绝交最有效的方法。报告书中称"抗日会检查员注意日货之运输,查验来路可疑之货物,以断定其是否日货,搜查有贮存未登记日货嫌疑之商店及栈房,并将所发现违反规则之案件,报告主事者注意"②,即抗日会从运输销售等环节对日货进行检查,而被认为确实违反规则的商人会被处以罚金,并公布于众,受到舆论制裁,而该商人的所有货物会被拍卖,所得资金充当抗日会的经费。报告书中还称中国的对日经济绝交并不仅限于商业活动,"中国人并被警告勿乘日本船舶,勿与日本银行往来,不论商业家居,勿以任何名义供日人使用",而不听劝告者,将会受各种指责与威胁。

仿制日本商品、发展中国实业是报告书中提及中国对日经济绝交的另一特点,认为此经济绝交的愿望不仅在于破坏日本实业,而且在于鼓励仿制日货,以此提高中国实业能力,报告书认为而这场运动的主要结果是中国纺织工业有所发展,而上海的日本纱厂因此大受打击。③

关于1931年至1932年经济绝交运动的起伏情况,报告书并未进行详细的叙述,仅就1931年1月和1932年"一·二八"事件以后的抵货情况进行了简要叙述。报告书中称上海市市长与日本总领事在上海进行谈判之时,中国

---

① 《国际联盟调查团报告书》,上海:明社出版部,1932年,第173页。

② 《国际联盟调查团报告书》,上海:明社出版部,1932年,第174页。

③ 《国际联盟调查团报告书》,上海:明社出版部,1932年,第174页。

甚至自动解散当地之抗日团体，而在上海战事期间及日军撤退数月中，抵制日货虽从未完全消失但形势也趋于和缓。春末夏初时，日本商业似已能在中国各处渐形恢复，然而到了七月末八月初，热河边境传闻有军事行动后，经济绝交运动又突然复活，"劝国人勿购日货之文字，重见于中国报纸之中。上海市商会，发表一函，提议恢复经济绝交"。报告书中称上海的煤业公会决议限制日本煤制输入，减至最低限度，同时采用更激烈的手段，例如，向有销运日煤嫌疑的商人屋地抛掷炸弹，向店主投递恫吓信，告之如不停卖日货，即将毁灭其财产等。① 尽管报告书中并未提及万宝山事件和"九一八"事变后中国抵制日货的情况，但也暗示了中国的抵货运动与日军行动之间的联系。

《李顿调查团报告书》认为中国历次经济的绝交运动，在物质和心理上对中日关系均产生重要影响，特别是此次经济绝交。报告书认为，中方一直强调抵货是精神抵抗，而非经济上的侵害行为，因此不免有将商业损失被低估的趋势；日方则过于重视商业统计且夸大损失，言外之意即二者的说辞都偏离了客观事实。报告书中还提及中国人本身所受的损失，例如有的货物因未向抗日会登记而被扣押拍卖，有人因违背经济绝交规则而缴付罚款，此外中国海关也损失了一定的税收。② 调查团因此认为抵制日货运动中，贸易衰落，中国人也损失惨重。

对于中日两国心理上的影响，报告书中认为此次"经济绝交，对于中日关系心理上之影响，较诸物质上之影响，更难评断。但以其所引起日本大部分民意对于中国不幸之反响而言，其严重之程度，则不稍逊"，调查团在日调查期间便极为注意此点，认为日本人面对所受的经济损失无能为力，因此倍增愤慨。但报告书中还认为调查团在日本大阪接见的商人谈及暴行恫吓等不当的经济绝交方法均有言过其实的倾向，日本商人忽视甚至完全否认了日本最近的对华政策与中国采取经济绝交手段两者间的密切关系，"此辈日本商人不认经济绝交为中国之自卫武器，反力持其为侵略行为，谓日本之军事行动系对此之报复"。然而，报告书中并未承认中国的抵货运动为反抗日本侵略的自卫行为，反而将经济绝交视为近年来中日关系日趋恶劣的原因之一。由此可见，在此

---

① 《国际联盟调查团报告书》，上海：明社出版部，1932 年，第 174—175 页。
② 《国际联盟调查团报告书》，上海：明社出版部，1932 年，第 175 页。

判断上,报告书并未站在中国立场上,反而偏向日本。①

关于中国抵制日货运动的争议,报告书总结了以下三点。

1. 抵制日货运动是否由民众自行组织

中方认为抵制日货运动完全由人民自愿组成,然而日本人坚称抵货运动是国民政府利用人民进行的有组织运动,其所用手段有时等同于威胁。报告书中肯定了中国的经济绝交运动具有坚强的民众意识基础,认为没有这种民众意识基础和牺牲合作精神,"欲一民族表现为支持一地区广阔时间久长之经济绝交……显为不可能之事",但与此同时,报告书认为国民党利用中国旧时同业会馆和秘密团体传统的方法来指挥经济绝交行动,抵货运动中所适用的规则、纪律以及制裁"汉奸"的方法在经济绝交中占主要部分,无论其行为是否自发,都具有严密的组织性质。报告书进而总结,"吾人之结论,认为中国之经济绝交,既出于民复有组织,虽系强烈之民族情绪所产生,为强烈之民族情绪所拥护,然操纵之指挥之者,大有能发能收之团体在。至于实施之方法,诚有等于威吓之处。在组织方面,虽包括多数个别之团体,而重要支配之机关,厥为国民党"。② 由此可见,报告书判定中国对日经济抵制是受民族情绪驱动的,而国民党为重要支配机关。

2. 中国抵制日货方式是否合法

关于中国对日经济绝交运动中所采用的方式是否始终合法的问题,国联调查团就所搜集的证据认为,不法举动常有施行,而对于当局与法院是否假意判决的问题,调查团很难另下断语。调查团认为,所得论据并不能证实中国代表提交的说帖中"经济绝交就大体而言以合法方式进行"的论调,并认为应该将直接妨害外籍居民的非法行为与妨害中国人但明显具有侵害日人利益目的之人分开判定。而前者的行为不但在中国法律之下显属非法,并且违反条约所规定的保护生命财产、维持贸易居住行动自由的义务。③ 但同时,调查团也强调,国民党对于抵货运动虽有时制止无效,但确实在想办法阻止。关于抵货运动中妨害中国人的非法行为,调查团认为这属于中国内政,"加害人与被害人既同属中国国籍,中国刑法对此若何适用,似非他人有权所得过问,总之,一

---

① 《国际联盟调查团报告书》,上海:明社出版部,1932年,第175—176页。
② 《国际联盟调查团报告书》,上海:明社出版部,1932年,第176—177页。
③ 《国际联盟调查团报告书》,上海:明社出版部,1932年,第177页。

国纯粹国内事件之治理,不论何国无干涉之权,此即互相尊重主权与独立原则之真义"。关于日本所宣称的日本人被中国人非法侵害之事,调查团认为这也属违反中国法律的问题,"在此种情形下,而不能执行其法律,则应视为中国政府,对于日本所受之损害,负有责任"。①

3. 中国政府对抵制日货运动应负的责任

关于抵制日货运动中中国政府应负的责任这一问题,报告书中称中国官方认为尽管政府负有保护生命财产安全的责任,但从未有任何公认的规章原则允许政府惩处公民行使基本权利,是否选择购买日货纯属私人的自由,"吾人并非暗示谓政府援助经济绝交运动有何不当之处,唯所欲指明者,即官方之鼓励,不无含有政府之责任耳。于此,势须审查政府与国民党间之关系",调查团认为国民党是国民政府的创造者与主人翁,为整个经济绝交运动幕后指挥联络者,然而,调查团亦认为对国民政府在抵货运动中的责任判定为宪法上的复杂问题,而调查团自认不应对此有所表示。②

报告书中认为中国人在不违反国家法律之条件的情况下,个人或团体宣传拒绝购买日货、使用日本银行、乘坐日本船舶、为日本雇主工作、向日本人出售货物或与日本人建立社交关系等行为系合法之举,无人可予以否认,但报告书中又称,"然而单独对于某一国家之贸易,实行有组织之抵制,是否合于睦谊,抑或与条约义不相抵触,乃系一国际法之问题,而不再调查团调查范围之内,但为举世各国之利益计,调查团希望此项问题,应及早加以讨论,并以国际协约加以规定",③由此可见,国联调查团并不愿就中国的抵货问题是否违反国际法进行过多探讨,反而将此问题推诿于此后召开的国联会议。

关于东北问题及中国抵制日货问题的解决方针,调查团认为中日间经济上接近,对于中国和日本双方都有重大利益,中国会因与日本有经济上及技术上较为密切的合作获得建设国家上的助力,"中国若能抑制其民族主义难堪之趋势,并俟友好关系恢复后切实担保有组织之抵货运动不再发生,则于此项经济接近大有裨助。在日本方面,若不求单独解决问题,使其脱离日本对华关系

① 《国际联盟调查团报告书》,上海:明社出版部,1932年,第177—178页。
② 《国际联盟调查团报告书》,上海:明社出版部,1932年,第178—179页。
③ 《国际联盟调查团报告书》,上海:明社出版部,1932年,第179页。

之整个问题,致令中国友谊及合作成为不可能,则此项经济接近亦当易于实现"。① 调查团此处并未提出具体的建设性意见,仅劝中国遏制自己的民族情绪,同时希望日本不要寻求单独解决的策略,此种判定甚有含糊其词、左顾右盼以求平衡之嫌。

第二节 《李顿调查团报告书》 对抵货问题做出判定的原因

尽管国联调查团以中日纠纷中的第三方协调员的角色介入,但是由于中日问题不仅关系中日双方的利益,而且牵扯英国、美国、法国、德国与苏联等几大国与中日双方的利益纠葛。调查团五委员内部对中日双方的态度不一,又由于他们本身又代表了母国的利益,因此在撰写报告书时,调查团五委员不但需要在国际公约和国际正义的立场上处理中日纠纷,而且需要处理个人观点与国家态度的关系,甚至还需调和几大国在中国乃至远东太平洋地区的利益关系。下文将结合报告书的整体内容,就调查团五委员的立场、调查团所收集的证据、日本在华利益与立场、调查团对中国的态度、苏联在远东利益,以及国际公约框架等方面探讨调查团对中国抵制日货问题作出判定的原因。

一、调查团五委员的立场

在分析《国联调查团报告书》对中国问题判定的原因时,调查团五个委员的立场是不能被忽视的。德国代表希尼在他的游记《远东的人民和权力:与满洲调查团一起旅行的印象》一书中对中国的抵货运动与反日行为进行了论述:

> 1908 年以来,此类抵货运动已发生九次。每当(中日)双方的紧张局势缓和时,抵货总会结束。1931 年 9 月 30 日,日本在满洲的行动导致中国最强烈和时间最长的抵制。抵货对日本贸易造成了重大损害,也自然使两国人民之间的关系日益恶化。与抵货有关的还有日本人在满洲行动后中国迅速兴起的反日运动,这一运动在一定程度上具有特别的反日特征。同时,其他仇外运动也出现了,中国人也将情绪转向其他国家的人

---

① 《国际联盟调查团报告书》,上海:明社出版部,1932 年,第 192—193 页。

民,尤其是英国人。这种运动的起源,大概是中国人以前不喜欢跟外国人扯上关系。这种想法也在年轻人中得到鼓励。中国学校的课本中也经常出现排外言论。中国不仅认为日本是外交政策上的政治对手,而且要日本对中国国内的紧张局势负责。①

希尼并未对中国的抵货运动和反日运动进行更详细的分析与论述,但他强调了日本军事行动和中国抵货运动的因果关系,他认为中国的抵货运动因日本侵占东北而起,中国也因此兴起了反日运动及针对其他国家的排外情绪。希尼本人有一定的亲华倾向,但他还是按照德国政府的指示,保持了德国的态度。德国最终期望更多表达对英美法等列强的忠诚,而不仅仅是对中国的声援。因此德国政府指示希尼,在委员会中采取任何主动行为或提出解决中国东北沦陷地区所面临的问题的建议都是不符合德国利益的。②

与希尼相似,调查团团长李顿本人在日常接受日方说辞的同时,也会表现出"嫌日"情绪。他在写给妹妹贝蒂·贝尔福(Betty Balfour)的信中将调查团在东北的生活形容为一场噩梦,并且认为中国的混乱状况是日本造成的,因为日本从来没有试图帮助过中国,反而一次又一次地干预,以防止中国内部任何一方变得强大。③李顿在写给妻子的信中也对日本人的语言能力表达了嘲讽,他说:"日本人每提取一个单词都像是一场外科手术。"④由于在东北和日本人相处极不愉快,李顿认为,调查团作为调解方的作用是让日军撤兵并尽可能对东京政府实施制裁。法国代表克劳德将军却看到了法国与日本进行贸易

---

① Heinrich Schnee, *Völker und Mächte im Fernen Osten: Eindrücke von der Reise mit der Mandschurei-Kommission*, Berlin: Deutsche Buch-Gemeinschaft G. m. b. H., 1933, pp. 241 - 242.

② "Geheimes Telegramm des stellvertretenden Staatssekretärs Gerhard Köpke, AA, an den deutschen Gesandten Oskar Trautmann, Peking (2.7.1932)1," Bernd Martin ed., *Deutsch-Chinesische Beziehungen 1928 - 1937: Gleiche Partner Unter Ungleichen Bedingungen: eine Quellensammlung*. Berlin/Boston: De Gruyter, Inc, 2003, p. 277.

③ "Letter from Lord Lytton to Lady Betty Balfour, Mukden, Monday, May 23, 1932," FO371/16173, pp. 16 - 20, *The National Archives*, UK.

④ Ian Nish, *Japan's Struggle with Internationalism: Japan, China and the League of Nations, 1931 - 1933*, London and New York: Kegan Paul International, 1993, p. 240.

的机会,并认为南京国民政府是没有希望的政权,也倾向于对日本持宽容的态度。作为语言学家的马柯迪尝试将小组团结在一起,通过翻译缓解紧张的气氛。①

麦考益对国民政府官员极为失望,认为他们中的许多人都不够诚实,并且他颇为理解日本人对中国的抱怨,甚至认为日本比中国更加关心东北危机的解决。但他依旧认同美国政府的对华政策与态度,认为现有的对华条约是需要被保留的,只需等待尘埃落定,新的政府出现。② 尽管希尼私下赞同李顿的观点,并对调查团内部某个亲日成员(指克劳德)感到不安,但他还是以自己有限的法律知识从法律义务和局势平衡的角度来进行评估。③ 因此,可以说调查团内部基本是对李顿和克劳德的两极意见进行调和,并根据各自国家的指示,最终达成一份具有折中态度的报告书,而折中考虑之处将在下文进行论述。

二、"证据确凿"的抵制日货运动

国联调查团赴日调查期间,日本各方已将多种涉及中日纠纷的说辞呈交国联,其中包括关于中国抵制日货运动的斥责。调查团来到中国后,在众多活动中听到了许多谴责日本侵略行为的演讲,而在李顿和英国在华领事眼中,这些说辞无非在传达中国受到不公正的对待,国联必须维护中国的立场。英国驻上海副领事基森特(Kitson)在备忘录中提及,在有些中国人看来,调查团刚刚从日本抵达中国,所以毫无疑问,他们的思想已经被日本的宣传毒害了,成员们很有可能已被引导去相信日本的某些说法,认为中国应该为所发生的事情受到部分谴责。针对中国人这种敏感而批判的心态,李顿认为必须对当前这种不公正的断言予以不偏不倚的判断,因此,1932 年 3 月 16 日,李顿在中国上海大学协会上发表讲话,称"没有任何国家在培养了对其他国家的仇恨和敌视态度之后,期望国联介入,将他们从这种态度所造成的影响中解救出来"。④ 李顿的讲话暗含

---

① Sean Andrew Wempe, *Revenants of the German Empire: Colonial Germans, Imperialism and the League of Nations,* Oxford: Oxford University Press, 2019, p. 234.

② Susan Bradshaw, *The United States and East Asia : Frank Ross McCoy and the Lytton Commission, 1931 - 1933,* Georgetown Univ. , Diss. , 1974, pp. 389 - 390.

③ Sean Andrew Wempe, *Revenants of the German Empire: Colonial Germans, Imperialism and the League of Nations,* Oxford: Oxford University Press, 2019, p. 235.

④ Memorandum by Mr. Vice-Consul Kitson", March 30, 1932, *The National Archives, UK,* FO 371/16165, p. 229.

了他认为中国的排外情绪可能是造成中日纠纷现状的原因之一。

　　整个调查过程中,调查团不但与日方、中方及欧美各界在华人士进行谈话,还收到了日本大阪商人关于中国抵货问题的手册,以及中国政府提供的《排华报告书》等纸质文件,这些都对调查团的判断产生了影响。调查团还收集了《中国贸易月报》和《日本贸易月报》等相关材料来判定中国抵货问题对日本经济的影响,调查团在关于中国抵货问题的备忘录中称,"在中国的日本贸易公司发现几乎不可能开展业务,中国买办大多数已经离职,日本银行遭到广泛抵制,日本在中国的小型工业和商业单位完全被扼杀。早在 1931 年 10 月下旬,日本纺织协会(Japan Spinners Association)驻中国的常务董事船津就向东京报告'小公司受到的打击尤其严重,即使这场运动平息下来,他们也没有足够的资金来开展后续业务'"。[①] 在国联档案中,调查团成员内部通信时提及抵制日货问题时称,"政府或准政府组织的抵制行为可能与允许贸易自由的承诺相矛盾"。[②] 调查团同时收到了中国政府此前将国货进行分类的文件。[③]

---

① "Memorandum on the Chinese Boycott of Japanese Goods", *Memorandum (Institute of Pacific Relations, American Council)*, Vol. 1, Issue 4, March 1932, pp. 1 - 3.

② "Dossiers Divers, Confidential", S35, *League of Nations and United Nations Archives*, Geneve.

③ 1928 年,为了推动国货的发展,南京国民政府工商部公布了《中国国货暂定标准》,将国货分为六等,其中资本、管理者、原料、技术视为划分国货的几条标准,"国人经营"一条是能称为"国货"最基本的标准。这项标准的设立排除了那些在由外国投资在中国建厂生产的外国企业生产品,同时也为人们提供了更为简单直观辨识国货与洋货的判断方法。国民政府制定的这一套标准,为商品划定了国籍,进行我者与他者的区分,意在以一种民族国家的方式来促进国货的发展。第一等:国人资本,国人经营,完全本国原料,国人工作;第二等:国人资本,国人经营,大部分本国原料,国人工作/国人资本,国人经营,大部分本国原料,外国技师;第三等:国人股本、借用外款,国人经营,完全本国原料,国人工作/国人股本、借用外款,国人经营,完全本国原料,外国技师/第四等:国人资本,国人经营,大部分外国原料,国人工作/国人资本,国人经营,大部分本国原料,外国技师;第五等:国人股本、借用外款,国人经营,大部分本国原料,国人工作/国人股本、借用外款,国人经营,大部分本国原料,外国技师;第六等:国人股本、借用外款,国人经营,大部分外国原料,国人工作/国人股本、借用外款,国人经营,大部分外国原料,外国技师;第七等:国人资本,国人经营,完全外国原料。参见《工商部为中国国货暂定标准致国民政府呈》(1928 年 9 月),中国第二历史档案馆编:《中华民国史档案资料汇编》第五辑第一编《财政经济 8》,南京:江苏古籍出版社,1991 年,第 742—744 页。

调查团还收到了1931年10月2日发行的《中国国民党上海特别市执行委员会为令遵抗日救国工作要点训令》①,训令中称:"际此东邻入寇侵迫不得已,国难当头,千钧一发之秋,若不共图挽救,将贻亡国之忧。我全市各校训育主任、党义教师,页领青年教育党义之责,使命异常重大,自应一致奋起,加紧工作,共救危亡。兹特制定抗日救国工作要点六项,分发各该校训育主任、党义教师,仰一体遵照辩理为要此令。"

各校训育主任、党义教师抗日救国工作要点

一、依据中央党部教育部及本市党部所领学生抗日救国运动之工作方案与原则,切实指导学生在轨道上活动。

二、依据本市党部所领学生抗日救国会暂行组织大纲,指导学生组织抗日救国会。

三、各校党义教材应尽量注意下列各项:

甲、阐扬民族主义之真谛解说中国当前的民族问题

乙、讲述日帝国主义侵略中国小史并阐明中国国际地位之艰危

丙、关于此次日本侵略索比之真谛尽力激发学生爱国家爱民族之精神

丁、解说国际正义之泯灭及中国民族自救之方针

戊、实行日本研究之设计教学

四、各校对于军事训练训育主任应协助军事训练教官督促进行。

五、对于时局之重要消息应以诚挚态度,随时以准确见解报告解释于学生。

六、各校训育主任、党义教师应指导学生利用室余时间努力宣传,唤起民众共赴国难。

附学生抗日救国会之工作原则及组织大纲。

学生抗日救国会之工作原则

甲、厉行经济绝交

乙、拥护和平统一

---

① 《中国国民党上海特别市执行委员会为令遵抗日救国工作要点训令》,S30—No. 2, *League of Nations and United Nations Archives*, Geneve。

丙、努力宣传工作

丁、致力学业修养

戊、加紧军事训练

己、避免一切纠纷

学生抗日救国会暂行组织大纲

（一）凡中等学校以上各种学校之学生，均得组织学生抗日救国会。

……

（四）学生抗日救国会之工作以下列各项原则为依据：甲、拥护和平统一；乙、厉行经济绝行；丙、努力宣传工作；丁、努力学业修养；戊、加紧军事训练；己、避免一切纠纷。

……

（九）学生抗日救国会章程，须遵照本会大纲制定，并呈报中国国民党上海特别市执行委员会备案。

（十）本大纲由中国国民党上海特别市执行委员会议决施行。

中国国民党上海特别市执行委员印发

国民党党部的这份文件中确实存在对学生进行反日教育和强调对日经济绝交的事实，并且，此前调查团与汪精卫及中国商人调查团的谈话也证实了国民党地方党部组织了经济抵制活动的事实，因此，调查团在报告书在第七章中否认了抵货运动是民众自发组织的观点，指出国民党为整个经济绝交运动幕后指挥联络机关。

值得注意的是，在此份文件后签字的常务委员陶百川、潘公展、吴开先三人皆为国民党重要骨干人物，潘公展甚至任上海市教育局局长兼社会局局长，这也使调查团成员不得不怀疑国民政府与抵货问题的联系，然而尽管如此，国联调查团并未对此进行更为深入的调查，而是认为这种有组织的抵货运动不论是否合于睦谊、是否违背国际条约义务等均为国际法范畴，而不在调查团调查范围之内。从此种意义上讲，调查团虽明示国民党党部对抵制日货运动的直接组织，但不会追究国民政府的责任，也不愿讨论是否违背条约。

三、安抚日本，避免战争，维持国联

国联调查团调查期间，关于抵制日货，日本政府在致国际联盟的回答书、

宣言书和声明书中,屡次强调抵货运动如同战争,是国际交往中的不当行为,也是此次中日纷争的主要原因之一,同时,日本政府还向调查团发送了多份关于排日问题的资料,包括中国抗日会的组织规章、中国排日宣传海报、抵货期间的司法记录,等等,并以英法两国文字详细地说明了排日原因及现状。此外,调查团在中国视察各地现状时,也偶然发现被揭下来的排日传单。[1] 至少从此种意义而言,在调查团看来,中国排日宣传已然是较为可信的证据,而倘若调查团在报告书中表达对抵货问题的支持之意,势必会激怒日本。日本的日渐强大有目共睹,甚至日方已经表达了不畏战争的言论,国联调查团的职责为调节中日纠纷,而非触怒日本引发战争。

调查团来华调查期间还参考了一些在华欧美人士的意见,其中便有警告国际社会不要将日本逼向战争边缘的看法,例如日本驻上海公使重光葵将其旧友——远东问题专家乔治·布朗森·李亚(George Bronson Rea)的两篇文章《敌对之路》与《日本陷入困境》交给了李顿。[2]

李亚在《敌对之路》一文中认为西方列强对日本的危险置若罔闻,而日本正在面临苏联的威胁,进而影响远东太平洋地区的和平。李亚在文章中称:"日本深刻地意识到,为了维护太平洋的和平,日本放弃了自己在大陆的防御力量,这会使国家面临卷土重来的苏联,以及难以和解的中国的敌意及其为捍卫国家安全而不可避免地摊牌所带来的后果。"李亚认为,如果其他欧美大国拒绝对这些亚洲问题做出合理的调整,继续谴责日本的动机并且不允许日本自由地捍卫自己,那么日本可能撕毁《国联盟约》《九国公约》《海军条约》《凯洛格-白里安公约》,并为不可避免的战争做好准备。关于中国目前的抵货运动,李亚指责欧美列强纯粹出于经济原因,既支持德国修订《凡尔赛条约》的要求,还支持混乱的中国逃避条约义务,却要求日本严格遵守《国联盟约》《九国公约》《凯洛格-白里安公约》的条款。李亚在文中还提出苏联的现状,认为它"在此思想、政策和条约的掩护下被赋予了充分的自由,可以将自己的影响力扩大

① 「斎藤外務大臣から重光公使まで」(1932 年 6 月 2 日)、JACAR(アジア歴史資料センター)Ref. B02030447400(第 20 画像目から)、国際連盟支那調査員関係 第四巻 (外務省外交史料館)。

② 「重光公使から芳澤外務大臣まで」(1932 年 3 月 23 日)、JACAR(アジア歴史資料センター)Ref. B02030443300(第 57 画像目から)、国際連盟支那調査員関係 第二巻(外務省外交史料館)。

至整个亚洲，以牺牲中国为代价推行莫斯科传统的领土扩张计划，把中国作为世界革命的远东跳板"，李亚不但强调苏联的威胁，而且强调中国的不作为与混乱现状，他认为尽管《九国公约》给予中国发展自身和维持一个有效稳定的政府，以及不受外界干涉的权利，但中国开始实施废除条约、反对"资本主义和帝国主义列强"的计划和一套旨在破坏日本安全并加速其经济、金融崩溃的政策，由此可见，中国不能履行作为主权国家的基本职责，不能在那些对邻国的安全有重大影响的地区捍卫其中立和领土完整，反而消耗在使国家遭受苦难的无休止的军事混战中。他称"在《国联盟约》和《九国公约》给予的十二年豁免权期间，中国毁了自己，还把日本带到了灾难的边缘，而世界面临着另一场灾难性的战争"。在李亚的笔下，中国已堕落到连中世纪国家都不如的程度，已经丧失了成为独立自主国家的资格，既不能自立，又无法履行其作为国家的义务。他在文章的最末继续强调："当日本被拖到经济崩溃的边缘，并由于中国无力履行其作为主权国家的基本义务而受到某些攻击时，这个问题就无法回避。不管有无条约，日本都将不得不为其生存权而战。"①

　　李亚本人极为亲日，此文又由日本公使递交，虽然语言过于尖锐，但传达了日本的态度与今后行动的可能性——哪怕付出接受经济制裁甚至发动战争、退出国联的代价，也要维护自身利益。然而，战争正是当时国际社会最为担忧的。正因如此，李顿意识到日本的强硬立场。李顿在写给妹妹贝蒂·贝尔福的信中称当时的"日本确实强大到足以蔑视世界，我认为没有任何国家会为了胁迫它而发动战争"。李顿赞同日本称"中国是混乱无序的"这一说法，但同时认为中国的经济抵制是一个致命的武器，能对日本造成致命的伤害。他在信中称"日本可以用武力占领满洲，但无法用武力打开中国市场；要是没有中国市场，满洲对它毫无用处"。谈及远东局势，李顿认为和平对于中国、日本和苏联都是不可或缺的，"日本希望和平，因为它无法面对另一场战争的财政压力。中国希望和平，以便执行其庞大的内部重建工作。苏联希望和平，以便完成它的五年计划，而不必削弱整条防线"②。李顿的信件基本传达了他所认为

---

　　① 《敌对之路：拒绝日本自卫权将导致战争》(1932 年 3 月)，陈海懿、屈胜飞、吴佳佳编：《国联调查团访谈与调查》，南京：南京大学出版社，2019 年，第 110—114 页。

　　② "Letter from Lord Lytton to Lady Betty Balfour, Mukden, Monday", May 23, 1932, The National Archives, UK, FO371/16173, pp. 16 - 20.

的调查团任务的主旨，即避免高压政治，平衡中、日、苏三方利益，维持远东和平。

英国驻东京公使林德利在致英国外交部的电报中表示，国联目前面临破产和通过教育成员国使自身得以延续两种选择，"比起让日本为维护条约尊严而做出某些承诺，我认为日本退出国联将会造成更大的混乱"。① 由此表明，尽管李顿本人对日本人成见颇多，但英国政府本身不希望对日本进行过多责备。此外，英美等国担心的不仅是日本退出国联，美国驻罗马大使加乐特（Garrett）曾获悉意大利方面的态度——若日本退出国联，意大利可能也会相继退出，②而这也正是国联所面临的威胁，所以调和了个人态度与国家利益及五个委员各自的建议后，报告书最终对中国抵货运动与日军侵略的因果联系持保留态度，反而指出中国的对日经济绝交活动使中日关系愈发恶化，说明在终究纠纷中，日本并非唯一的过错方，以此稳定日本的情绪，避免日本做出退出国联的过激行为，从而维护国联的稳定。可以说，《李顿调查团报告书》旨在和解并保持中日间的平衡，③并对和平寄予厚望，或者说至少尽可能推迟战争的发生，④然而这种"平衡"的希望却最终在现实政治中走向"失衡"。

四、"维护"中国，保障各大国在华利益及国际自由贸易原则

调查团及其背后的几大国并未完全忽视中国的诉求，如前文所述，调查团五委员多数对中国颇具同情，李顿虽对国民政府要人颇多不恭之词，但对调查期间所遇到的中国代表充满好感，认为中国人极为优秀，能说出优美的法语与英语。⑤

---

① "Treaty between Japan and Manchukuo" *The National Archives*, UK, FO371/16177, pp. 76 - 78.

② "The Ambassador in Italy (Garrett) to the Secretary of State", September 17 1932, *Foreign Relations of the United States*, 1932, The Far East, Volume IV, pp. 258 - 259.

③ Sean Andrew Wempe, *Revenants of the German Empire: Colonial Germans, Imperialism and the League of Nations*, p. 237.

④ David Wen-wei Chang, "The Western Powers and Japan's Aggression in China: The League of Nation and 'The Lytton Report'", *American Journal of Chinese Studies*, Vol. 10, No. 1, 2003, p. 60.

⑤ Sean Andrew Wempe, *Revenants of the German Empire: Colonial Germans, Imperialism and the League of Nations*, p. 235.

1932 年 4 月 18 日,住在河北昌黎的十三个美国传教士在写给麦考益的信函中高度赞扬了中国为建设现代国家所做的努力,认为为了实现建设现代中国的目标,中国人必须有机会自我拯救,特别是免受外来入侵,以便实现和平与团结。关于抵货问题,传教士们认为这是情有可原的无奈之举,称"即使以巨大的个人不便和痛苦为代价,他们仍然忠诚地采取贸易抵制,以此作为他们帮助国家抗议军事侵略的方法。有些人捐出了薪水的十分之一来帮助政府,更多的人则竭尽所能,他们渴望恢复正常的贸易环境。这些民众都希望通过各位的斡旋,实现公正和平等"。① 这十三个传教士是国联调查团调查的对象中离东北地区最近的,麦考益曾表示传教士送来的信息具有重大意义,因为他们更了解民众的情绪,这一点尤为重要。② 由此可见,传教士的看法对调查团委员产生了影响。

英美等国皆在海外有着庞大殖民利益,也因条约关系在中国享有许多特权,因此必须指出的是,列强对中国所谓的维护更多基于保障列强在远东利益的考量。早在调查团出发前,美国国务卿史汀生(Henry Lewis Stimson)便表示从国家的角度而言,在长距离视野中,不应该剥夺中国对付敌人的唯一武器——抵货。史汀生认为如果削弱了中国,便可能会破坏力量平衡。史汀生认为如果从中国手中夺走抵货这一目前唯一的武器,那么中国可能要么首先武装自己成为一个军事国家,要么完全屈从于像日本这样的军事国家,任一结果都将极大损害英国和美国一直在远东争取的世界和平和贸易自由。英国驻华盛顿大使林德赛(Lindsay)询问史汀生是否担心日本在华进一步行动会激起中国的反日运动,史汀生表示中国军阀混战的时候便发生过外国人被袭击的事件,他非常担心中日间的冲突会使其他在华外国人陷入危险境地。③ 英国驻东京大使林德利(Lindley)在致英国外交部的电报中也称,"只要我们避

① "Letter from The American Missionaries", S30 - NO.1, *League of Nations and United Nations Archives*, Geneve.

② "Memorandum of Conversation Between the Ambassador in Japan (Grew) and Major General Frank R. McCoy", July 14, 1932. *Foreign Relations of the United States*, 1932, The Far East, Vol. Ⅵ, pp.155 - 161.

③ "Memorandum by the Secretary of State of a Conversation With the British Ambassador (Lindsay) at Woodley", Jan. 25, 1932, *Foreign Relations of the United States*, 1932, The Far East, Vol. Ⅲ, pp.61 - 63.

免与日本发生冲突，我们在远东的利益就不会受到损害。目前看来，不管是国联还是《九国公约》签约国都对日本表示谴责，但是我们不能以日本无法接受的方式带头强烈反对日本，我们应该凭借自身的影响力，以温和、敬重的语气劝说日本"①。从此点可见，基于远东利益的考量，英国不愿直接激怒日本从而损害其远东利益，但希望以特定方式促使日本谨慎行事。

但是需要提及的是，英国、美国都曾是中国抵货运动的对象。英国驻上海总领事白利南（Brenan）在致英国驻华公使兰普森（Miles Lampson）的信中提到，外国在华侨团可能不会对中方的谴责抱有好感，因为"对外国侨团而言，他们曾遭受苏联指导的中国的民族主义者的排外运动之苦"②。而后，国联调查团成员与一些欧美人士的会谈内容也印证了白利南的这一说法。

1932年4月5日，李顿等人与汉口英国工会主席皮科克（Peacock）在汉口汇丰银行进行谈话，关于抵货问题，皮科克并不认可中国声称仅在回应外国武力时才采取抵制的理由，但他并未直接提及当地中国抵制日货情形，仅以1925年五卅事件发生后中国抵制英货运动为例，认为虽然当时抵货运动逐渐平息，"然而，纯粹作为革命外交政策的一部分，抵制行动在1926年8月和9月又重新开始"，并称"在长江上游的万县，曾发生过一艘英国战舰不得不营救两艘被地方军夺取的英国船只的事情，在实施营救的过程中炮火攻击了海岸。结果，这艘英国商船被禁止在万县装卸货物。该政治事件过去很久之后，在竞争对手中国航运公司的煽动下，中国仍然维持着对英国船只的禁令，这些公司利用已经过去的政治事件进一步加强了其商业竞争势力"。同时，皮科克对中国保护外国侨民的能力表示质疑，称"过去，中国曾多次承诺，如果外国军队撤出，中国将保护外国人民的生命和财产。但每次需要的时候，都能证明中国当局无法履行这一承诺。如果日本军队撤出，中国人目前会在满洲做出同样的承诺，但华中的经验似乎表明，这些承诺不会兑现"③。英商曾在1925—1926年中国的抵制英货运动中遭受一定损失，在皮科克的口中，中国是一个实行革

①　"Treaty between Japan and Manchukuo", The National Archives, UK, FO371/16177, pp.76-78.

②　"Mr. Consul-General Brenan to Sir Miles Lampson", March 30, 1932, *The National Archives*, UK, FO 371/16165, pp.225-226.

③　"Interview in the Hongkong and Shanghai Bank, Hankow", April 5, 1932, S30-NO.2, *League of Nations and United Nations Archives*, Geneve.

命外交政策、不履行承诺、反复抵制外货且不能保证在华外国人生命财产安全的国家。

尽管中国抵制日货期间,英货、美货的在华销量增加,但基于欧美国家奉行的国际自由贸易原则推测,调查团成员本身仍对抵货运动带有一种偏见,特别是他们认为与抵货运动相联系的"排外教育"本身就有着排斥"西方帝国主义"的倾向。从此种意义出发,报告书便无法完全赞同中国的抵货运动及排日行为,并且调查团搜集的相关材料中,已有很多证据能证明国民政府与抵货运动的关系。

出于维护《九国公约》中所提的门户开放和国际自由贸易原则,英美等国不愿激怒日本,当日本宣称自己在满洲有特殊利益,以及英美等国自身的在华利益因中国的抵货运动受损时,在多种证据的证明下,英美等国便无法直接否认此点。并且,调查团在调查时也发现了中国提出的"废约",而此倾向若是扩大,也将对调查团背后的欧美国家的在华利益造成影响。排外、废约等问题往往与抵货相联系,因此,调查团在报告书中未摆出支持抵货的姿态;但是为了"维护"中国,又不愿剥夺中国抵货这一武器,调查团即便发现政府官员组织抗日会,也并未在报告书中完全指明中国是否有违国际条约义务。

五、制衡苏联

前文述及,苏联在远东地区的利益是调查团必须考虑的,但同时欧美等国又害怕苏联共产主义的扩张,这也正是日人多次以抵御苏联共产主义为由解释自己入侵满洲的行为的出发点。同时调查团也听闻中国的抵货运动是由苏联指导下的共产党所为的传言,这不能不引起调查团的警惕之心。对于资本主义世界的欧美等国而言,苏联无疑是潜伏在远东的一个巨大威胁,因而,出于抵御苏联的目的,调查团便承认日本在东北的特殊地位。

调查团中的德国委员希尼曾收到一封警告信,信中表达了对国联的不信任和打倒帝国主义的决心,其内容兹列如下。

> 致希尼博士
> 对国联调查团的警告:
> 中国人民长期以来,外受国际帝国主义侵略,内受封建军阀和买办资

产阶级的压迫。

......

国联调查团昨天抵达汉口,受到地方当局的欢迎。欢迎的方式是艳丽的装饰、精心编制的标语和美味的宴会,而劳苦阶层则被赶走,他们至少要挨饿两天。不过,调查团在日本与犬养毅内阁进行了为期一周的闭门会议。调查团到达上海后,日本军队仍在继续轰炸中国领土,屠杀中国劳动阶级,这证明调查团不是所谓的"和平使者",只是国际匪帮组织——国际联盟的间谍,是瓜分中国的急先锋,是中国无产阶级人民的敌人,是全世界被压迫人民的敌人。

由此,我们——全世界被压迫的人民——应当以自己的力量团结在统一战线上,推翻各自的反动统治阶级,打倒帝国主义。然后我们就可以从束缚中解脱出来。

打倒国联调查团——帝国主义的忠实走狗!

中国共产主义青年团湖北分会

1932 年 4 月 5 日①

不论署名是否真实,此封信件已然明示了当时中国比较普遍的对调查团的不满和"反帝国主义"情绪,这不能不引起调查团委员及其背后列强的担忧。此外,麦考益对东北地区的地缘政治更加感兴趣,因为它们与苏联有关,也可能将"革命"扩展到中国和东亚其他地区。在他看来,中日之间的对抗应该以任何方式进行调解,从而减少苏联势力的传播并维护美国在华利益。② 因此可以看出,调查团对抵制日货运动之批评态度亦有担忧苏联共产主义扩张的考量。

---

① Sean Andrew Wempe, *Revenants of the German Empire: Colonial Germans, Imperialism and the League of Nations*, pp. 224.

② Sean Andrew Wempe, *Revenants of the German Empire: Colonial Germans, Imperialism and the League of Nations*, pp. 234 - 235.

第四章　余后风波:《李顿调查团报告书》发表后引发的争论

第一节　报告书发表后日本对抵制日货问题的态度

《李顿调查团报告书》发表后,日本经过一个多月的研究发表了意见书。中国驻东京公使蒋作宾称日本仅对《李顿调查团报告书》中的两点满意:(1) 认为中国现属无政府状态;(2) 排货运动受政府奖助。① 因此,纵观日方的意见书,关于抵货问题日方并无过多提议,主要就中国的抵货问题和所谓"排外政策"的关系及中国政府对抵货问题应负的责任两点进行探讨。日方意见书中认为中国的排外宣传和抵货运动为局势恶化提供了客观环境,但是报告书中将此二者分开叙述。而日方认为若想了解中国的真实情况,必须将此二者结合探讨。日方的意见书认为,国民政府内部弥漫着强烈的排外情绪并努力将这种恶意灌输给年轻一代,五千万中国年轻人在暴力思想的影响下成长,这在不久的将来会构成一个巨大的问题,日方在意见书中甚至嘲讽"南京政府正在尽最大努力促进这一令人震惊的过程"②。日方称"该报告承认,中国的抵制是中国对日本敌对态度的明确表达,损害了日本的经济利益,因此有损于日中之间的友好关系,至少从心理和物质的角度来看是这样。这些意见证实了日本政府一贯坚持的立场",由此可见,日本对《李顿调查团报告书》中关于抵货运动对中日关系影响的判定颇为满意。

---

① 《南京外交部致蒋中正电》(1932 年 11 月 19 日),《沈阳事变(一)》,台北"国史馆"藏蒋中正文物,002 - 090200 - 00003 - 224,第 360—361 页。

② "Observations of the Japanese Government on the Report of the Commission of Enquiry", *League of Nations Official Journal*, Special Supplement No. 111. Records or the Special Session of the Assembly, p. 92.

对于中国经济抵制的特殊性及其责任的问题,日方认为"近年来,抵货在中国已经发展出被雇用的特殊特征,这不仅是为保护其国民的生命和财产安全而采取的向在华列强抗议的合法措施,而且是确保另一国放弃其条约权利的国家政策工具";关于政府的责任,日方认为,毫无疑问,国民党对抵货问题负有责任,但日方同时指出,"国民党不是西方意义上的政党,而是中国组织法中明确的正规国家机构。因此,很显然,国民政府对国民党的组织负有国家责任。"①

除日本官方的意见书外,日本的媒体也纷纷出版和发表了一些英语书籍和文章。一些出版物中将抵制日货和排外行为作为重要因素加以陈述,例如《中日纠纷(1931—1932)》一书中列举了近代以来中国数十次的反日运动,并称"中国的抵货行为反映了中国是一个混乱无序的国家";②河上清认为,"中国的抵货运动并不是人民自发的爱国行为,而是被民族主义者和国民政府煽动的政治游戏";"中国的抵货运动是一场战争,并且是最糟糕和最具破坏性的一种战争";③"中国的反日教育已经深入公共教育之中"。④ 河上清还将抵货运动比喻为中国手中的鞭子,认为在国际法和和平条约下,没有哪个国家会以事实上的行动来发动战争,因此中国将这一鞭子紧握手中,并利用其雄辩的优势成为一个强大的力量,成为一个任何贸易国都不敢反对的敌人。⑤《一个日本商人对〈李顿报告书〉的观点》认为中国统治阶级鼓动、计划并执行了抵制日货运动,以抵制为名,公然无视法律和条约,强行没收或烧毁了大量日本商品,此文强调抵制日货运动是变相战争的观点,称"中国的统治阶级不仅不感激日本的诚意,而且通过对我们的暴力抵货行为来强化其革命外交……在中国实行的抵制日货实质上是国际战争的一种方式","与实际战争的唯一区别是没有军队开火"。此文甚至还宣称日本从未对此进行武装抵抗,"尽管抵货运动

---

① "Observations of the Japanese Government on the Report of the Commission of Enquiry", *League of Nations Official Journal*, Special Supplement No. 111. Records or the Special Session of the Assembly, p. 93.

② Motosada Zumoto, *Sino-Japanese Entanglements (1931-1932)*, Tokyo: The Herald Press, 1932, p. 227.

③ K. K. Kawakami, *Japan Speaks: On the Sino-Japanese Crisis*, New York: The Macmillan Company Press, 1932, pp. 119-120.

④ K. K. Kawakami, *Japan Speaks: On the Sino-Japanese Crisis*, p. 168.

⑤ K. K. Kawakami, *Japan Speaks: On the Sino-Japanese Crisis*, p. 121.

对日本的工业贸易造成了不可估量的损失,但日本表现出极大的耐心,而这在国际交往的悠久历史中鲜有先例"①。在评价抵货运动一事上,日方回避了抵货运动与其军队占领东北之间的因果联系,反而极力强调中国内部存在的排外情绪,甚至将其上升为"排外政策",意在说明抵货实际上与排外教育有关,并非仅是反侵略的抗议行为。此外,日方甚至将表达抗议的抵货运动诋毁为受中国政府指示的战争行为,认为中国先违反了国际法,打破了和平原则,后以此博取国联的同情。

第二节　报告书发表后中方关于抵制日货问题的反应

1932 年 10 月 1 日(日内瓦时间),《李顿调查团报告书》正式公布,顾维钧对报告书的内容颇为失望,认为调查团既将中国的民族主义情绪误解为导致国际纠纷的原因,也没能认识到日本是国际和平的真正阻碍,调查团对中国抵制日货的批评态度也让顾维钧极为烦恼。② 由于《李顿调查团报告书》中关于抵制日货一节并未明示调查团对中国的支持态度,就抵货问题而言,中国方面意见较多。

1932 年 10 月 17 日,针对《李顿调查团报告书》,蒋介石认为宜采取温和态度,不可表示过度反抗,报告书前八章陈述事实,基本公允,因此可以接受,但应要求修正第九、十两章,对于在东北召集顾问会议、任用外国顾问、中日铁路之合并和永远禁止排货等问题须求废弃或根本修改。③ 国民政府外交部在研究报告书后,致电中国驻日内瓦代表,对于调查团未能明确中国的抵制日货运动是在日本武力侵略之下中国人民的自然反响一事深感遗憾。④

随后,国民政府内部对报告书展开详细讨论。关于"抵制日货"一节,贺耀

---

① Chokiuro Kadono, *A Businessman's View of the Lytton Report*, Tokyo: The Herald Press, 1932, pp. 9 - 10.

② Stephen G. Craft, *V. K. Wellington Koo and the Emergence of Modern China*, The University Press of Kentucky, 2004, p. 106.

③ 《罗文干致日内瓦中国代表团电》(1932 年 10 月 17 日),《"九一八"事变之解决方针及措置(五)》,台北"国史馆"藏"外交部"档案,020 - 010112 - 0026,第 9—11 页。

④ 《外交部拟致日内瓦代表团电》(1932 年 11 月 1 日),《"九一八"事变之解决方针及措置(五)》,台北"国史馆"藏"外交部"档案,020 - 010112 - 0026,第 101 页。

祖对于国联调查团将中国对日经济绝交活动判定为排外的结论感到颇为遗憾,他建议中国应对报告书中所提的经济抵抗"是否合于睦谊抑或于条约义务不相抵触"一条加以辨析,认为报告书中对抵制日货的判定有评论失当之虞。罗文干坚持认为中国以当时的实力,事实上不可能以武力收复失地,对于将来可能发生的国际战争,中国亦有参战的可能性,而现在的抗日武器只有东北的义军及抵制日货,因此将来东三省问题之解决和日本肯否就范、外国肯否援助的问题全视东北义军及抵制日货之持久性,以上二者果能再接再厉,条件必然比《李顿调查团报告书》更有优势。罗文干认为报告书第七章似是责备国民党及政府之主使抵制日货,但同时声明调查团不负此问题调查责任,他称报告书"一面谓中日经济接近实有必要,但一面又谓'两国政治关系一日不圆满,以至一方采取武力一方采取经济抵制力量以相扼持,则一日无接近之可能'等语,其意明谓经济绝交与武力侵略同一性质,简言之此章纯是敷衍文章无关痛痒"。罗文干提出东三省问题一日未了,中国人便应再接再厉,继续抵制下去,乃至日本经济破产然后再以武力压迫而取胜。因此,经济压迫最具胜算,外人愈畏抵货,中国愈应以此为武器,待其反省。①

　　此外,中国的舆论界也继续对抵货问题的合法性进行探讨,王化成的《国际公法与抵制日货》一文以一战以前土耳其人因奥匈帝国吞并波斯尼亚和黑塞哥维那而抵制奥货、一战中许多国家不满意德国暴行而抵制德货、一战后土耳其抵制希腊货物等为例,证明抵货运动既不违背国际公法,也未被国际条约禁止,甚至是国际常用的一种方法。② 除了与调查团成员的对谈,还有一些中国知识分子发表了一些出版物进行申诉。为了回应日本的诬陷,《中国对中日冲突的回应》一书中就中国的民族主义和排外主义进行阐释:"近些年来,看似一成不变的中国已经迅速变化。中国已然觉醒。她本能地进行自卫。她发现了民族主义——这一现代国家的秘诀,对主权的近代阐释。现代国家誓死捍卫的是列强从中国所攫取的权利。近一个世纪以来,加诸中国的不平等条约已经造成了极大的不公正。即便事实上一些条约已经被改变,并且新中国(国

_____

　　① 《军事委员会委员长行营秘书长办公室呈九一八事变国联调查团报告及各方意见及外交委员会委员对于〈李顿报告书〉意见》(1932年),《沈阳事变(二)》,台北"国史馆"藏蒋中正文物,002-080103-00012-008,第109—125页。

　　② 王化成:《国际公法与抵制日货》,《政治学报(北平)》1932年第2卷,第168—178页。

民政府)的要求亦是合法的,但是列强特别是日本,并不愿意移除这些不平等条约,为的是给中国提供更多机会来解决有关日本的难题。面对这些不平等条约,中国人民无法继续无视或保持沉默。如果你们愿意,那就将这称为排外主义,排斥的是不平等条约。从这个层面而言,北美十三殖民地也是排外主义。""中国的民族主义运动基于以下三个人民准则:1. 民众应有公正的生存之地;2. 民众应在政府享有发言权;3. 中国应为中国人民自主主权的国家。一个统一且强大的中国政府会终结外国的殖民侵略与扩张。当中国恢复全部主权时,日本会失去她在满洲所篡夺的特殊地位。她已经预见了清算日的到来。要么她不得不接受调停政策,这样两国在满洲的基本利益将会在和平共存的基础上进行重新调整,要么日本在新中国成长前就进行攻击。"①对于中国的抵制日货问题,该书中称:"中国的经济抵制是日本军队占领满洲的直接结果。这是在表达自己的愤怒。而这个事件本身可能会变得十分棘手。事实上它每天都在上演。举例说,假如琼恩商店的雇员对 A 先生十分无礼,那么 A 先生选择不再与之进行生意往来,这就是抵货。最近的抵货发生在 1931 年 7 月,作为排华暴乱的结果。在日本占领满洲后,抵制日货行为变得更为强烈,并且蔓延全国。在 10 月 9 日就抵货事件回应日本的备忘录中,中国政府有如下声明:没有哪个政府,无论强大与否,会迫使自己的人民购买敌人的东西。出于生存的目的,面对这样一个全国范围的自发性的民众运动,政府必须表现出绝对不妥协的态度。抵货运动对抵制者和被抵制者双方都会产生损害。停止抵货的唯一办法就是(日本)放弃对中国满洲土地的军事占领。"②

从上述分析可见,国民政府对抵货问题的态度基本是认为经济抵制一节虽然失之偏颇,却并无详细研究的必要,但是也应当继续进行抵货,罗文干甚至认为外国越是畏惧抵货,中国越应继续将抵货视为利器。总而论之,中方认为在后续的国联大会上,应对抵货问题与日军侵略的因果联系及政府责任加以辨析,同时采取强硬的态度继续进行抵货。

---

① Chih Meng, *China Speaks: On the Conflict Between China and Japan*, New York: The Macmillan Company, 1932, pp. 65 - 66.

② Chih Meng, *China Speaks: On the Conflict Between China and Japan*, pp. 92 - 93.

第三节　国联大会对抵货问题的再度探讨

1932 年 11 月 21 日,国联行政院召开特别会议讨论《李顿调查团报告书》,松冈洋右在会上抨击国民政府具有"排外意气",教育国内青年仇视外国人,并称中国政府利用抵货的手段压迫在华外国人,并质问国联行政院,为何具有官方或半官方性质的抵货运动不为国联所痛诋,不受国联之制裁。[①] 顾维钧对松冈洋右的观点进行驳斥,称中国政府及中国人民绝无排外思想,抵货运动纯粹是对日军侵华行为的一种合法自卫行动,政府也难以制止这种中国人民自发组织的行为,并且中国人民的抵货运动绝少出现越轨事件。顾维钧进而强调中国迄今采用的消极抵货是代替武力抵抗的办法,他表示,如若中国不能抵制日货,不啻认为中国无此合法及和平之自卫权;至于经济抵制是否合于睦谊与条约义务等问题,也仅在邻邦睦谊的情况下进行讨论;在邻军犯境之后,尚否存在条约义务亦是个问题;在日本违犯之后,对于中国有无约束效力等问题亦应加以解决。[②]

11 月 22 日,顾维钧继续在国联大会上发言,称日本的政策一贯是阻碍中国的统一和重建,他承认中国政府与抵制的关系,并认为这是一种合理和平并且自我牺牲的防御手段,中国并不排外,抵制日货运动不过是日本对华政策的结果。[③] 次日的大会上,顾维钧与松冈洋右再起争执,松冈洋右继续就抵制问题等同宣战对中国进行诋毁,顾维钧反驳称:"如以抵制日货,较侵占土地为尤可畏,诚如所言,中国宁愿日本抵制华货,不以武力割据东三省。"[④]顾维钧再次表明捍卫国家领土主权的决心。

11 月 28 日,松冈洋右再度对中国抵制日货的缘起进行狡辩。

---

① 《国联行政院开会详情》(1932 年 11 月 21 日),《"九一八"事变(二)》,台北"国史馆"藏"外交部"档案,020‑010112‑0020,第 4—13 页。

② 《照译顾代表自日内瓦来电》(1932 年 11 月 21 日),《"九一八"事变之解决方针及措置(五)》,台北"国史馆"藏"外交部"档案,020‑010112‑0026,第 29 页。

③ The Consul at Geneva (Gilbert) to the Secretary of State, November 22 1932, *Foreign Relations of The United Stated Diplomatic Papers*, 1932, The Far East, Volume Ⅳ, pp. 358‑359.

④ 《照译顾代表自日内瓦来电》(1932 年 11 月 23 日),《"九一八"事变之解决方针及措置(五)》,台北"国史馆"藏"外交部"档案,020‑010112‑0026,第 148 页。

中国代表的讲话所传达的印象是,中国的抵货总是在中国人民面对外国大国所做的某些错事时诉诸的手段,但这并不是事实。相反,抵制是针对某些外国措施而采取的,由于中国的混乱状况,外国大国不得不采取这种抵制措施。此外,抵制常常被用来达到某些政治目的,例如交出租赁的土地或特许权,或废除条约。

这是限制抵制所针对的国家贸易的阴谋,明显违反了条约。这是1905年反美抵制时美国政府的看法,日本政府也同意这种看法。美国政府将这种煽动行为定性为"在官方指导下并得到中国政府的同情而进行的敌对行为"。从君主制到共和制,中国政府形式的改变并未改变这一传统政策。

还必须指出,尽管有中国的反对意见,但过去几年的抗日抵制不能被视为对日本军事措施的报复。例如,1908年的"二辰丸"事件所导致的抵制;1909年中日关于重建安东—奉天铁路的讨论也进行了类似的运动;中国民众普遍对分别在凡尔赛和华盛顿会议上做出的决定感到不满,所导致的1919年和1923年的抵制。以上列举的抵制行动都不能作为对军事行动的自卫措施。

关于国民党与国民政府之间的关系,当考虑国民政府抵制的责任时,这一问题就变得很重要。①

1932年12月3日,顾维钧致信国联秘书处,驳斥日本对《李顿调查团报告书》的说明,认为日本通过将"仇外心理"和"反外国主义"归因于中国,以误导世界舆论。关于抵货问题,顾维钧再度进行有力的回击。

日本代表在11月23日举行的安理会会议上的声明中,除其他外,有一个例外,即抵制是"对既定的外来原因而不受中国控制的一种反应形式"。日本代表声称,1908年、1909年、1919年、1923年和I925年的抵货

---

① "Observations of the Japanese Delegation on the Statement made by the Chinese Representative on the Council on November, 21, 1932", *League of Nations Official Journal*, Special Supplement No. 111. Records or the Special Session of the Assembly, 1933, p.153.

是对日本军事措施的报复。

关于抵制日本商品的问题,中国代表在安理会的发言以及中国代表团向同盟的来文已解释了中国政府的观点。不建议在这里再次进行讨论。如果抵制确实是如日本代表团所声称的"变相的战争",那么描述日本用野战炮兵、轰炸机、机枪兵等对满洲进行军事入侵的正确方式是什么,随之而来的对中国男人、女人和儿童的屠杀,以及对中国财产的残酷破坏又是什么。

简而言之,1931年7月,在日本警察当局的纵容下,这次对日本的抵货首先是由中国国民在韩国被屠杀激起的,造成142人死亡,546人受伤,91人失踪,财产损失超过4 000 000日元。自从1931年9月18日日本入侵满洲以来,它得到了强化。

事实是,过去对日本商品的任何抵制都是作为对日本军事侵略或挑衅的报复行为。[1]

从中可以看出,无论是日本就抵货问题对中国的诋毁,还是中国代表对抵货问题的辩解,其基本逻辑依然是此前中日双方向李顿调查团申辩时所沿用的。12月6日的大会中,颜惠庆发言表示《李顿调查团报告书》已经阐明中日之间唯一真正的问题,中日争端如若不依据国联会章原则解决,中国的权益和国联自身的生存都将受到威胁。[2]

12月8日的国联大会中,郭泰祺继续对抵货进行辨析,称"中国之抵制日货,及义军之反抗日军属合法自卫,仍将继续实行"。[3] 哥伦比亚代表吉扎德(Guizado)也坚决赞成中国抵制日货:"日本坚称自己进行自卫,那么显然抵货也是自卫的一种方法,并且比起武装轰炸,抵货是非常温和的自卫方式,而且

---

① "Comments of the Chinese Delegation on the Statements Made by the Japanese Representative on the Council on November 21 and 23, 1932, and on the Observation of the Japanese Government on the Report of the Commission of Enquiry", *League of Nations Official Journal*, Special Supplement No. 111. Records or the Special Session of the Assembly, 1933, p.153.

② 《国联大会开会详情》(1932年12月6日),《"九一八"事变(二)》,台北"国史馆"藏"外交部"档案,020-010112-0020,第47—55页。

③ 《国联大会开会详情》(1932年12月8日)《"九一八"事变(二)》,台北"国史馆"藏"外交部"档案,020-010112-0020,第65—71页。

也并不仅源于中国。"①

中日之间关于抵货问题的争议多停留在抵货是否能被视为合法自卫上,而在国联大会无休止的争论中,中国代表们颇为失望。12 月 15 日,顾维钧和颜惠庆致电外交部,表示解决东北问题不能完全依赖国联,以后的做法应是政府与人民下最大决心,做最大努力彻底地进行抵制日货,并由各方抽调劲旅守卫热河,使之勿为"东三省之续"②。随后,外交部又将此电文转发给张学良。③ 1932 年 12 月 20 日,日内瓦处又致电南京外交部,表示欧美借口中国分裂,袒护日本。其余小国虽提倡公道,但无济于事。此时唯一出路仅有精诚团结,中央集权,共赴国难,积极援助义军,抵制日货,守卫边围。如果继续延续不抵抗主义,无异于投降卖国,置外交于绝境。④ 由此可见,顾维钧等人已不愿再继续回避中国抵货问题的现实,中国代表认为解决东三省问题,不能完全依赖国联,不如继续抵制日货,挽救国运,避免热河步东北之后尘。

1933 年 1 月 23 日,十九国特别委员会指派九国起草委员会以《李顿调查团报告书》为依据起草最终报告。⑤ 1933 年 2 月 2 日,顾维钧会晤爱尔兰代表,请其在报告中阐明排货不受处分、日本军队负有撤退之义务和维持中国在满洲之主权三点,爱尔兰代表对此表示赞同,并称:"报告书原稿称,排货为不友谊之举动。而现今则改称为在 1931 年 9 月以前,排货实为一种挑衅之行为……盖此次排货风潮动机,实由于朝鲜之惨杀华侨。继之以日本之侵略行为,随使该风潮变本加厉。"⑥关于抵货问题在法律上的判断,爱尔兰代表认为只需说明事实已足。顾维钧对此并未表示异议,这其实也暗示了中国方

① "Fourteenth Plenary Meeting of the Assembly, Thursday, December 8, 1932, at 3.30pm", *League of Nations Official Journal*, Special Supplement No. 111. Records or the Special Session of the Assembly, p.66.

② 《日内瓦颜顾郭致外交部电》(1932 年 12 月 15 日),《"九一八"事变之解决方针及措置(三)》,台北"国史馆"藏"外交部"档案,020-010112-0024,第 20—22 页。

③ 《外交部致北平张委员电》(1932 年 12 月 15 日),《"九一八"事变之解决方针及措置(一)》,台北"国史馆"藏"外交部"档案,020000001415A,第 123—124 页。

④ 《日内瓦支部致外交部电》(1932 年 12 月 20 日),《"九一八"事变之解决方针及措置(三)》,台北"国史馆"藏"外交部"档案,020-010112-0024,第 59 页。

⑤ 《国联已正式起草报告,特委会指派九国起草委员,内容分事实、结论、建议三段,事实部分将根据李顿报告》,《大公报》,1933 年 1 月 24 日,第 3 版。

⑥ 《照译顾代表自日内瓦来电》(1933 年 2 月 2 日),《各国对"九一八"事变之态度及舆论(七)》,台北"国史馆"藏"外交部"档案,020-010112-0018,第 125 页。

面不愿就抵货问题进行过多争执和后续最终报告书出台后中国代表的态度。

第四节　最终报告书对中国抵制日货问题的判定

1933 年 2 月 24 日,国联最终报告书出台,但关于抵制日货问题,最终报告书的判定仍与《李顿调查团报告书》较为相似。

　　如调查委员会的报告所述,在韩国发生的严重的反华骚乱导致从 1931 年 7 月起抵制日本商品。在某些情况下,在官方组织和中国政府的积极支持下,日军对满洲的占领加剧了抵制。日本贸易遭受重大损失。两国国民之间的紧张局势变得尖锐,发生了严重的事件,结果,上海的日本居民要求派遣部队和军舰来镇压抗日运动。日本总领事随后向上海市市长提出了五项要求。

　　1 月 21 日,上海市市长于表示,他很难满足其中两个要求(充分控制抗日运动和立即解散所有从事煽动敌对情绪的抗日组织)。同一天,日本海军司令公开宣布,如果中国市长的答复不满意,他决心采取必要的措施保护日本的权益。1 月 24 日,日本海军增援部队从上海出发……1 月 27 日,日本总领事要求第二天早晨 6 点前就他的要求作出满意答复。上海市市长已告知各列强代表,他打算尽一切可能避免冲突,也成功地确保了抗日抵制协会的关闭,而中国警方于当晚关闭了各办事处。①

………………

　　华盛顿会议上开始实行的国际合作政策的原则仍然是有效的,但其全面实施已被推迟,这主要是由于中国时常进行的排外宣传及暴力行为。在学校中宣传经济抵制和进行反外国教学已有时日,以至于造成当前争端爆发的气氛。

　　在 1931 年 9 月 18 日事件之前,中国人使用抵制来表达对某些事件的愤慨或支持某些主张,这不能不使已经紧张的局势更加紧张。

———————————

① "League of Nations Assembly Report on the Sino-Japanese Dispute", *The American Journal of International Law*, Vol. 27, No. 3, Supplement: Official Documents (Jul., 1933), Cambridge University Press, pp. 12 - 13.

1931 年 9 月 18 日事件之后,中国对抵货方式的使用属于报复。①

比起《李顿调查团报告书》,最终报告书更加明确了中国抵货和日军侵华的因果联系,也更加明晰了中国政府在抵货运动中所面临的两难境地,但同时最终报告书中也承认了中国官方对抵货的支持和排外宣传。最终报告书中依旧表明了对伪满洲国的不承认,而国民政府基于促使国联对日强硬,使日本在国际陷于孤立的目标,让颜惠庆投赞成票②,而抵货问题在最终报告书公布后并未引起中方争议。1933 年 2 月 24 日,颜惠庆在大会演说中表示中国接受国联的最终报告。③ 大会投票中,42 国代表皆同意通过最终报告,仅日本反对,暹罗代表弃权,日本代表松冈洋右面色惨白,不发一言,随即退会。④

苏珊·佩德森(Susan Pedersen)在《守卫者:国际联盟与帝国危机》一书中称:"日本希望其在东亚的霸权得到国际社会的认可,甚至像欧洲在非洲和中东的霸权一样被赞誉为文明的作品,然而恰恰相反,日本在满洲的行动被认为是侵犯中国主权的行为,这也打击了日本国内民族主义政客。"⑤国联大会的投票使松冈洋右的交涉彻底失败,日本人大失所望。1933 年 3 月 27 日,日本正式宣布退出国联。⑥ 整体而论,《李顿调查团报告书》和最终报告书较为客观地反映了远东地区的国际关系;国联大会上,中国也获得了世界舆论的同情,但这对中国的政界来说只是冷淡的安慰,他们深信在过去的十五年中所建立的这种"夸张国际结构的空心性"。⑦ 西方大国并未对日本采取任何具体的制裁措施,法国忧于经济大危机波及下的经济衰退,德国因希特勒的上台走向

---

① League of Nations Assembly Report on the Sino-Japanese Dispute, p.28.

② 《外交部致南昌蒋委员长、北平张委员和广州张委员慎微电》(1933 年 2 月 23 日),《外交部与军事委员会委员长蒋中正等接洽中日纠纷之文电》,台北"国史馆"藏"外交部"档案,020000001439A,第 124 页。

③ 《照译颜代表自日内瓦来电》(1933 年 2 月 24 日),《"九一八"事变之解决方针及措置(三)》,台北"国史馆"藏"外交部"档案,020 - 010112 - 0024,第 165 页。

④ 《国联大会通过报告书,对日本侵略行为毅然宣布判决,一致表决后日本代表全体退席》,《大公报》,1933 年 2 月 25 日,第 3 版。

⑤ Susan Pedersen, *The Guardians: the League of Nations and The Crisis of Empire*, Oxford University Press, 2015, p.289.

⑥ 《日本退出国际联盟,我国将有重要表示》,《大公报》,1933 年 3 月 28 日,第 3 版。

⑦ Rana Mitter, *The Manchurian Myth: Nationalism, Resistance, and Collaboration in Modern China*, University of California Press, 2000, p.6.

纳粹之路,美国也不愿直面日本的挑战。① 这不但反映出国际联盟这一机制本身的缺陷——自身没有足够的力量去制裁日本,也反映出欧美列强对时局的误判——对脆弱的和平抱有不切实际的幻想。

此后,日军继续入侵华北,并占领了由张学良控制的热河省。鉴于日军的不断扩张,蒋介石试图与日本签署一项协议,他希望为国民政府争取更多喘息的空间和时间,从而为可能发生的全面战争做准备。1933 年 5 月 31 日,中日签署了《塘沽协定》,在热河省南部建立了一个非军事区,该地区成了伪满洲国与中国之间的分界,抵制日货运动也随之落幕。但在 1933 年后,宣扬国货、反对购买洋货特别是日货的运动在上海等地逐渐推行,以塑造民众消费行为的方式强化了爱国教育与国民身份认同。

---

① Rana Mitter, *The Manchurian Myth: Nationalism, Resistance, and Collaboration in Modern China*, University of California Press, 2000, pp.110 - 111.

本篇小结

在中国近现代史中,抵货运动一直被视为具有民族主义性质的爱国反抗运动,也作为一种反抗的历史记忆流传下来。尽管近代史上"国货"与"洋货"的概念较难界定,但在抵货运动中,民众自发地将货物贴上了"洋货"与"国货"的标签。通过这样的标签,政府与民众逐渐构建起一套认同概念,在这个过程中,国民政府不但通过引导抵货这一爱国行为来证明中国行为的合法性,而且试图通过规范抵制活动来强化统治力。近代中国的情境中,人们常把外国商品等外国存在视为一种外国侵略,抵制外货的根本目的是挽救民族国家。民众抵制的不仅是货架上的商品,而且是商品所代表的外国势力。抵货运动中,日本是主要的被抵制国家,这也意味着 20 世纪上半叶中日矛盾日渐激化,特别在 20 世纪 30 年代,日本所发起的侵害中国主权的事件引发了民众的危机感与耻辱感,中国国民一致抗日,使民族国家国民意识得到强化。

从中日纠纷的角度来看,无论是在 20 世纪 30 年代初,还是在第二次世界大战后的东京审判中,日方都站在所谓国际主义①和"文明国家"的立场上指责中国的抵货运动,认为中国的抵货运动是受非理智的民族主义情绪影响的活动,甚至存在着违背条约规定的性质,而且是受中国国民政府指使的反日活动。中国也以日本破坏和平、蓄意发动战争来反诘日本,并强调中国民众抵制日货运动合乎国际法和国内法,是和平的反抗行为。

灾难性的第一次世界大战后,国际主义思潮发展壮大,国际主义旨在超越国家利益,成为国际关系的唯一框架,并试图将各民族国家联合起来,共同推动世界的发展。基于此点,国际主义的最佳表述是民族国家间为追求共同目

---

① 本书的国际主义并非共产主义意义上的概念,主要指第一次世界大战后期以《国联盟约》《非战公约》为主要精神的国际协调思潮。

标而缔结的协定。① 一战后，国际联盟成立，根据国联盟约的阐述，国际法的地位优先于国内法以及特定情势中的主权②。1928 年在理想主义国际关系理论影响下，巴黎《非战公约》问世，日本亦是签字国之一。无论日本是否认可《国联盟约》，日本在未退出国联之前都须在对外行为中将国联盟约作为准则。而这也是日本为其自身辩护的立足点之一，日本正是故意曲解当时国际公约中的民族自决原则为伪满洲国强加理由的。

中国作为《九国公约》的签字国之一，官方的抵货运动的确容易被诟病为"经济战争"，然而任何一方都无法证明国民政府应对抵制日货运动负有全部责任。日本的申诉却是无力的，它所能证明的仅是中国强烈的反日情绪和混乱的秩序。从国际法意义上看，抵货运动在当时恰恰处于一个极为暧昧不清的地带。日本在华有着庞大的经济利益，而中国对日的抵货运动本身具有经济性质（甚至可能演化为暴力行为），客观上对日本的经济利益造成了一定损害。日本站在国际主义的立场对中国进行指责，然而日本的侵略行为本身又是极端民族主义的表现，确实对中国造成了巨大损害。中国的抵货运动虽然在理论上不符合自由贸易的原则，但是国际法无法对民众的爱国行为做出实质的约束。

17 世纪发源于欧洲的民族国家成为现代国际秩序的基本框架，国际问题的解决都以民族国家为基本单位。入江昭在《20 世纪的战争与和平》一书中称："在 30 年代，自给自足、经济封锁或者经济民族主义的势头强劲，即使在西欧和美国，出现了与其说海外贸易与投资直接与和平联结，还不如说它增加了国家间的摩擦的观点。"③入江昭关注到国际贸易增加了国家间的摩擦，从此种意义上看，日本商品倾销中国和中日间的贸易逆差确实增加了部分中国人的不满，在抵制日货活动中，近代中国舆论也不断强调日本对华商品输出对近代中华民族经济的损害。国际贸易增加了经济民族主义的势头，然而反之亦成立，经济民族主义也成为中国政府和群众维护国家利益的武器。20 世纪 20

---

① 理查德·W. 布利特：《20 世纪全球史》，陈祖洲等译，南京：江苏人民出版社，2017 年，第 234 页。

② 小约瑟夫·奈：《历届国际冲突：理论与历史》，张小明译，上海：上海人民出版社，2002 年，第 130 页。

③ 入江昭：《20 世纪的战争与和平》，李静阁、颜子龙、周永生译，北京：世界知识出版社，2005 年，第 106 页。

年代的国际秩序以民族国家为框架而构建,民族主义和民族自决存在于国际主义的理念内。然而经济恐慌、资本主义危机使得国际主义陷于困境之中,国家利益优先主义的概念在20世纪30年代影响力再次上升,与此前乐观的理想主义国际观的弱化互为表里。[①] 民族主义与国家安危在此时完美结合——为了维护国家利益,必须拾起民族主义的武器。由于20世纪30年代初期,和平论的思潮尚未完全褪去,因此在运行层面,近代中国采取了较为和平与合法的抵制日货行为,这既是经济民族主义的表现,也是弱国的拼死挣扎。

伊拉斯谟说,最糟糕的和平好过最伟大、最正义的战争。从国联调查团的角度看,以维持国际和平为主旨的国联必须承担起调节中日纠纷、维护远东和平的职责,其本意亦是尽量避免战争。国联调查团背后的欧美五国在远东地区亦有自己的利益考量,在这几国看来,当时的中国并不具有一个值得信赖的能维持远东地区和平稳定能力的政府,因此,面临日本的压力及维护和平的需要,调查团需要考虑日本在中国东北地区的利益。尽管从李顿与希尼等国联调查团成员个人的角度上看,日本在东北的行为并不具备正当性,但是直接指责不免会激怒日本,造成更为混乱的结果,而抵制日货作为一个难以界定的现象,又是在调查团眼中直接出现"错误"的事件,同时牵涉中国的排外主义与各国在华利益,因此综合考量之下,国联调查团在报告书中对中国的抵货运动做出模棱两可的判定。

然而,力求"平衡"的报告书在公布之后引发了中日双方的不满。经过国联大会多次商讨,最终报告书出台,但其最终结果是日本退出国联,此后国际局势也越发紧张。即便中国赢得了国际舆论上的胜利,国联也并未对日本进行实际的制裁。随后日本便出兵占据了热河,中国抵制日货也因《塘沽协定》的签署暂时落幕。从此点可见,20世纪30年代前期,"和平理论"和"普世价值"仅为纸面上的说辞,在濒临战争的现实面前脆弱不堪。尽管国联调查团的出发点在于尽量保持中立,维持远东和平,但是在经济大萧条、日本军国主义壮大的现实条件下,20世纪20年代形成的和平思潮走向崩溃,事实上的战争已无法避免。此外,必须指出的是,虽然调查团背后的几大国在舆论上选择支持中国,但是并未对日本采取具体的制裁措施,其原因在于不愿和日本直接发

---

① 入江昭:《20世纪的战争与和平》,李静阁、颜子龙、周永生译,北京:世界知识出版社,2005年,第89—90页。

生冲突,这不但反映了国联自身的缺陷,也意味着理想主义的和平取向终究败给了现实主义的利益权衡,国家利益高于国际主义,而基于条约的国际主义无法真正超越现实考量下的大国利益平衡。在这种背景下,中国的抗日战争变得尤为艰难,而国联调查团对"九一八"事变后中国抵制日货问题的处理,也正是中国艰难的反侵略斗争中的一个缩影。

质言之,抵制日货只是日本抛出来试图劝诱调查团的议题之一。除此之外,"满蒙生命线理论""事变自卫论""维护铁路权益""共产主义威胁"……都反映出日本转移视线、混淆其侵略中国这一本质问题的不良居心。面对日本之诡辩,中国见招拆招,应对日本掀起的舆论战。下篇由纽约麦克米伦公司出版的两本出版物,为审视这场舆论战提供了研究案例。

下篇
李顿调查团与中日舆论对垒
——以《中国说》《日本说》为中心

1927 年,拉斯韦尔(Harold Lasswell)出版《世界大战中的宣传技巧》[1],着重研究了第一次世界大战中宣传对政治军事的影响,断言宣传必将产生巨大的社会影响力,肯定了传播之于政治的作用,由此推动了传播学进一步发展。本篇学习前贤,有意尝试以传播学等跨学科视角进行中国抗日战争史研究。

藏于日内瓦国联和联合国图书馆中的"BOOK 系列"存有代表中、日双方意见的书籍和小册子:由华美协进社社长孟治著,时任中国驻美公使、驻国联代表团首席代表颜惠庆作序的《中国说:关于中日冲突》(*China Speaks:On the Conflict between China and Japan*);《关于中日关系的系列书册》10 卷(*Pamphlets on Sino-Japanese Relations*);由日本《万朝报》的评论人河上清著、日本首相犬养毅作序的《日本说:关于日中危机》(*Japan Speaks:On the Sino-Japanese crisis*);顾维钧的《向李顿调查团提交的备忘录》(*Memoranda Presented to Lytton Commission*)、《中国政府对李顿报告的看法》(*Views of the Chinese Government on the Lytton Report*);南满铁道株式会社编《国联调查团在满洲》(*the League of Nations Commission of Inquiry in Manchuria*);日本驻上海总领事关于"一·二八"事变的声明等文件汇编《日本驻上海总领事馆》(*Japanese Consulate-General,Shanghai*);还有第三方意见,如欧文·拉铁摩尔所著《满洲:冲突的策源地》(*Manchuria:Cradle of Conflict*)等。

其中,由同一出版社(纽约麦克米伦出版社)同年出版,分别由中日政要作序的两部书籍构成了奇妙的对照。可以猜想,当年的麦克米伦出版社或许以此为噱头,而其中必有可以深入探讨的奥秘。本篇将全英文撰写的《中国说:关于中日冲突》《日本说:关于日中危机》作为比较研究对象,详细翻译后系统梳理此二书之异,并深入剖析在争取国际舆论与国联支持时中日之间的对垒与博弈。中日两国在舆论方面的对垒与博弈展现了中日冲突丰富的侧面,对其研究体现了历史唯物主义对历史研究客观性、全面性的要求。

---

[1] Harold D. Lasswell, *Propaganda Technique in the World War*, New York: Alfred A. Knopf, 1927.

第一章　硝烟渐起:成书背景

1931 年 9 月 18 日,日军在中国东北地区挑起战争。彼时,国际社会正在建立规范化的国际秩序,构筑以国际条约为抓手的国际体系,因此,以外交为解决国际分歧的主要手段成为国际共识。不过,"九一八"事变发生后,日本以"自卫"进行辩护,要求中日直接交涉,反对第三方介入;中国抗议日方侵略东北,救亡图存与民族自觉不仅是军政要员们探讨的命题,也是当时各界思虑的焦点,对于如何应对日本侵略、民族命运何去何从,有识之士们意见纷呈。从第三方看来,这一事件也许犹如"罗生门",国际舆论方面既有认清日人侵略之实的评论,亦有为日人粉饰的报道。

第一节　"九一八"事变及国联调查团

"九一八"事变次日,日军占领沈阳后张贴《日本军司令官布告》,曲解爆炸事件发生原因,诬蔑中方挑衅:"昭和八年九月十八日午后十点三十分钟时,中华民国东北边防军之一队在沈阳西北侧北大营附近爆破我南满铁路,驱其余威,敢然袭击日本军守备队。是彼开始对敌行为,自甘为祸首……今遇民国东北军不但敢犯之,更竿头进一步,至于对帝国军队发枪开炮,是彼东北军自对我军来求挑战也明矣。"并声称中方对日积怨已久,同时大肆宣扬关东军"护国自卫"的正当性,"晚近考察东北方面情势,对我权益频繁迭起侵害行为,境内到处发生侮日行动,自决非一时的感情之诱……(关东军)因为拥护其既得之利权,确保帝国军之威信,兹方执断然处置,无敢所踌躇"。①

1931 年 9 月 19 日,张学良致电外交部:"此际我方若直接交涉,尚难着

---

① 《关东军司令官布告》(吉林省档案馆馆藏档案 171‐5‐276),吉林省档案馆编:《九一八事变》,北京:档案出版社,1991 年,第 100 页。

手。应先电达国联,请根据盟约,召集行政院临时会议,讨论制止侵略方法,以维国际和平,且可唤起各国注意。"①同日,中方外交部向日方提出紧急抗议后无果。后外交部部长王正廷声明日军无端启衅、悖理妄动,提出第二次严正抗议,并一面向国际联盟报告,一面致电加入《凯洛格-白里安公约》的各国政府,希望国际社会主持公道。②

"九一八"事变爆发后,中、日、美、英、法等国对于是否派遣调查团调查中日冲突原因、如何调解国际矛盾等问题争议不断③,国民政府为此进行了长达三个月的斡旋。在此期间,日军进犯行为不曾中断。

1931年10月8日,关东军出动航空部队轰炸锦州。"6架八八式侦察机以及从中国虏获的5架包特式25型轻型轰炸机组成编队,石原乘客机同行,观察空中轰炸的效果。中国方面没有一架飞机,只能承受来自空中的袭击。八八式侦察机连照明设备以及炸弹悬挂装置都没有准备好,每架飞机在发信管上用涤带各捆绑4枚25公斤炸弹吊在机外,到达上空时目测目标然后松开涤带把炸弹投下。这一天,共计向锦州投掷了75枚炸弹,相当于1.8吨TNT炸药。"④锦州是一战后首个惨遭无差别轰炸的城市,顿时生灵涂炭,尸横遍野。

日本的军事行动引起了各大国的担忧,锦州轰炸改变了美国和英国原本对日的缓和态度,驻东京的美、英、法、意、西等国的大使共同向日本政府提出了抗议。10月10日美国国务卿史汀生致函日本政府,表示不安与担心:"根据9月30日决议,日本同意继续尽快将其军队撤入铁路区域,而中国在日本的同意下承担该区域外16名日本公民的生命和财产安全责任……过去48小

---

① 《"九一八"事变之解决方针及措置(一)》,台北"国史馆"藏"外交部"档案,020000001415A,第125页。

② 《日军强占我国疆土,外部二次严重抗议》,《中央日报》,1931年9月21日,第3版。

③ 陈海懿、郭昭昭:《国际性与主体性:中日冲突和国际联盟调查团的产生》,《抗日战争研究》2017年第3期,第58—74页。

④ 前田哲男:《从重庆通往伦敦、东京、广岛的道路 二战时期的战略大轰炸》,重庆:重庆出版社,2015年,第26页。

时的报告表明,两国政府都没有履行这些承诺。"①在美国转向支持派遣国联调查团的助力下,英法主导的国联于 12 月 9 日召开国联行政院第 19 次会议,会上白里安主席宣布"决定委派五名成员,组成委员会进行实地研究"。②最终以李顿爵士担任团长的调查团于 1932 年 2 月从欧洲出发,途经美国,2 月底抵达日本,3 月 14 日抵达中国。

第二节　各方舆论态度

一、日方言论及作为

也在 1931 年,日本国内法西斯分子相继发动了"三月事件"和"十月事件",企图建立法西斯军人政权。法西斯势力向世界进犯有迹可循。"九一八"事变前,陆军参谋本部作战部长建川美次少将主张从根本上解决"满蒙问题",提出控制中国东北的方案:或扶植亲日政权,或建立独立国家,或直接占领东北。9 月 22 日,关东军内部召开会议商讨"九一八"事变解决策略,关东军参谋长三宅光治,高级参谋板垣征四郎、石原莞尔、片仓衷,沈阳特务机关长土肥原贤二列席,提出建立一个脱离中国中央政府的"新政权","领土包括东北及蒙古"等意见,关东军司令官本庄繁对"溥仪为'满洲国'元首"的意见解释道:"表面上由中国人统治,其实权掌握在我方手中。"③会议意见最终形成了《满蒙问题解决方案》,以关东军意见的形式上交日本陆军省和参谋本部。

1931 年 12 月中旬,日本内阁更迭,犬养毅组阁,内阁书记长官为历来主张对华实施"强硬外交"的森恪。法西斯"皇道派"领袖人物荒木贞夫得到军部推荐就任陆相,并通过人事安排使更多法西斯分子在陆军中掌权,并使他们在

---

① "Communication sent by Secretary of State for transmission to Japanese Government", October 10, 1931, *Conditions in Manchuria*, House and Senate Documents, Serial Set Id: 9520 S. doc. 55, vol. 22, pp. 15 - 16.

② "Appeal from the Chinese Government under Article 11 of the Covenant, Nineteenth Meeting", December 9, 1931, Annex. 1334-I, *League of Nations Official Journal*, Vol. 12, Issue 12, 1931, pp. 2374 - 2375.

③ 「現代史資料 7 満州事変」、東京:みすず書房、1977 年、367 頁,转引自张宪文主编:《日本侵华图志第 7 卷建立伪满洲国与对东北的殖民统治 1932—1945》,济南:山东画报出版社,2015 年,第 8 页。

日本政坛渐居要津。荒木贞夫上任伊始即召集陆军省和参谋本部的高级军官商议并落实对中国东北发起新一轮侵略攻势，支持关东军武力侵占东三省。尽管犬养毅内阁曾主张削减陆军军费预算、反对承认"满洲国"，但最终还是对日本军部作出较大让步，批准了荒木贞夫的"新攻势"计划。陆军参谋总长由激进的皇族军人载仁亲王担任，加紧推进了日本国家法西斯化改造。

1931 年 12 月 15 日军部中央致电关东军，同意以"讨伐匪贼"的名义对锦州实施进攻。内阁也表示"与军部协力，积极解决满蒙问题"。12 月 23 日，昭和天皇向新组建的犬养毅内阁下达"不攻击锦州的方针"和"尊重国际信义"的指示，①然而关东军正在继续向锦州进军。关东军占领锦州后，昭和天皇对元老西园寺说："现在关东军不顾统一命令，肆意行动，干涉国政、外交，为此，我对国家颇感忧虑。"②说明侵华前期关东军肆意妄为，在军事行动上有很强的自主性，近乎无视天皇、内阁等方面的意见。而日本军部尽管担心关东军急躁的军事行动会给国际舆论带来不利影响，但是出于对外、对内维护日本军方威信的思虑，并无意于结束因"九一八"事变而与中国剑拔弩张的关系。

1932 年 1 月 6 日，得到昭和天皇意外召见的板垣征四郎前往东京汇报中国东北形势。经天皇授意，关东军明确加速建立受日本控制的"独立国家"。1932 年 3 月 1 日，伪满洲国宣告成立，受控于日本的溥仪为伪满洲国"执政"。

"九一八"事变是昭和时代军方"以下克上"的一大典型事件，日本军部主导着事件发展，总体而言，日本内部对于如何开拓中国领土在战术手段上存在分歧，但有着相同的战略目的。

二、中方言论及作为

面对日军频频进犯，国民政府按兵不动，当时虽下野但实际掌握实权的蒋介石在奉化武岭学校演讲，认为要避免激烈言辞，"忠于谋国者，必就实际之力量，而谋适当之措置，不能效不负责任之辈，不审察实际之利害，逞为快意之谈，徒博一时之同情，而置国家于孤注之一掷也"，外交上亦不应对日本采取强硬措施，不主动对日宣战，以免"适予暴日加责任于我之机会，而益得以恣行无

① 中尾裕二編『昭和天皇発言記録集成』上卷、東京：芙蓉書房、2003 年、173 頁。

② 程永明：《裕仁天皇传（上）》，天津：天津社会科学院出版社，2004 年，第 100 页。

忌矣","以中国已对之宣战,而彼可以一切自由行动也"。① 此次演讲中提出"四不方针",即不绝交、不宣战、不定割地之约、不签丧权之字,这是蒋介石对其妥协的外交政策的理论性阐述。

蒋介石下野,胡汉民、汪精卫拒绝进京担任中枢要职,南京的孙科政府进退失据,无从施政,一时陷入困顿之中。1932 年 1 月 2 日,行政院院长孙科、国民政府主席林森电请蒋返京;尔后十日,军政部部长何应钦和立法院院长张继前往奉化请蒋出山。经多位同僚要员几番"恳求","政治排场"做足的蒋介石动身离开奉化。1 月 16 至 18 日,蒋与由上海来的汪精卫在杭州会面。此前,汪精卫曾公开表示反对孙科、陈友仁的对日绝交主张,"汪认为对日外交应慎重将事,不可操之过急,且认为九国公约会议的实现可能很小"②,"陈友仁外交政策,基于隔阂国情,徒为孤注之一掷,……决不可行,故毅然不采用"。③ 蒋汪二人会面时,蒋介石表示:"余不顾一切,决计入京,以助林主席挽救危机,本我良心,尽我天职而已。"④

由于得不到党内实权核心的支持,一向主张对日强硬外交的外交部部长陈友仁于 1 月 25 日请辞,并在辞职声明中抨击"蒋介石对于东三省事件,原一贯主张其消极不抵抗政策。以致锦州失陷,而中国军队且全部撤退于关内",回应蒋于奉化之演讲"无异明示日本军阀,中国决始终无抵抗,汝欲如何斯如何矣","蒋氏对于绝交问题之此种态度,实为其消极不抵抗政策之理论的结果"。陈友仁不建议发动战争而主张与日本断绝外交关系,"以不失领土、不辱国权为方针",认为"绝交"是不得已而为之的策略,"为贯彻和会所定之政策,则对日绝交之事,实为必要而不可免之方法",考虑到国际影响,更应对日强硬以引起国际重视:"盖必先有此者,而后引起国际间之重视,使华盛顿条约九国,凯洛格非战公约诸国,不能不召开会议。而此项会议或能于东三省问题得

---

① 秦孝仪:《蒋主席辞职后在奉化故里讲:东北问题与对日方针——民国二十一年一月十一日在奉化武岭学校纪念周讲》,《中华民国重要史料初编——对日抗战时期:绪编(一)》,台北:"中央文物供应社",1981 年,第 317—318 页。

② 雷鸣:《汪精卫先生传》,上海:《政治月刊》社,1944 年,第 227 页,转引自余子道:《一·二八淞沪抗战》,上海:上海人民出版社,2016 年,第 33 页。

③ 《蒋汪否定陈友仁外交》,《国闻周报》第 9 卷第 6 期,1932 年。

④ 古屋奎二:《蒋介石秘录:中日关系八十年之证言:第八册》,台北:"《中央日报》出版社",1986 年,第 132 页。

一公正而妥善之解决也。"①次日,原本执掌南京最高行政机关的孙科也提出辞职,为期四十余天以孙科为首的领导班子倒台,孙科政府"一面抵抗、一面交涉"的政策归于幻灭。国民政府内部派系重组,进入了蒋介石主军、汪精卫主政的合作时期。

面对国土屡遭侵袭、国家如无根漂萍的凄惨境况,救亡图存与民族自觉不仅是军政要员们探讨的命题,也是当时知识分子思虑的焦点。对于如何应对日本侵略、民族命运何去何从,众说纷纭,欲战欲和皆有其理。

以胡适、蒋廷黻为代表的一些人以他们的学术判断为基础,认为中国不敌日本的根源即在于缺乏现代化,主张和平谈判利大于弊。他们的外交主张在其学术研究中皆有章可循,以蒋廷黻为例,他在《琦善与鸦片战争》一文中肯定了琦善的外交政策,认为在鸦片战争时期琦善最先认识到敌方的坚船利炮可抚而不可剿,赞赏琦善与外方移文往来过程中不卑不亢的态度。"至于他的目的,更不待言,是图以交涉了案。故琦善可说是中国近九十年大变局中的第一任外交总长。"②在《李鸿章——三十年后的评论》中再次以知人论世的笔法谈到"李鸿章不知西洋文明中民治主义与民族主义,只知机器文明","李签订(中日)《天津条约》(一八八五)并不是觉得自强功夫已有可为,而是误认日俄的消极为永久放弃野心,致坠入雾中,此为大错"③,从而隐喻现世国情,警醒世人。谈及国联及国际对中国的意义则强调与其希望国联制裁日本,不如让国联帮助中国实现现代化,充实国力,并从邦交目的将与中国接触的列强分为两种,一为以通商贸易为目的,譬如英、美,另一种为觊觎中国领土,有狼子野心的日、俄,"通商的国家唯恐中国自己不富强,因为中国一富强,他们的商业就可以进步,有土地野心的则唯恐中国富强,当宣统末年英美德法组织四国银行团的时候,日俄即起而反对之。现在我们从法国外部所发表的秘密公文,我们知道日俄反对的理由。他们说如果中国能大借外债来修铁路,兴实业中国就能自强起来,这是与他们的希望相反的。华府会议以后,在华只图通商的国家切望中国的自强更加热烈,有时比中国人只有过而无不及"。④

---

① 《陈友仁发表辞职声明》,《国闻周报》第 9 卷第 6 期。

② 蒋廷黻:《琦善与鸦片战争》,《清华学报》第 6 卷第 3 期,1931 年,第 1—27 页。

③ 蒋廷黻:《李鸿章——三十年后的评论》,《政治学论丛》1931 年创刊号,第 187—196 页。

④ 蒋廷黻:《中国近代史》,北京:民主与建设出版社,2020 年,第 284 页。

　　胡适极赞同蒋廷黻这一观点,亦认为依托英美为主导的国联有利于中国现代化的发展,假以时日中国定能具备雄厚国力。李顿报告书发表主张国际共管满洲时,胡适认为那是"代表世界公论的报告",并评价其为"审慎的考查,公平的判断,为国际谋和平的热心","值得感谢和敬礼"。在伪满洲国成立以后,胡适又发文论经验教训:"我们今天最大的教训,是要认清我们的地位要学到'能弱',要承认我们今日不中用,要打倒虚骄夸大的狂妄心理,要养成虚怀愿学的雅量,要准备使这个民族低头苦志做三十年的小学生。"①他主张对满洲采取"不承认主义",且等五十年再说,"在一个国家千万年的生命上,四五年或四五十年算得什么"②。胡适没有认识到英美列强干预的实质也是为了在华攫取利益,批评"国际帝国主义者在日内瓦用政治外交方法解决满洲由日本独占或国际共管"的说法是"杜撰"和"无识"。胡适等人强调应铲除民族劣根,适应现代发展,只有对日和平解决问题,才能谋求未来发展之路。他建议蒋政府以日本在国联提出的五项原则为基调进行交涉,通过在军事上逐渐编遣关内的东三省军队、解除东三省军备,经济往来上允许日本在东三省租借土地等退让条件来缓和紧张局势,"中日两国缔结新条约,不但应该解决积年久悬的争端,并且应该远瞩将来,确立远东两大民族可以实行共存共荣的基础"③。

　　以顾维钧为代表的专业外交家亦有类似的"主和"观点,但其政论侧重点不在于自身反省、接受现实,而是斡旋于各国之间争取英美支持,尽可能稳定局势,争取国际调和以维护本国合法权益。

　　与此同时,针对胡适在《独立评论》发表的《惨痛的回忆与反省》中的观点:"致使中国数次救亡图存运动屡屡失败的根源是'社会没有重心',而领导中国前进的'社会重心'并非一个阶级,而是'拥有各种社会阶级的同情的团体',这一团体能够广纳各地人才,还能够以谋求全国的福利为目标号召起全国多数人民,有具体的成绩令人信赖、制度化的组织以维持其可持续性",邹韬奋做出批判。他痛斥这一观点实为水中月、镜中花,是理想主义的产物,因为"中国的劳苦大众受封建军阀、地主、豪绅、资产阶级的榨取剥削,这是事实","如今胡先生所称的'团结'须'拥有各种社会阶级的同情',倘若封建军阀、地主、豪绅、

---

① 胡适:《全国震惊以后》,《独立评论》1933 年第 41 期,第 8 页。
② 胡适:《我们可以等候五十年》,《独立评论》1933 年第 44 期,第 5 页。
③ 胡适:《对日发展方针》,《独立评论》1932 年第 5 期,第 4 页。

资产阶级都包括在内,而且还要'拥有'他们的'同情',那便是和反革命的势力妥协,甚至自身转到反革命的地位,和工农大众立于敌对的地位"。①邹韬奋严词反对胡适提出的"中国不妨自动的主张东三省的解除军备,中国、日本、俄国皆不得在东三省驻扎军队"②的方案,痛斥其一味依赖英美列强的态度是"倒在帝国主义的怀抱里来解决中国问题"。

三、国际舆论

第一次世界大战之后各国在华利益纠葛复杂,国际局势牵一发而动全身,中日战争频频,不能不激起国际环境的涟漪。外侨的时事评论与中人所办的时事杂志中翻译的外国评论可以窥见当时的国际舆论既有认清日人侵略之实的评论,亦有为日人代言甚或撑腰的报道。这些舆论报道或简略、零碎,或复杂、冗长,国际舆论正是由无数不谋同辞或指奏相反的意见构成。

"九一八"事变发生不久后,美国记者李亚在英文报刊《远东评论》上提出中日问题的解决方案:"在中国建立若干个幅员小而组织严密的独立国家",俨然是公开叫好日方扶持伪满成立,又暗指中国内政混乱,"还要再过一百年后中国人民才能作好实施自治基本原则的准备工作",以此附和日方称"中国不是一个现代文明国家"的说辞,更声称"现在满洲已经是一个独立单位了,迟早要认清这个事实……无论是非战公约,还是国际联盟,抑或是其他任何机构,都无法阻碍日本前进的步伐"。③

由中国人翻译后节选刊登于《东北问题》期刊的一则评论《远东纠纷的意义》④这样评论日方的侵略行为:"当中国最初向理事会以及嗣后向大会提出申请书时,日本就出头为她自己剖白,这样看来,连侵略国都承认它的行动,正如盟约第十一条的规定,是'一项关系整个国联的重大事件'。"作者指出在后来一个时期,日本频频抗议,坚称满洲行动不应在会上被讨论,但仍在口头与文件中重申关于日本对满政策的意见,"不肯自己打自己的嘴巴",强调国际裁

① 邹韬奋:《从言论到实际》,《生活》第 7 卷第 41 期,1932 年 10 月 15 日,第 821—822 页。

② 胡适:《对日发展方针》,《独立评论》1932 年第 5 期,第 5 页。

③ 安徽大学苏联问题研究所、四川省中共党史研究会编译:《苏联〈真理报〉有关中国革命的文献资料选编》第二辑,成都:四川省社会科学院出版社,1986 年,第 335 页。

④ Freda White:《远东纠纷的意义(二)》,于卓译,《东北问题》1933 年第 125 期。

决满洲事件的重要性,而裁决的依据就是《国联盟约》,"这一个案件提交国联的必要,是世界舆论的公意,比国联行动所根据的强固的因素还要强固。对于正在由其他各国政府公开讨论的争执,没有一个当事国敢自外于这种讨论,不出席裁判⋯⋯"作者按照对盟约的遵循程度判定中日两国行动的合理性,"中国的态度,一向与盟约完全相符合,而国联的每一次讨论,都加强了她的道德地位的力量。她最初对于盟约的呼吁,紧接着要求予以公正的调查,最初几个月在满洲采取的不抵抗政策,提议将所有争执问题提交公断,以及始终接受国联的建议,这种种举措,全是她孚众望的原因,再加上中国代表那种言动得体的仪态,以及他们关于被占领的种种叙述的审慎精当,全是令人钦敬的地方"。作者对于日人在上海制造事端却谓之确保远东和平的两面三刀的做法嗤之以鼻,"一九三二年一月日人正在天天屠杀上海劳苦群众时,他们的政府却用书面声明:'日本政府一贯的政策,即在确保远东的和平。'这使一个旁观者不禁想起海象与木匠这一故事。许多国家的政府由于日本那种假仁假义的态度所引的悻悻之感,因为荒木陆相执政时表现出来那种少壮轻世肆志之气而日益增强,也许失之于允当"。作者认为日本破坏自己声称要保卫的和平,突破《九国公约》的约束,断续但一直存在的战争行为和拒绝合理解决的做法为其自身下了"侵略者"的定义,屡次在国联会议上的表现也暴露了日本缺乏信义。

1902 年来华,曾任《北京日报》总编辑,英文《京报》、天津英文《京津泰晤士报》总主笔,1930 年后为上海英文《大美晚报》撰稿的英国记者伍德海(Henry George Wandesforde)长期活跃在时事评论界,对中日矛盾十分关注,他主张"驻华的外国记者采用客观的态度来看问题,他们关注的是事实而不是理论"①。然而其立场受到帝国主义和欧洲中心论的左右,他来华后的第一份工作是担任《字林西报》记者,或因字林洋行是十九世纪英商在上海创办的最主要的新闻出版机构,也是当时英商在华最大的报业印刷出版集团,"在上海为工部局之喉舌,故在社会上颇占势力。其立论常与华人意志相反,故注意外事之华人多阅之。近因经营有方,自建房屋,骎骎然为英人在东方之唯一言论

---

① 伍海德:《我在中国的记者生涯:1902—1933》,张珂等译,北京:线装书局,2013年,第 166 页。(由于不同的翻译情况,此书作者伍海德即《中华年鉴》主编伍德海Woodhead,下同。——笔者注)

机关矣"①。伍德海在其于 1932 年主编的《中华年鉴》(*The China Year book*)②中以刊载众多官方文件的方式记录"九一八"事变,希望能维持其自称的中立立场,但事与愿违,时人反应激烈,《反华祖日之英侨吴德海编中华年鉴,俞寰澄等大声疾呼,劝国人勿堕其奸计》的文章指出:"中日争端启后,吴德海发表反华祖日之言论,累幅连篇,荒谬无状,不特为国人所切齿,即外侨之稍具理性者,亦都为愤不能平……吴德海曾出版英文本《中华年鉴》一书,内中资料,除取材于海关报告外,颇多为吾国各机关及作家所供给……过去一年间中日之纷争,将为该年鉴重要资料之一,吴德海叙述此事,难免不一仍其平素反华祖日之态度……为此谨请全国各公私机关团体及作家,对吴德海供给资料之要求,应严词拒绝,如已经发给,应从速索回,以示敌忾同仇之意。"③除此之外,伍德海还发表大量反华祖日的言论、鼓吹中国将领投降日本,对此,宋庆龄在讲话中感慨:"有一批人应该被监禁起来,像英国帝国主义分子伍德海。哪一个国家能让这样一个冷血动物胡作非为,天天游说中国将军,要他们带着军队投降日本呢?"④邹韬奋也在《生活》周刊的"小言论"版块撰文《木头大起劲》⑤谴责伍德海用心险恶。在个人回忆录中,伍德海谈及中国在世界市场的经济地位时称"中国是潜在的世界上最大的生产地之一,也是最大的销售市场之一,中国人民勤劳朴实,热爱和平,中国拥有无法估量的矿产资源种类和数量,农产品丰富、劳动力充足"⑥,又设想将中国作为英国殖民地:"如果 18、19

---

① 戈公振:《中国报学史》,北京:中国传媒大学出版社,2016 年,第 78 页。

② 由伍德海、贝尔(H. T. Montague Be)主编的《中华年鉴》,发行时间为 1912—1939 年,因部分年份没有出版,实际刊行 20 卷。其中,1912—1921 年的年鉴为二人共同编写,1923—1939 年的年鉴由伍德海独自承担主编工作。

③ 俞寰澄、李权时、章乃器等:《反华祖日之英侨吴德海编〈中华年鉴〉,俞寰澄等大声疾呼,劝国人勿堕其奸计》,《津浦铁路月刊》1933 年第 3 卷第 2 期,第 8 页。(由于不同的翻译情况,此"英侨吴德海"即《中华年鉴》主编伍德海。——笔者注)

④ 宋庆龄:《中国民权保障同盟的任务》,1933 年 2 月,中国人民解放军政治学院党史教研室:《中共党史参考资料 第 6 册》,中国人民解放军政治学院党史教研室印,1979 年,第 369 页。

⑤ 邹韬奋:《木头大起劲》,《生活》第 7 卷第 21 期,1932 年 5 月 28 日,第 317—318 页。

⑥ 伍海德:《我在中国的记者生涯:1902—1933》,北京:线装书局,2013 年,第 200 页。

世纪大英帝国征服了中国,而非印度,那这个国家的繁荣发展就毫无限制了。"①他在 1932 年的秋天到访"满洲国"后,妄言"在日本统治下,满洲将会拥有一个更加高效的政府且经济实力会进一步增强"②。可见在华生活长达三十余年的伍德海其殖民主义思维依旧根深蒂固,以其为代表的西方驻华记者中更不乏反华论调。

美国报人汤姆斯·密勒(T. F. Millard)创办的英文周刊《密勒评论报》③对中日纠纷十分关切,且美国政府是蒋汪政府极力争取的对象,关注美方评论报道可以洞见美国舆论风向,因此当时的学者大量翻译和转载《密勒氏评论报》的内容。1931 年《安徽教育》翻译刊登了一则《密勒氏评论报》的《论日军暴行事》。文章指出,日本军事当局在东三省寻衅挑事,借题发挥,中人识破日人诡计,但镇静自处,使日人计不得逞,"日本此次举动,实搅得国际的'蜂巢',使从自己及全世界悉陷于纠纷,日人不久当自知之也"。其中还提及旅日美人对于日本的计划有所察觉,而日本的反美言论增加,怀疑美国飞行员为间谍等异常行为都是做贼心虚的表现。④ 无独有偶,《大陆报》发表纽约来电称日本花费大笔款项雇用演说家、作家,着力宣传日本的"和平"行为,为的是改变美国反对日本与怀疑日本的舆论,"十三个星期来它租了纽约长岛的著名的广播无线电台,播放日本的音乐和关于日本文化及日本民族爱好和平的谈话……日本的宣传家对英国亦不忽略"⑤。该篇报道的译者感言:"吾国非急起努力国际宣传,虽公道自在人心,但事态不免为其恶宣传所蒙混。"早年留学加拿大,回国后任北平英文《导报》总编辑、上海英文刊物《民族周刊》总编辑的李炳瑞(Edward Bing-Shuey Lee)颇为关注中日关系与列强态度,其著作《日中不宣而战的一年来及列强的态度》(*One Year of the Japan-China Undeclared*

---

① 伍海德:《我在中国的记者生涯:1902—1933》,第 200 页。

② 伍海德:《我在中国的记者生涯:1902—1933》,第 192 页。

③ 《密勒评论报》,也有译作"密勒氏评论报"。1917 年由密勒(Thomas F. Millard)创办,两年后由约翰·鲍威尔(John Benjamin Powell,1886—947)接办。太平洋战争爆发后停刊。抗日战争胜利后复刊,由其子威廉·鲍威尔(William Powell)主编。

④ 《英文密勒评论报——论日军暴行事》,《安徽教育》1931 年第 2 卷第 9 期,第 6 页。

⑤ 传益:《日本收买舆论》,《人民周报》,1932 年第 16 期,第 14—15 页。

War and the Attitude of the Powers)①运用了中日两国与国联往来的重要文件观察英美俄等列强态度,是时人欲知悉国际舆论动态的表现。

可见在国际舆论场上,日本已先下手为强。舆论是人们日常的意动现象,舆论的主体是社会成员,国际舆论的主体就是国际社会的成员,多数成员共同的声音呈现出的广泛无名的意识现象,加之高频率的表达与传播,就有了同化的力量。日本强有力的舆论传播,对内能够影响其国内民众,增加其国家凝聚力,加大侵华力度,对外成功于国际社会"拉帮结派",形成对华不利因素。因此中方对日方舆论的应对措施十分关键,争夺国际舆论的上风能够直接影响国际力量对排华抑或反日的选择,有识之士明了此理,乃慨然反制。

---

① Edward Bing-Shuey Lee, *One Year of the Japan-China undeclared War and the attitude of the powers*, Shanghai: The Mercury Press, 1933.

第二章　鼓角齐鸣：宣传者及宣传内容

地球上自从有了人类就有了舆论，有了阶级就有了战争。舆论与战争如影随形，紧密结合，使战争变得神秘莫测、光怪陆离。不知不觉间，舆论就成了军事力量的重要组成部分。舆论战开展于武力对抗之前，贯穿于武力对抗之中，继续于武力对抗之后，其激烈程度不亚于战场上真枪实弹的战斗。[①] 以此理论回顾"九一八"事变后的中日舆论战，亦是如此。

1932 年纽约麦克米伦公司出版了正在纽约担任华美协进社社长的孟治撰写的《中国说：关于中日冲突》(简称《中国说》)与日本《万朝报》的评论人河上清所著的《日本说：关于日中危机》(简称《日本说》)。两本书均为全英文撰写，以中日政治军事矛盾为中心，各执一词，供国际社会阅读与评判。

第一节　《中国说》的作者及作序者

一、作者孟治生平及其交际圈

《中国说》的作者孟治幼年就读于南开中学，与周恩来同住一室，都是敬业乐群社成员，他和周恩来等曾组织敢死队在天津、北京积极组织革命活动。[②]1919 年获得奖学金前往美国留学，先就读于北卡罗来纳州的戴维森学院(Davidson College)。两年后，他转到哥伦比亚大学读社会学博士，成为杜威的学生。由于华美协进社所需资金渐增，1929 年以后"中基会"无力支持华美协进社的运营，创建华美协进社的郭秉文将其重组，使华美协进社的性质改为民间社团。而此时郭受命返回中国，担任国际贸易局局长，于是杜威在内的委

---

① 参见朱金平：《舆论战》，北京：中国言实出版社，2005 年。
② 魏宏运：《魏宏运年谱》，天津：天津人民出版社，2017 年，第 145 页。

员会开始物色新的社长。1930 年，孟治当选为新任社长，宣布就职。这一协会在当时是拥有 2 500 名会员的美国全国性组织。孟治当选为华美协进社社长后，多次为筹备留美学子的留学资金奔走，在中美文化交流方面做出突出的贡献。1933 年，孟治被任命为中国教育使团驻美荣誉主席，负责选拔清华奖学金留学生赴美，并帮助他们解决在美遇到的困难。为此，孟治走访了美国 46 个州的 288 所高校，会见了 1 700 名留学生。① 孟治本人由于长期在海外活动，与美国政要有颇多交集，因此对国际关系十分熟稔。

孟治穷其一生致力于中美文化交流，华美协进社在 1930 年 2 月开始开设中国文化与历史课程，向美国公私立中小学教师开放，推动中华文化在美广泛传播。但由于纽约市教育局不愿给予华美协进社认证的资格，前来听课的教师十分有限。孟治亲自拜访当时的纽约市市长拉瓜迪亚（Fiorello H. La Guardia），很快便促成此事。从此华美协进社所开设的教师培训班（Programs for ductors）正式取得学分认证资格，一直延续至今。② 在第二次世界大战期间，美国与中国是反德意日法西斯战线联盟的盟友，华美协进社一度成为政治活动的场所。美国方面派出一些美国的陆军与海军人员前往中国学习中国文化、语言与政治，同时中国著名的学者受聘到美国讲学。孟治还花了近十年的时间筹办在美展览中国文物的活动。直到 1967 年孟治才退休，他的工作得到了美国友人的赞赏，孟治的好友、美国时代集团总裁亨利·卢斯在其退休欢送会上说："我的父亲是在中国的伟大的传教士，而孟治则是在美国最伟大的中国文化传教士。"③

日方的舆论战意识产生得很早，相形之下，中方整体的舆论宣传意识落后得多。颜惠庆在回忆录中谈道："回顾我国与世界交往的历史，我们对于宣传问题从来没有给予特别关注，一方面因为缺少经费，另一方面因为至今我们仍认为，这样做有失尊严，不值得。"④反观日方，日军入侵中国东三省后，日本政府有意制造对日有利的舆论影响。为了拉拢英美等列强势力，日本政府特别派遣演讲团前往美国，对美国民众巡回演讲。此时正在美国的孟治便召集中国的学者与学生们组成辩论团，与日本演讲团展开激辩。日本游说团说辞空

---

① 周洪宇，李永：《郭秉文画传》，济南：山东教育出版社，2018 年，第 120 页。

② 宋怀时：《旅美南开校友会首任会长孟治简介》，《海外南开人》第 42 期，2010 年 12 月 15 日，第 6 页。

③ 宋怀时：《旅美南开校友会首任会长孟治简介》，第 7 页。

④ 颜惠庆：《颜惠庆自传》，北京：商务印书馆，2003 年，第 244 页。

洞,难以自圆其说,加之英文演讲能力有限,难敌孟治带领的辩论团。孟治机智雄辩的陈词、优秀的口才给美国听众留下深刻的印象。

二、作序者颜惠庆的政界地位及主张

同孟治经历类似,颜惠庆自身具有留美经历,他早年就学于上海同文馆,1895 年留学美国,1906 年应留学生试,授译科进士,后随使美国。1910 年参加留学生殿试,授检讨,同年任外务部参议,兼游美学务处总办,主管留美学生事务,筹办清华学堂,同年兼清华学堂总办,可见颜惠庆与留美学生交集甚多①,熟悉中美交流业务。颜惠庆与孟治学成后深耕于中美交流业务,深切意识到当时美国方面的意见对于国际社会判断中日问题有着举足轻重的地位,因此二者就对美输出"中国说法"的重要性达成强烈共识。颜惠庆为《中国说》作序实际上赋予了该书官方性的意义与地位,行使了中国的政治话语权。此时的中国国家实力尚弱,但以颜惠庆、孟治为代表的官员、学者依然重视国家话语权的话语质量和话语传播力。"事实上,一些外国朋友是中国最好的维护人和辩护者,他们的著作、论文、演讲为中国在世界上美名远扬做了很大贡献,而在日内瓦,一群诚挚而热情的记者、评论家围绕着我们,每次国联行政院或大会会议后,他们的消息、报道,都使整个世界非常关注中日冲突,这正是我们所希望的。《日内瓦日报》的编辑马丁在采写有关中国报道的记者中堪称佼佼者,日内瓦的人每天都争相阅读他的文章。他的文章犀利有力,对于行政院和十九国委员会所采取的行动或无所作为,都坦率表达观点。马丁思维敏锐,分析透彻,善于把握重点,文笔简洁明快。也许人们不相信,但是事实,这就是,在日内瓦弥漫着一种国联'气氛',在这种'气氛'下,即使那些最善冷嘲热讽的和强硬的政治家,也会受此影响而不敢在这个城市里像通常那样耍手段或由着自己的性子干。编辑马丁对国联里的知名人士又是恭维、哄骗,又是奚落、谴责,有时用十分尖锐的言辞加以痛斥,而那些知名人士面对他的一篇又一篇尖刻的评论,或一笑置之,或畏缩,或忍受马丁这样做,根本不期望任何回报,中国对他所起的游侠般作用的唯一感谢,就是几年后邀请他访问中国。"②可

---

① 虽无直接史料呈现颜惠庆与孟治之间的交往,对于复现《中国说》的成书背景略有遗憾,但可以推测二人交际圈有明显重叠。

② 颜惠庆:《颜惠庆自传》,第 244—245 页。

见，颜惠庆关注到舆论的力量，这种力量需要借助介质传递，马丁、孟治都是这一类"介质"。

颜惠庆属于专业型外交人士，与胡适等学者型外交家①不同，他在北洋政府时期曾任外交次长、外交总长、内务总长，以及国务院总理并摄行总统职权，1919 年任中国出席巴黎和会代表团顾问。1931 年"九一八"事变后，考虑到民族危机日益加重，本已隐退天津的颜惠庆接受国民政府外交部部长王正廷电邀，赶赴南京出任"对日特种委员会"委员，进入处理对日外交问题的中心，工作内容涉及请求国联约束并制裁日本、争取列强对我国的支持和国际宣传等工作。1931 年 11 月，南京政府为争取美国出面干涉日本的侵略行为和加强对美的外交阵容，特委派颜惠庆为中国驻美公使。1932 年 1 月，颜惠庆受聘担任中国代表团首席代表。

1931 年 10 月，国际联盟在日内瓦召开第 65 届理事会，颜惠庆就"田中奏折"问题向大会提出控告，这是中国代表首次在国际会议上提出"田中奏折"问题并揭发日本阴谋，中日双方唇枪舌剑，争论不休，引起国际关注。11 月 30 日，为引起国际同情，尤其需要吸引美国对中日问题的关注，顾维钧认为东北"如为他国占领，则国际势力之均平必见破坏，而沿太平洋各国之地位，必发生重大危险，且势必引起国际战争"，同时着重强调中国东北政治经济上的重要意义及日本进犯东北对世界局势的影响，认为"满洲问题非仅中国之问题，乃一国际之问题"。顾维钧的言论一发，的确引起了国际舆论的强烈反响，伦敦 22 日路透社电称："而各国对于日本素未怀绝对好感，今中国外交部长顾维钧博士有此宣言，其影响于一般本已对日不怀好感之舆论必巨。"②

1932 年 2 月 5 日，颜惠庆在国际裁军会议上从美国代表诺曼·戴维斯处更进一步明白了美国国务卿史汀生"不承认主义"的内涵，不由得加深了对国联调停结果的怀疑。戴维斯告诫颜惠庆，史汀生不愿意中日冲突最后演变成美日争端，美国不会在国联行动之前采取任何进一步措施。③ 综上可知，南京政府对美国政府参与解决中日问题始终抱有期望，此时最大力度改变美国方

---

① "学者型外交官"指的是"那些由学人的身份直接转换为外交人员身份的人"。参见章清：《"学人外交"：从幕后到前台——以胡适为中心的考察》，金光耀主编：《顾维钧与中国外交》，上海：上海古籍出版社，2001 年，第 258 页。

② 《一周间国内外大事述评》，《国闻周报》第 9 卷第 1 期，1932 年，第 12—13 页。

③ 顾维钧：《顾维钧回忆录》（第二分册），北京：中华书局，1985 年，第 76—77 页。

面袖手旁观的态度变得尤为重要。

在日内瓦履行公务期间,颜惠庆善于利用国际舆论在外交谈判上的张力,在对公层面注意争取多数国家的支持对日形成压力,"第一,颜代表将中日问题交由理事会提交大会的策略极为正确,使日本无法使用否决权,而中等国家和小国尽力支持我国,转变了国际舆论,予日本严重压迫"①;对私层面以礼待人,展现积极正面的中国形象,行动上反驳日人言之"野蛮、落后中国人",各国代表眼见为实。"第二,颜代表对外交际,甚为妥善,出席特别大会的代表团除中日两国外,尚有四十二个。每个代表团有代表一人至三人,尚有副代表及秘书等人,计每一代表团平均有六七人。共计约达三百人。此外国联秘书处组长以上高级职员亦有二三十人,应与联络。颜代表联络此三百余人的方法,不是用普通的交际方法,请一大酒会,邀所有客人都来饮酒,而是每日午餐和晚餐请客人一桌来中国代表团吃中国菜。如此不断请客,在一个月内,已将各国代表团全体人员及国联秘书处高级职员全部请到,一方面有从容时间谈话,可了解各代表团情形,他方面可使外国外交官欣赏中国佳肴美味,对中国发生好感。支持我国的外国新闻记者,颜代表于代表团内设新闻处,多方与彼等联络。"②

颜惠庆注重交际,与各国代表联络密切。从影响国际舆论的角度来看,各国驻国联代表的言论代表的是"国家声音",而代表们的言论很难不受个人主观感受的影响。颜惠庆私下宴请各国代表,输出优秀的中华文化,打造良好的国际形象,提高各国代表心目中对中国的印象分,在不容乐观的国际环境中如此经营不失为一种良策,可谓用心良苦。

第二节 《日本说》的作者及作序者

一、作者河上清生平及其交际圈

河上清,明治六年(1873 年)生人,先后就读于日本中央大学法学院、国民英学会、庆应义塾等院校。在庆应义塾就读时听了福泽谕吉"为免列强征服,除构建近代产业和军队外别无他途"的演讲后,萌生了社会主义思想。为了撰

---

① 宋选铨:《宋选铨外交回忆录》,台北:台湾传记文学出版社,1977 年,第 36 页。
② 宋选铨:《宋选铨外交回忆录》,第 36 页。

写传播马克思主义的文章,他曾使用"卡尔·马克思"这一笔名,这就是日后寓美的"清·卡尔·河上"这一名号的缘起。

1895年河上清成为《万朝报》的评论人,进入万朝报与幸德秋水等人成为同事后,渐渐对社会主义思想产生共鸣。1897年4月,"社会问题研究会"以安部矶雄、片山潜、幸德秋水等人为核心成员成立,该会"探索社会主义原理是否能应用于日本",会员人数多过二百。1900年,该会改名为"社会主义协会"。1901年,河上清与"社会主义协会"中的安部矶雄、片山潜、木下尚江、西川光次朗、幸德秋水等人成立了"社会民主党",不久就遭到日本当局的禁止。河上清于同年远渡美国留学并侨居华盛顿。

1905年河上清担任《万朝报》特派员参与朴次茅斯会议,从事会议报道;后又被《时事新报》《大阪每日新闻》委任为特派员,直至太平洋战争开始为止。由于"主战派"加强了压力,在日俄战争一触即发时,原本持反战论调的《万朝报》因社长黑岩泪香转向了"主战论"而不再坚持反战发声。从1906年秋天开始,河上便在《纽约时报》的书评栏中以"K.K.河上"的署名定期发文,重点撰写有关日本和亚洲书籍的评论。1917年9月15日河上清采访孙中山,孙表示中国革命一旦完成,"将与日本结盟;宣布'亚洲是亚洲人的'[1]这一原则"[2]。

"九一八"事变发生后,日美关系愈加紧张,但此时美国舆论还没给日本定罪。纽约《时代》周刊就有以下评论:日本对"九一八"事变的有效报道还极其欠缺。日本有权利维护自己在中国东北的条约权益不被侵犯。但是日本在国际舆论方面有所懈怠,在面对激烈的批评时并没有对自己国家的立场及正当性有所说明。虽然在国联理事会上,中日代表进行了公开讨论,但是日方语言能力及表达能力的欠缺最终导致国联亲中反日的结果。"联盟受此影响,太过

---

① 所谓"亚洲门罗主义"即指"亚洲的事情由亚洲人自己来处理的主义"。它是亚细亚主义的基本内容。就亚洲门罗主义的内涵来讲也有两种理解:一方面它泛指所有类型的亚细亚主义,也包含"古典亚细亚主义"的内容,另一方面特指"由日本人来处理亚洲问题的主义",这种含义上一般称"日本门罗主义"。1898年11月,亡命日本的康有为曾对亚洲门罗主义进行过论述。他说:"今天的东洋问题已不单纯是东洋问题,它已成为世界问题。欧洲列强都是为了自己的利益而在东洋竞争。东洋是东洋人的东洋。东洋人必须有独立解决东洋问题的权力。"(参见王屏:《近代日本的亚细亚主义》,北京:商务印书馆,2004年,第94页。)此时孙中山的话语中谈到的"亚洲是亚洲人的"显然偏向前一种含义。

② 《孙中山与河上清的谈话》(1917年9月15日),王建朗主编:《中华民国时期外交文献汇编(1911—1949)》,北京:中华书局,2015年,第65—66页。

轻率地急急采取了对中方有利的举措",此社评如此说道。针对这种情况,河上夙兴夜寐,终于写成《日本说》一书,并在麦克米伦出版社紧急出版。这本书的序文是时任日本首相的犬养毅所写,足以证明书中言论拥有官方背书。河上清在自序中写道:"虽然深爱着养育了自己的故国,但是因常年久居国外故对欧美的想法也了如指掌。"从这时起,河上清的著作不再站在中立客观的学术和记者立场,而是开始旗帜鲜明地站在日本政府和军部的政治立场上。从河上清涉及日、美、中的报道看,他极尽宣传之能事,一方面渲染日本的和平友好,一方面谈及对美国的理解与赞同,希望打消美国对日本的疑虑,与此同时贬损中国,令美国方面产生中国是"扶不起的阿斗"的印象,因此河上清被诸多评论家称为日本在美国的"首席宣传家"①,可见其宣传技巧之出众。从现有的资料来看,学界鲜少对河上清其人进行研究②,有限的资料以为河上清信仰社会主义,反对军国主义,是一位反战派人物。事实上,河上清在著述中将国家利益放在首位,维护日本政府立场,可以想见,这正符合日本政府引领舆论风向的需要。

1941年12月日本袭击珍珠港时,美国FBI以"危险有敌意的外国人"之名列出了准备逮捕和拘留的在美日人、日系重要人物名单,河上清榜上有名。在审问过程中,河上清回答:"亚洲如今的战争并非单纯的武力冲突,而是思想上的革命,是几世纪才见一次的震动全世界的革命。这个思想一言以概之,即'亚洲人的亚洲',我自己也从青年时代起便相信……这场战争归根到底是向控制并榨取亚洲人的白种人的'神权'发起的挑战。日本并不会赢得这场战争。但是就算日本灭亡,'亚洲人的亚洲'这一思想和主义还是会存在。这样战后不管是荷属东印度群岛、英属缅甸还是法属中南半岛都必将独立。"审问委员问他:"但是如果由你自己决定你难道不希望日本在这场战争中得胜吗?"

---

① 参见 Peter O'Connor, *Japanese Propaganda: Selected Readings. Series 1: Books, 1872—1943, Volume 7,* Tokyo: Edition Synapse, 2004。
② 以河上清本人及其思想为研究对象的文章主要有:Gavin Masako, "A Meiji Christian Socialist Becomes a Spokesperson for Japan: Kawakami Kiyoshi's 'Pilgrimage in the Sacred Land of Liberty'," *East Asia,* 2016, volume 33, pp. 175-196;中国学者冯悦著《日本在华官方报 英文〈华北正报〉1919—1930 研究》其中一节《特约河上清:旅居美国的日本政府"发言人"》(新华出版社2008年版,第140—143页),但这一节只关注到河上清20世纪20年代的思想。

"你会去日本,还是会去美国?"。河上清回答:"我相信为了实现'亚洲人的亚洲'这一主义,日本必定会输。因为日本是资源贫乏国,所以肯定会对其占领的亚洲国家采取榨取政策,决不会帮助这些国家实现真正的独立自主。"①可见河上清清楚日本的国家政策本质是剥削与掠夺其他国家,但是依旧受国家立场的约束,无法做出违背国家利益的判断,可以说河上清的一生是悲剧性的。他反战但支持日本的对华行动并为此辩解,本质上就背离了他反战的初心;他追求自由平等的大爱,但只局限于日本群体及日本本土,这种"大爱"是狭隘的,建立在剥削掠夺他国的基础上追求自己国家的发展是残忍而虚无的,也是注定失败的。

二、作序者犬养毅的政界地位及主张

犬养毅,1855 年生人,日本本州冈山县人,1876 年就读于庆应义塾。1881年由庆应义塾的创始人福泽谕吉推荐,犬养毅进入立宪改进党总裁大隈重信的幕僚班子,开始涉足日本政界。他还与孙中山、康有为、梁启超等人交情深厚,被誉为日本政界的中国通。1910 年创立立宪国民党,成为日本两大政党之外的第三方势力,1922 年创立革新俱乐部,仍以第三方自居,三年后解除自身领导的政党,举党加入政友会。1929 年政友会总裁田中义一骤逝,犬养毅以元老身份担任总裁,"九一八"事变后以政友会总裁身份出掌内阁。

未上任内阁首相时,在 1931 年 10 月政友会召集的驻东京国会议员紧急大会上,犬养毅评论"九一八"事变不是日本的好事,而是日本的国难,认为此举非但不能维护"满蒙权益",反而令日本在中国东北的既得利益岌岌可危,并对执政党(民政党)没有立刻着手制止事变表示十分不满。犬养毅称政友会之所以沉默多时,是因为不愿政府决策受政争影响,而事已至此,需要国民为国奋起。② 次月,犬养毅又在政友会议员大会上主张所谓"满洲事变的正当性"③,肯定了关东军行为的合理性。当时国联接受国民政府对日方军事行为的控诉后,正准备进行国际仲裁。犬养毅在会上公开批判国际联盟出手干涉

---

① 人物探訪:河上清~嵐に立ち向かった国際言論人,http://www2s. biglobe. ne. jp/nippon/jogbd_h13/jog210. html,2021 年 5 月 12 日登录。

② 犬養毅「この國難を救ふは我黨の責任」,『政友』1931 年 12 月、2 頁。

③ 藤原彰、今井清一、宇野俊一、栗屋憲太郎編『日本近代史の虚像と実像』、東京:大月書店、1989 年版、69 頁。

的举动,强调日本的主张只是要求中国尊重条约、尊重历史,这等主张已是"日本民族生存所需的最低限度"①。此时犬养毅的公开言论无疑表露了他支援关东军而甘于与当时的国际秩序对立的决心。

政友会的既定对华政策就是主张中国东北独立,身居政友会总裁之位的犬养毅自然没有反对之理,在公开场合表态支持关东军在东北用兵也在情理之中。然而犬养毅私下不止一次表露了对关东军冒险激进的行为会刺激中国乃至苏联联合反日的担忧。1931 年 10 月,犬养毅在给朋友的一封信中,这样表达了自己在这方面的担忧:"南京当局……与苏联企图联合等举动,却令人担忧。南京当局此举不仅将使中国陷入被'赤化'之危机,也将导致整个东亚动荡不安……蒋介石当年在黄埔军校时期就曾经被'赤化'过一次……实在是令人担忧不堪……日本国之不幸,莫过于此了……"②犬养毅本人在对华政策上基于防止"赤化"的构思,反对一味激进的举措,他主张承认东北名义上仍属于中国,但中国不得在东北驻军,仅可保留少数保安军队,并希望居正出任东北的保安司令。由于萱野长知与居正私交甚密,犬养毅派萱野长知前往中国进行和谈。蒋介石、汪精卫得知后对此计划十分感兴趣,在蒋、汪二人支持下,居正、孙科和萱野长知就解决东三省问题方案多次磋商。然而日本军部对此十分不满,截获了犬养毅与萱野长知的电报并将其曝光,日本国内舆论一片哗然,此番和谈被迫中断。

此后犬养毅上任内阁首相,为遏制军部削减军费预算,甚至提出"拒绝承认满洲国",并因此为军部所不容,1932 年 5 月,日本右翼军人团体的激进派闯入犬养毅的官邸将其刺杀,犬养毅当场身亡。凡此种种,军部先斩后奏、一意孤行等行为反映的是军人骑劫政治,是当时日本畸形的政治生态现象。

第三节　《中国说》《日本说》的主要内容

李顿调查团结束调查后,相关档案文献保存于瑞士日内瓦的"国联和联合国档案馆"和"国联和联合国图书馆"。其中,中日双方的论著及中日以外第

---

① 犬養毅「この國難を救ふは我黨の責任」,『政友』1931 年 12 月、2 頁。

② 《副岛义一宛犬养毅书翰》(1931 年 10 月 2 日),转引自黄自进:《犬养毅与九一八事变》,《台湾"中央研究院"近代史研究所集刊》第 25 期,1996 年 6 月。

三方的著述是当代研究"九一八"事变后国联来华调查及其国际影响问题值得发掘利用的一手史料。

《中国说》全书共 20 章,先后分为三个部分:"冲突""危机""意义",孟治回顾了从 1894 年到 1932 年的中日关系。在第一部分"冲突"里,对满洲的地理情况及历史渊源作了详细的介绍,主要梳理此次中日冲突发生之前的国际事件纠葛,引用了大量外国学者的言论支撑其观点。第二部分"危机"包括第十一章至第十四章,对"九一八"事变、占领东三省、"满洲独立"和上海战争进行了连续的描述,重视具体事实和细节的呈现。第三部分"意义",分析日本国家的历史发展脉络及其意识形态,警醒世界日本的野心不仅在于中国,若任其发展,将会威胁世界的和平。

《日本说》作者河上清在序言中毫不避嫌地表明了自己"爱国公民"的身份,"作者希望这本书能被认为是一位爱国的日本公民的贡献,他热爱自己的祖国,但在国外生活了足够长的时间,能够理解和欣赏美国和欧洲对远东问题的看法"。[①] 作者强调"爱国",并主张为母国日本做出贡献,一面批判"排外主义",并在书中将中国人的爱国情绪概括为"不讲道理,通常是自私的排外主义",不仅有明显的情绪化,而且持"双重标准"。书中的第一、三、四章大致强调日本为维护中国的完整性而战,并为中国东北的经济贸易、铁路交通做出贡献;书中的第二、五、十、十一、十四章主要批评中国违反 1915 年条约(即所谓"二十一条"),斥责中国毫无法律精神,并声称中国的抵货运动激起了日本不满的情绪,将战争的源头指向中国;第六、七、八、九、十三章是对"九一八"事变和"一·二八"事变的解释,第十二章大致是阐述"满洲国"建立的合法性与合理性,坚称中国领土完整,否认侵犯的事实;在第十五章中对全新的世界秩序进行了展望。

表 1 《中国说》与《日本说》目录

《中国说》	《日本说》
颜惠庆对本书介绍	序言
韦罗贝对本书介绍	犬养毅首相的荐言

---

① K. K. Kawakami, *Japan Speaks: On the Sino-Japanese crisis*, New York: The Macmillan Company, 1932, p. Ⅴ.

（续表）

《中国说》	《日本说》
前言	第一章 日本为中国的完整而战
第一章 满洲	第二章 中国阻碍日本
第二章 走进日本和俄国	第三章 日本十年和解政策
第三章 日本关上了敞开的大门	第四章 日本诉诸干预
第四章 日本确立了经济和政治上的统治地位	第五章 1915 年的"二十一条"
第五章 "二十一条"	第六章 南满铁路和租界
第六章 人口问题	第七章 关于铁路的争论不休的问题
第七章 原材料问题	第八章 中国拥有的日本融资铁路
第八章 未解决的纠纷	第九章 铁路保卫与铁路地区
第九章 "条约权利"和"违反条约"等	第十章 反朝鲜活动
第十章 最后的清算	第十一章 中国违反条约
第十一章 最直接的原因	第十二章 开放门户与机会平等
第十二章 军事占领	第十三章 日本在上海的案件
第十三章 尝试解决问题	第十四章 抵货运动与排外主义
第十四章 上海	第十五章 干预的权利和新的和平体制
第十五章 日本的既成事实	附录
第十六章 日本十九世纪的思想和方法	
第十七章 军国主义和学术帝国	
第十八章 美国和新外交	
第十九章 危机与世界和平	
第二十章 日本面临的挑战	
附录	

　　在排篇布局方面,《中国说》相较于《日本说》显得条理更为清晰,按照事件发展脉络梳理了日本此番侵华行为的前因及后果,向世界公众展示了长期以来日本的挑衅与不轨。分析日本本土相较于满洲,其资源足够充裕以满足区域经济发展,反驳了历次国联会议上日本代表所谓的"经济发展的需求"的借口。重点强调无论前因如何,事件已然发生,翔实地讲述日本进犯造成的事实。在叙述事实的同时,深度分析日本国家的历史及其民族特性,将世界视为

统一整体,呼吁其他大国联合行动,若放虎归山,酿成大祸将殃及全世界人民。而《日本说》的行文逻辑前后联系疏散,情绪性较强,开篇强调"日本为中国的完整而战",赞美日本"大无畏"精神,解释日俄战争守护了中国的和平,与《中国说》的第二章"走进日本和俄国"有所区别。《日本说》还提及中国离间日本与其他国家等"忘恩负义"的行为、日本为缓和中日关系提出的和解政策,举证中国违反一系列条约的政治和经济方面的行为,并以美国举例说明日本诉诸干预并非特例,同时以此捍卫日本此番军事行动的合理性与合法性。

在笔墨侧重方面,《中国说》和《日本说》亦大有不同,中国强调日军进犯事件及其伤害,具有即时性、紧迫性;日本从事件的缘由发散性讨论,尽量回避正面讨论日军的一系列进犯行为,"顾左右而言他",并且花费大量笔墨,用了四个章节谈论南满铁路的经济意义,或许作者希望由此达到转移国际公众注意力的目的,从而形成拖延事件解决进程的效果。作者河上清清楚国际公众的判断依据与标准之一是国际条约,紧紧围绕"是否遵循国际条约规定"的问题,举证说明中方违约,同时强调日方行为的合法性。"每个人都根据他们先前与有关对象的历史关系以及他们在当前背景下对于该对象的评估两方面,给他们环境中的对象赋予价值。"①河上清的舆论输出精准控制在国际公众的共同经验范围内,细心考虑到信息接受方的知识准备与符号理解能力,意图按照国际公众的判断逻辑行文布局,侧重解说受众关心的问题,从而维护其国家利益,可以看出其宣传手段十分老到。

---

① 格伦·布鲁姆、艾伦·森特、斯科特·卡特里普:《有效的公共关系》,明安香译,北京:华夏出版社,2002 年,第 227 页。

第三章　唇枪舌剑:中日辩争的具体问题

　　拉斯韦尔在《世界大战中的宣传技巧》一书中,从操纵和管理舆论的角度分析一战中各国所使用的宣传技巧,总结得出"它是新的社会发动机……宣传的运作机制就是揭示社会行为的秘密原动力,就是将我们盛行的有关主权、民主、诚实和个人意见的学说置于最尖锐的批评之下"①,因此呼吁重视宣传的作用以达到维持士气、统一情感的效果。拉斯韦尔在宣传时关注的是直接操纵社会暗示,而不是通过改变环境或有机体中的其他条件控制公众舆论和态度。②

　　无独有偶,认同舆论宣传对于社会暗示具有操纵作用的学者还有沃尔特·李普曼,曾任驻法国的美国远征军(American Expeditionary Forces)宣传部门的政治顾问和首席编辑,在舆论战的理论与实战研究方面很有造诣。他在出版于 1922 年的《舆论学》(*Public Opinion*)中论证说,大多数人面对的政治世界是"摸不着、看不见、想不到"的,真实的环境被"拟态环境"(pseudo-environment)取代,它由忽视、歪曲、传统、情绪、成见和被操纵的舆论构成,于是公众舆论便成为事实真相的"经过整理的道德化版本"③。

　　近代政治体现于近代战争中,舆论与宣传则是近代战争中不可忽视、不容小视的组成部分之一。过去的世界大战的历史表明,近代战争必须在三个阵线展开:军事阵线、经济阵线和宣传阵线。④ 在这个意义上,《中国说》和《日本说》是另一条战线的中日战争。

---

　　① 哈罗德·D. 拉斯韦尔:《世界大战中的宣传技巧》,张洁、田青译,北京:中国人民大学出版社,2014 年,第 177 页。

　　② 哈罗德·D. 拉斯韦尔:《世界大战中的宣传技巧》,第 22 页。

　　③ 参见 Arthur M. Schlesinger Jr, *The Politics of Hope: Some searching explorations into American Politics and culture*, Boston: Houghton Mifflin Company, 1963, pp. 136 - 137。

　　④ 哈罗德·D. 拉斯韦尔:《世界大战中的宣传技巧》,第 173 页。

第一节 "满洲问题"

一、中方的表述

首先,孟治以主人翁的口吻对满洲的历史沿革、地理环境娓娓道来,强调满洲是中国不可分割的一部分,并从国际法律角度分析自 1644 年清朝建立至当时近 300 年的时间里,中国对满洲的主权一直是无可争议的。这一点也得到了列强的承认。1928 年 7 月 13 日,在答复下议院的一个问题时,奥斯丁·张伯伦(Austen Chamberlain)宣布,英国宣布满洲是中国的一部分,除了币原喜重郎在华盛顿会议上概述的条约所特别给予的利益,不承认日本在"满洲"有其他任何特殊利益。1928 年 5 月 21 日,美国国务卿弗兰克·凯洛格(Frank B. Kellogg)对新闻界表示:"在美国看来,满洲实质上是中国的领土。"①更何况长期以来,中国人对满洲的管理是系统性的。孟治在《中国说》中强调:"清朝政府曾一度试图阻止中国其他地区的移民进入满洲,并为满洲人保留土地,但这一法规从未得到有效或严格地执行。自清朝建立以来,满洲人要么迁入长城以内,要么与当地汉人通婚。……汉人和满人如今说的是同一种方言。在语言、习俗、传统和情感上,满汉是一体的。在今天中国人的社会和政治思想中,满人和汉人是绝对没有区别的。满人通过联姻的方式接受中华文化,并自愿与汉人融合在一起。如今,满洲 97% 的人口是中国人。"②从政治统一、人口众多和文化认同三个维度,分析了中国对东北地区行使主权的合理性。

其次,《中国说》揭示日本趁虚而入的"历史机遇"就是日俄战争。历史上日本对华频频挑衅、屡屡得手已极大地激发了日本军国分子的征服欲。可以说,日俄战争时日方是有备而来的,早已觊觎俄国位于东方的土地与财富。与此同时,中国的另一个邻居——俄国也并非良友,利用中国对日本占领南满的

---

① Chih Meng, *China Speaks: On the conflict between China and Japan*, New York: The Macmillan Company, 1932, p. 4.

② Chih Meng, *China Speaks: On the conflict between China and Japan*, New York: The Macmillan Company, 1932, p. 5.

恐惧，佯装友好提出在日本再次进攻时协助保卫中国。《中俄密约》是在1896年中国战败后订立的。中东铁路是在1896年两国联合控制下建造的，辽东半岛于1898年租给俄国。很快，俄国成为第二个日本，不仅在协议签订一年后就将其撕毁，而且非法利用中国的内部条件，强行扩大对满洲的控制。

与此同时，日本试图准备第二次夺取满洲，于是在1904年，日本向俄国宣战，挑战俄国在"满洲"的地位。日俄战争两霸相争，中华国土上山河破碎，生灵涂炭。然而最终的国际裁决满足了日本所欲所求——根据1905年的朴次茅斯条约，日本成功插足满洲并站稳了脚跟。日本获得了俄国在辽东半岛的权利转让，包括大连和旅顺港两个重要的港口，并获得了贯穿满洲最富裕地区的中东铁路南段的控制权。日本在战事上没有取得决定性的胜利，但已然达到了上一次对华战争的目标。此外，日本在朝鲜的特殊政治和军事地位得到了中俄的承认，就这样为以"九一八"事变为始的大规模侵华做好了准备。

对于日方惯称的"为中国的完整性而战"，孟治认为，比较一下这里的历史和后来日本对历史的合理化是很有意思的。在中日战争中，日本显然没有考虑到中国的完整性。在1904年向俄国宣战时，日本又宣布"朝鲜的完整和独立是这个帝国深切关注的问题"。1910年，日本吞并了朝鲜，从那以后，就一直把朝鲜人民压制在它的铁蹄之下。这些事实似乎并不能证实它所宣称的"克己"和"牺牲"动机。这场战争的确让日本损失了许多日元和生命，但这就是所谓帝国主义"荣耀"的代价！[1] 宣称为别国的完整性而战是日本一贯的伎俩，显然，在日俄战争的出师之名上抵牾无疑，丑态毕露。

最后，孟治一针见血地指出日本自进入满洲后就决心建立其在南满的经济和政治主导地位，通过垄断铁路行业阻止中国发展自己的铁路系统，从而控制中国区域交通并设立相关所谓的管理机构进行经济和政治管控以达到政治和战略目的。"1. 由南满铁路公司负责经济和金融控制。2. 关东租界政府负责政治控制。3. 关东警备区进行军事控制。这三个机构是相互独立的。关东租界总督由日本天皇任命。在满洲行使政治和司法权的日本领事官员由关东租界政府管辖，而不是外交部。日本在满洲驻军的指挥官隶属于陆军部。

---

① Chih Meng, *China Speaks: On the conflict between China and Japan*, New York: The Macmillan Company, 1932, p.12.

这三个机构都直接对日本天皇负责"①,并且垄断在满洲的投资专属权,孟治列举:1907—1910 年日本阻止美国和英国通过新民屯—法库门铁路项目、诺克斯计划、锦州—瑷珲铁路工程向中国提供铁路建设贷款;1911 年日本和俄国主张在蒙古和满洲拥有优先投资的特殊利益,并对财团贷款施加政治条件;1915 年日本根据"二十一条",要求在内蒙古和满洲地区有优先投资的权利而美国拒绝承认任何违反门户开放的条约……②

孟治介绍了日本如何进入南满,如何关闭开放的大门,以及如何通过阻止中国和其他列强的联系发展满洲,特别是通过铁路控制满洲从而建立自己的政治和经济主导地位。"在 1905 年到 1915 年期间,她已经成为主宰者。"③他将日本的诡计一一拆解,展现在世人面前。

二、日方的表述

河上清并未正面回应日本对满洲的军事行为,从辩论的角度看,直接回应满洲的一系列军事行为会暴露日方的不轨行径从而落人口实,弄虚作假也并非上选之策。于是河上清从久远的日俄战争谈起,谴责俄国对中国的侵略,赞美日本考虑到"唇亡齿寒"的道理,为邻居中国浴血奋战,"日本人牺牲的鲜血和财富是中国保持完整的原因(既不是得益于开放门户的理论,也不是英美对俄国的照会的缘故),只要任何外国援助都能保持它的完整"④,进而谈到对"满洲"的涉足,巧妙地赋予侵占"满洲"以经济含义,避重就轻,尽量避谈政治内涵,即使谈及政治,也将入侵"满洲"美化为守卫"第一道防线"。

《日本说》一书中对于"满洲问题"的叙述包含以下三个方面内容。

第一,出于经济发展的目的,只为从满洲获得原材料,对土地没有占有的欲望,但与此同时,满洲是日本守卫国土的第一道防线。

---

① Chih Meng, *China Speaks: On the conflict between China and Japan*, New York: The Macmillan Company, 1932, p.19.

② Chih Meng, *China Speaks: On the conflict between China and Japan*, New York: The Macmillan Company, 1932, pp.26 - 27.

③ Chih Meng, *China Speaks: On the conflict between China and Japan*, New York: The Macmillan Company, 1932, p.29.

④ K.K.Kawakami, *Japan Speaks: On the Sino-Japanese crisis*, New York: The Macmillan Company, 1932, p.10.

　　河上清直言"日本于 1931 年 9 月 18 日开始的干预不应与沙俄 1886—1904 年的侵略相提并论"，认为两者起码在原因和动机方面是迥然不同的。"沙皇唯一的动机是对土地的欲望。日本目前干预的原因和动机与之完全不同，我们将在下面的章节中看到。日本不是被对土地的欲望驱使。它想要的是畅通无阻，和平地获得满洲的原材料，在公平和可接受的原则下给予和索取，一切为了生存。日本没有其他途径来实现工业化，从而解决其紧迫的人口问题。"且将日本类比作工业革命时期的英国，企图获得英国等欧洲国家的理解，"日本正试图进行转型和调整，就像 1846 年后英国所做的那样。如果英国还是一个农业国家，它的人民就会争先恐后地聚向海边。通过成为一个制造业国家，英国得以维持的人口数量是其国土所能供养人口的三倍。这正是日本一直在努力做的事情。但要做到这一点，日本必须拥有在国内无法获得的现代工业的基本原料"。河上清强调满洲对于日本国民经济发展的重要性，认为"满洲是日本在中国寻找这些必需品的合乎逻辑的地方"，轻描淡写地一笔带过其侵华的原因："20 年来，直到为确保畅通无阻地获取满洲未开发资源而进行的和平努力失败后，日本才诉诸军事干预。"又将日本与美国作比较，认为一方面，"日本在满洲的扩张，比美国在加勒比海和中美洲的扩张更具有防御性。经济上，日本人口密集，自然资源匮乏，而美国实际上是自给自足的。从战略上讲，美国几乎不受外国入侵的影响，因为没有外国敌人能够征服它广阔的领土和庞大的人口。另一方面，日本……经常暴露在外国入侵之下。它在世纪之交进入满洲，主要是为了应付这种危险。今天的满洲仍然是日本的第一道防线"。[①]

　　第二，中国的反日煽动与宣传愈演愈烈，在华日人的生命、财产受到威胁，在华日本企业也无法正常经营，日军在满洲行动只是自卫的表现。

　　《日本说》指责中国借题发挥，仅仅因为日本不同意立即取消域外管辖权便任意取消了《商事条约》且加大了反日活动的宣传力度。"特别是在满洲，抗日风潮变得越来越凶猛……曾要求日本警卫队从铁路沿线撤离，而无视'匪徒'频繁袭击铁路和铁路区人民的行为。还曾要求取消该地区的域外管辖权。官方支持的抗日协会总部设在奉天市，其分支机构遍及满洲，这威胁到与日本

　　① K. K. Kawakami, *Japan Speaks: On the Sino-Japanese crisis*, New York: The Macmillan Company, 1932, p.138.

有业务关系的中国人的生命,从而使日本企业越来越缺乏安全感。日本和朝鲜的土地租赁者受到大规模驱逐的威胁,或者实际上被驱逐了。年轻的军阀张学良领导下的中国军队变得挑衅性很强。他的一些官员公开宣布,和他们的士兵几乎不断参与内战,日本已经多年没有实际作战,因此,战胜日本人并采取武力占领南满铁路和租赁领土将是一件容易的事。"①河上清直言被煽动起来的中国士兵和土匪群体的挑衅行为与破坏日本铁路的行为频率越来越高,倒打一耙,称中国通过野蛮行径驱逐日本侨民与企业,而非通过外交会议解决问题。与此形成鲜明对比的是,该书第三章讲述日本在中日和解道路上单方面努力了十年,营造了日本苦心孤诣和平解决中日矛盾的形象。"居住在铁路区的 20 万日本人看到他们的地位变得越来越难以忍受,因此派代表团前往东京说服币原喜重郎,让他相信自己的调解劝说政策是徒劳无益的。币原男爵回答:'从十九世纪的角度考虑二十世纪的外交问题是不明智的。'如果中国是一个二十世纪的国家,他本来是对的,但事实并非如此。中国是中世纪国家,思想和行为都依照十四、十五世纪的传统。"②借用币原喜重郎的话暗示中国并非现代国家,无法按照现代法律正常交涉,又嘲讽币原喜重郎对华的殷勤交涉徒劳无功,"币原喜重郎按照二十世纪的理想和原则来处理这个中世纪的国家。当然,中国从来没有理解过他,更不用说感激他了"。此时,日本军方相信中国的目标是将日本"赶回海上","而币原喜重郎所实行的'新'外交鼓励中国进一步实现这一目标。正如军队所看到的那样,中国深信想让我们逃亡,只需要紧紧追赶我们就可以把我们完全地从满洲赶出去"③。"政友会断言,币原喜重郎'软弱无能'的态度使中国认为日本是一个'容易被欺负的对象',这不可避免地导致了'九一八'和南京政府一再违反条约,并问道,在中国无意与我们妥协的情况下,还用什么和解政策?"④《日本说》"一石二鸟",不仅批评币

---

① K. K. Kawakami, *Japan Speaks: On the Sino-Japanese crisis*, New York: The Macmillan Company, 1932, pp. 33 - 34.

② K. K. Kawakami, *Japan Speaks: On the Sino-Japanese crisis*, New York: The Macmillan Company, 1932, p. 34.

③ K. K. Kawakami, *Japan Speaks: On the Sino-Japanese crisis*, New York: The Macmillan Company, 1932, p. 35.

④ K. K. Kawakami, *Japan Speaks: On the Sino-Japanese crisis*, New York: The Macmillan Company, 1932, p. 36.

原喜重郎的对华政策不合时宜,更将中日交涉失败的原因归咎于"中国的落后与野蛮"。

第三,日本在满洲的合法权益由 1915 年条约赋予,任何干预行为只是为了维护权益。河上清认为中方不应以对"二十一条"产生异议的"借口"拒绝日本进入满洲进行"正常"的商业经营。

《日本说》称:"1915 年缔结的《中日条约》所产生的'二十一条',至今仍是中日两国争执的焦点。中方辩称条约是她在胁迫下签署的,因而无效。日方则声称完全没有胁迫,另外中国在 1915 年反对的那些条款已经删除,这样她对那些条约的剩余部分不应该有任何异议。"①且日方认为对于存在争议的部分,譬如与山东条约有关的内容业已删除,剩下的条约应该被给予应有的尊重,尤其应当遵守维护日本在满洲合法权益的条约内容,"日本也在华盛顿会议上明确放弃所谓的五大集团的原始要求……某些铁路特许权她已经在满洲获得。剩下的只是一项条约,最重要的条款是其中包括了维护日本在满洲的经济利益"②,并声称如果 1915 年缔结的"二十一条"在讨论中提出但却被宣布无效,那么将由《朴次茅斯条约》来界定日本在"满洲"的权益,同时断言:中国导致了 1904—1905 年的日俄战争,有责任支付日本要求的任何赔偿,其中包括满足日本在满洲的许多要求。河上清强调与日本的克制、循规蹈矩相比,中国政府无法保证在"满洲"进行正常贸易的安全条件,"无论是在满洲还是在中国的任何其他地方,日本都没有做过任何妨碍维持贸易平等机会的事情。但是,当军阀和政客们破坏铁路、敲诈勒索和煽动排外情绪时,是否能够确保任何平等或不平等的商业机会? 美国公司向中国政府(即中国军阀)出售了价值数千万美元的铁路和其他材料,却收不到一分钱,他们完全明白这一点"③。河上清的文字强调与读者的对话性,通过不断展现中英、中美之间的摩擦或争议来博取英美读者的同情与共鸣,企图塑造中国行为不端、不守诚信的形象。

①　K. K. Kawakami, *Japan Speaks: On the Sino-Japanese crisis,* New York: The Macmillan Company, 1932, pp. 41 – 42.

②　K. K. Kawakami, *Japan Speaks: On the Sino-Japanese crisis,* New York: The Macmillan Company, 1932, p. 42.

③　K. K. Kawakami, *Japan Speaks: On the Sino-Japanese crisis,* New York: The Macmillan Company, 1932, p. 94.

第二节　遵守还是违反国际条约

一、中方的表述

关于"遵守还是违反了国际条约",中日双方各执一词。对此,孟治在《中国说》里做出明确回应。针对日方所强调的 1915 年条约,孟治作出以下解读:"1905 年的《朴次茅斯条约》将中东铁路南部的控制权和包括旅顺港和大连在内的辽东半岛的租让权移交给了日本。其在南满的权利基于俄国的原始租约,该租约在 1923 年到期。⋯⋯自 1923 年以来,日本将其对铁路和租界的控制权建立在 1915 年条约的有效性之上,而 1915 年条约是由'二十一条'产生的。"①"1915 年提出的'二十一条'是为了给其非法获得的东西加盖'橡皮图章'而被承认,并为其意图得到的东西取得'条约基础'。"②对于日本坚持的条约内容,孟治引用了美国著名中国通、远东司司长的斯坦利・亨培克(Stanley K. Hornbeck)在其论著《远东的当代政治》中的评论:"承认第一条将意味着广泛丧失主权,意味着中国意识到自己无力管理自己的事务,并将不可避免地导致尖锐和无法容忍的冲突。如果批准第二项,中国市场将比以往任何情况都更明显地无法遵循机会平等原则⋯⋯如果中国同意这些及其他要求,日本就会立即使中国成为日本的附属国。"③可见,1915 年的"二十一条"是日本为侵略中国而构造的"条约武器",其实质的不平等显而易见,因此中方并不认为该条约具有法律效力。孟治坚称:中国在这份文件上的签字迫于日本以武力为威胁的最后通牒且这些所谓的条约从未得到中国立法机构的批准。相反,历届中国政府在许多场合都宣布这些法案是根本无效的。最重要的是,根据"二十一条"达成的协议违反了国际正义的所有原则,特别是门户开放和《九国公约》的原则,因为它们规定了日本的专属权利和政治统治权,并且损害了中

---

① Chih Meng, *China Speaks: On the conflict between China and Japan*, New York: The Macmillan Company, 1932, pp. 29 - 30.

② Chih Meng, *China Speaks: On the conflict between China and Japan*, New York: The Macmillan Company, 1932, p. 29.

③ Chih Meng, *China Speaks: On the conflict between China and Japan*, New York: The Macmillan Company, 1932, p. 32.

国的领土完整和行政独立。① 综上所述,《中国说》反对 1915 年条约的有效性。

为加强"条约无效性"的说服力度,孟治又引用了英国学者霍尔(W. E. Hall)的《国际法论著》:"一项条约一旦危及国家的生存或与国家独立不相容,它就会失效。"中国不可能在危及其独立国家地位的情况下承认"1915 年条约"的根本效力。由于 1915 年口述的"协议"具有极端不道德和不公平的性质,中国政府一再寻求公平解决这些协议所造成的问题。严格意义上讲,国际法并不总是使在胁迫下签署的条约无效。但不公正的条约就像不公正的法律,它们总是导致冲突和战争,1915 年条约的恶不仅在于其内容的不平等和压迫性,更在于它导致了冲突和战争。而越是遵循恶的条约,越是在挑战公平与正义的底线。

"看似一成不变的中国近年来一直在迅速变化。中国已经觉醒。她本能地首先想到自我保护。她发现了民族主义,现代国家权力的秘密,以及对主权的现代定义。……他们在近一个世纪前强加给中国的不平等条约,造成了极大的不公正。尽管情况发生了改变,新中国的愿望是合理的,但列强特别是日本,却不愿意消除这些不公正的条件,以便给中国提供充分的机遇解决自己内政的问题。对于那些不平等、不公正的条约,中国人民已不能再视而不见,也不能再保持沉默。如果你愿意,可以称之为排外主义;这是排外不公正。从这个意义上说,美国十三个殖民地也是'排外的'。"② 孟治认为不平等条约令列强介入中国内政,使中国失去内部革新的机会,所谓的"排外"排斥的是外部的不公正势力,正如美国十三个殖民地的崛起也需要凝聚内部力量成长起来,由此希望引起美国读者的共鸣。

孟治在书中常使用生动的比喻手法来形容事件,他将日本比作"窃贼",将 20 世纪 30 年代的中国比作"病人",说道:"一个窃贼正试图勒死一个病人,尽管病人很虚弱,但病人还挣扎着还击。当然,如果病人屈服了,对强盗来说,一切都将是顺利和愉快的。此时病人的策略可能被描述为'挑衅',这将取决于

---

① Chih Meng, *China Speaks: On the conflict between China and Japan*, New York: The Macmillan Company, 1932, p. 33.

② Chih Meng, *China Speaks: On the conflict between China and Japan*, New York: The Macmillan Company, 1932, p. 65.

你开始的前提和你如何看待它。"①从中深入浅出地说明了日本以恶的条约为借口进行不法犯罪，中国有所行动、与之抵抗是与罪恶抗争，而非挑衅与违约。

孟治又将日本入主满洲比作窃贼登堂入室，"在窃贼殴打了房主并占据了他的部分房屋后，他还能指望房主对他彬彬有礼、一丝不苟，就像他是合法的房客一样吗？"《中国说》一书向世人宣告中国并没有完全顺从日本的愿望，也没有对日本的一切侵略和剥削行为都温和地让步，而日本自1915年以来的一切所谓"条约权利"都是在帝国主义的罪恶中孕育而成的。那么，中国也就无须遵守上述条约的义务了，孟治的说理一以贯之。

对于日方在中国境内的军事行为，《日本说》辩解理由是"其他大国过去也采取过类似行动"，并试图将日本政府的行动与美国在墨西哥和南美洲的行动相提并论。孟治认为：这是一条曲折又危险的推理路线。"首先，必须根据其本身的是非曲直以及具体的背景和情况来判断日本的行动是否正确。其次，时代发生了变化，国际法和伦理方面取得了很大进展。曾经有一段时间，没有国际法和道德来指导国家之间的关系，而强权成为衡量是否正确的标准。直到1928年，也就是不到四年前，世界各国才郑重谴责战争是国家政策的工具。用已经过时和被抛弃的标准来为现在的行为辩护是一种多么危险的学说。如果美国要像日本那样收取公共和私人贷款，她将不得不占领南美的大部分地区，以及几乎所有的欧洲国家！"②进一步指出在推进这一论点的过程中，日本还试图迎合某些欧洲大国自私的一面，因为在瓜分中国这一事件上它们或多或少与日本"同舟共济"。对于这种结党营私的意图，孟治批评道："很明显，日本外交的目的是拉拢某些欧洲大国站在日本一边，对抗在中国的记录是绝对干净的且意图一直是明确的美国。到目前为止，这条攻击线还算成功。自1931年11月国际联盟理事会在巴黎召开会议以来，法国和英国对维护联盟盟约的态度有所缓和。新任命的英国外交大臣约翰·西蒙爵士经常把日本称为'我们的前盟友'，而法国媒体则认为日本是条约神圣性的捍卫者。如果日本成功地使英法两国联合起来组成一个集团，恢复相互维护特殊利益和势力

---

① Chih Meng, *China Speaks: On the conflict between China and Japan*, New York: The Macmillan Company, 1932, p. 61.

② Chih Meng, *China Speaks: On the conflict between China and Japan*, New York: The Macmillan Company, 1932, p. 120.

范围的旧游戏，远东地区的政治局势将恢复到上个世纪末约翰·海伊宣布门户开放原则时的那种危险状态。"①

二、日方的表述

日方坚称条约本身应该具备有效性，应当被尊重、被执行。《日本说》一书对中国无视日本如此看重的 1915 年条约的原因给出了答案。"中国对 1915 条约的合法性存在争议，唯一的理由是那是在胁迫下签署的，也就是说，是在日本下最后通牒后签署的。"②

河上清认为从谈判记录和国际法的角度来看，中方的"胁迫理论"是站不住脚的。他以谈判的记录及日本加藤外相的传记为据，谈判记录显示："1915 年 2 月 12 日，也就是说，'二十一条'提出后仅二十四天，最后通牒提出前八十五天——中国政府提供了一个相反的创议，拒绝了日本的一些要求，同意将旅顺和大连的租期以及南满铁路的期限延长至九十九年（它还同意承认日本继承此前德国在山东的权利）。所有这些都在中方于上述日期递交给日本外相的反议案中得到了明确的表述。到 4 月 17 日，所有其他基本要点都已商定"；负责"二十一条"的日本外相加藤在传记中记载，有一位中国代表在谈判过程中非正式地要求日本发出最后通牒，以便袁世凯总统能在政敌面前有签署条约的借口。因此，这些都能表明中国谈判条约内容时不存在不知情或被胁迫的状况。另外，河上清企图从国际法的角度论述中方收到最后通牒与签署条约后的执行性并没有冲突，因为日方发出最后通牒并不是一种胁迫形式，"如果中国代表团被用枪指着让他们在条约上签字，那将是另一回事。而在 1915 年的谈判中，这种事情并没有发生"③。

《日本说》在论述中国不遵守条约时将之上升到影响国际秩序的高度，认为中国的"胁迫理论"大谬不然，如果遵照了中国的"胁迫理论"而废除 1915 年的条约，那么其他国家之间的众多条约将面临类似的情况，从而使国际关系陷

---

① Chih Meng, *China Speaks: On the conflict between China and Japan*, New York: The Macmillan Company, 1932, p. 121.

② K. K. Kawakami, *Japan Speaks: On the Sino-Japanese crisis*, New York: The Macmillan Company, 1932, p. 46.

③ K. K. Kawakami, *Japan Speaks: On the Sino-Japanese crisis*, New York: The Macmillan Company, 1932, p. 47.

入混乱。"如果开了中国的先例,德国和其他被《凡尔赛条约》'压迫'的欧洲国家肯定会效仿中国。一旦日本在所谓的胁迫理论下被迫放弃旅顺港、大连,英国在香港和九龙的财产也会被封印,尽管它们是在条约签订之后割让的,中国从未承认它们理应属于英格兰。"①这一论述不可谓不狡猾,河上清运用推己及人的宣传策略说旅顺、大连之于日本相当于香港、九龙之于英国,暗示英国方面一旦中方说法占了上风那么英国的利益也极大可能一并受损,尽力争取英方同盟的支持,守护既得利益,更能将此阵营美其名曰"维护国际社会秩序",利益与美名尽收己有。

河上清进一步将当下的中日战争与当年的中英鸦片战争作类比,并称所谓的"鸦片战争",其真正原因不是鸦片,而是中国拒绝与英国平等对话,他引用了曾任美国总统的约翰·昆西·亚当斯在 1841 年马萨诸塞州历史学会上的发言:"中华帝国的基本原则是反商业……它不承担与他人进行商业往来的义务。它完全否认了其他国家与其自身的平等,甚至别国的独立。它认为自己是水陆的中心,以及与它有任何政治或商业关系的所有其他国家,就像外来的附属国野蛮人恭敬地服从它的专制统治者的意志一样。……这是事实,而且我认为,这是大不列颠和中国两国政府和国家之间唯一存在争议的问题。这是一个普遍问题,但我认为,这场争吵只是针对由英国进口的某些鸦片而产生的误解。英国商人进入中国并被中国政府扣押,原因是他们非法进口……战争的起因是磕头! 中国傲慢而又令人难以忍受的妄自尊大,声称要与世界上其他国家进行商业往来,但条件不是平等互惠,而是地主与奴隶之间的侮辱性的关系。"河上清认为,"就像 1841 年的情况一样,1931 年的情况也是如此。在中央鸦片战争之后的 90 年中,中国人的民族心理发生了变化,但变化不大"②,由此给读者留下中国刻板守旧、蛮不讲理的印象,可见《日本说》一书中并没有对中国进行直接攻击,而是在字里行间构建了中国的不良形象。

与此同时,《日本说》举例英国修建京奉铁路的"悲惨状况","以京奉铁路为例,它是由英国工程师用英国材料建造的,有一半轨道穿越满洲。由英国的

---

① K. K. Kawakami, *Japan Speaks: On the Sino-Japanese crisis,* New York: The Macmillan Company, 1932, p.48.

② K. K. Kawakami, *Japan Speaks: On the Sino-Japanese crisis,* New York: The Macmillan Company, 1932, pp.47-48.

汇丰银行提供的贷款约为五千万元,这些贷款是以铁路的财产和收入为担保的,若发生违约,中国政府将承担责任。如果中国政府未能兑现这一承诺,这条道路将由英国银行接管,直到贷款的本金和利息全部赎回。根据贷款协议,总工程师、会计和'铁路工作人员的主要成员'都是英国人,换句话说成员都是欧洲人。这条路从一开始就非常有利可图,在 1903 年,也就是运营的第一年,它的净利润为 4%,到了 1906 年,利润为 20%。然而随着军阀混战的出现,昔日美好景象不再,这条铁路在屡屡爆发的内战中经常被用来免费运送兵力。公路和火车都被滥用,铁路早就不再是一种安全的公共运输工具了。更糟糕的是,这条铁路的收入被张氏家族收入囊中,他们对英国债权人一再的抗议置若罔闻。英国工程师和会计本应保护英国的利益,却受到军阀恐吓而屈服,并对此无能为力。十多年来,英国的贷款没有得到偿还"[1],意在说明在内部混乱、管理不善的国家内,"门户开放"和"机会均等"原则均不适用,从而做出日方不必遵循此二项原则的解释,从所谓"文明冲突"的角度抨击中国,否定了中国方面认为"二十一条"与"门户开放"和"机会均等"原则冲突的说法。

第三节　铁路问题

一、中方的表述

铁路问题在《中国说》一书中所占篇幅不多,但不代表中方不重视这个问题,孟治比较倾向于将有限的篇什留作叙述日军进犯造成的现实问题。中日两方撰写的书中对铁路问题的描述有重合之处,因此在众多问题中,铁路问题十分具有对话意义。

孟治强调"南满铁道株式会社"(简称"南满")并不是一个纯粹的商业公司,掌握这一点才能正确认识"满洲"的局势。"以铜为鉴,可以正衣冠;以史为鉴,可以知兴替。""英国东印度公司使印度成为英国的殖民地,与之相比,南满不再是一个商业问题。该公司实际是日本政府的一个部门,这一点可以从创建该公司的不同帝国法令中得到证明:总裁和副总裁由日本政府任命;日本政

---

① K. K. Kawakami, *Japan Speaks: On the Sino-Japanese crisis*, New York: The Macmillan Company, 1932, p. 103.

府应从股东中任命董事;日本政府有权对该公司的业务进行监督,并有权辞退
职员;关东军总司令应负责公司铁路的运营和保护(必要时可使用军事力量)。
该公司不仅直接和间接经营铁矿、煤矿、油页岩及利用平台、港口和轮船航线,
而且在很大范围内控制着公共服务。它在四个以上城市拥有发电站,在两个
城市拥有有轨电车,在六个城市拥有燃气厂,在十七个城市拥有自来水厂。日
本政府在满洲的政治和军事管理部门篡夺了中国政府履行税收职能和在铁路
沿线驻扎一师十六营军队的职能。他们为自己建立了一个'国中之国'。"

　　在日方的宣传中,中国向别国贷款建设铁路却经营不善以致无力偿还债
务,令日本不得不进行干预。《中国说》驳斥了这类说法,指出日本居心叵测,
私心垄断铁路行业而且一直试图在铁路贷款中附加政治条件。"每当中国试
图用自己的资金建造铁路时,日本都会以可能使其铁路交通中断或违反'1905
年秘密协议'为由进行抗议和威胁,还使用非官方手段阻挠。例如,1927 年,
南满拒绝运输中国政府从美国购买的铁路,声称铁路材料只能从日本购
买。"①"中国试图建立自己的铁路系统经历了一段最艰难困苦的历史。有些
时候,中国不得不向日本借钱;某些情况下,中国改变路线,因为日本反对它们
的战略性质,反对它们与日本铁路平行……中国政府的目标是:1. 连通满洲
三省,实行行政管理;2. 开发本国境内的经济资源;3. 将她的陆路运输系统
连接到一个适合她自己的港口(葫芦岛)。而日本在铁路建设方面的目标是:
1. 所有的中国铁路都要成为日本铁路的支线,而不是独立于日本铁路;2. 连
接满洲、内蒙古与朝鲜以达到战略目的;3. 所有的铁路线都集中在日本控制
的旅顺港和大连港,中国不得把葫芦岛发展成自己的海港;4. 所有铁路和港
口的租期延长 99 年。"②

　　由此可以看出,中日双方关于满洲铁路建设的争议集中在一个基本问题
上:日本是要垄断重要经济和战略中心的所有铁路建设,还是允许中国在自己
的领土上建立运输系统以便开发自己的资源?

　　《中国说》进一步指出铁路并非仅仅是交通运输工具,日本借此扩大势力

---

① Chih Meng, *China Speaks: On the conflict between China and Japan*, New York: The Macmillan Company, 1932, p.45.

② Chih Meng, *China Speaks: On the conflict between China and Japan*, New York: The Macmillan Company, 1932, p.46.

范围,并采取武力和其他非法手段获取铁路沿线的矿山和土地①,从而扩大其管辖权。孟治从历史地理角度普及道:满洲好比中国的头盔,外国势力可以随时从奉天威胁北平和天津,从山东或大连可以威胁到中国的咽喉。几个世纪以来,特别是自宋朝以来,"满洲"已经成功地被用作对抗中央政府的军事行动基地。② 由于南满的铁路尽在日本掌握中,日本成功地实现了其长期以来渴望巩固战略地位的计划。"日本已经在连接朝鲜和满洲。它的下一步计划是把洮南线延伸到热河。这样,它就可以在 48 小时内从朝鲜出发,通过大连、长城和西伯利亚边境的各个地点向中国派遣大批部队。日本可以更有效地利用军事压力,通过直接谈判将自己的意志强加给中国。"③

日本人声称日军在南满铁路及其周边区域的存在起到了稳定的作用,然而"在 1931 年 9 月之前,日本控制了 1 400 平方英里④的领土,不到满洲领土的 0.5%,在满洲驻扎的军队也不足 1 5000 人。但从那以后,日军至少 3.5 万名士兵继续占领了超过 20 万平方英里的满洲领土,但是,根据日本政府的说法,目无法纪的事件和土匪起义事件自那时起日益增多。在这一点上,日本人的说法常常自相矛盾"⑤,孟治认为这种说辞漏洞频出,经不起推敲。"在日本入侵之前的十年里,在'混乱的'中国失去生命的朝鲜人和日本人的总数不及 1931 年 7 月在'治安良好'的朝鲜就在日本军警当局眼皮底下被屠杀的中国人数量的一半。"⑥可见在日本统治的"满洲",中国人民的生命安全难以保障。

此外还有毒品严重泛滥的现象,"居住在满洲南部的日本国民中有不少于75%与毒品贩运有直接或间接联系。据上海海关统计,自 1929 年 1 月 30 日起至 1931 年 4 月 6 日止的两年多时间里,共在 41 艘途经上海的日本汽船上

---

① Chih Meng, *China Speaks: On the conflict between China and Japan*, New York: The Macmillan Company, 1932, p. 25.

② Chih Meng, *China Speaks: On the conflict between China and Japan*, New York: The Macmillan Company, 1932, p. 111.

③ Chih Meng, *China Speaks: On the conflict between China and Japan*, New York: The Macmillan Company, 1932, pp. 111 - 112.

④ 1 平方英里等于 2.59 平方千米。

⑤ Chih Meng, *China Speaks: On the conflict between China and Japan*, New York: The Macmillan Company, 1932, p. 128.

⑥ Chih Meng, *China Speaks: On the conflict between China and Japan*, New York: The Macmillan Company, 1932, p. 72.

查获鸦片 80 132 盎司,据称,这些大量鸦片的最终目的地是大连。在日本占领满洲之后,他们做的第一件事就是在他们军事统治下的领土上建立鸦片垄断,这是她对台湾岛实施的这种阴险的征服形式的重复,并实际取得了成果。在奉天、长春、济南、天津、厦门、福州等地,有许多公然无视中国、在日本领事的保护下经营的'毒品'窝点。在奉天的日本租界,这些小屋约有 200 间,屋主定期向日本警察交纳违禁品,以换取保护,此外,还发现约有 100 家吗啡商店,这些商店要么位于日本药房附近,要么位于日本人住宅的后方"。① 由此可见,日本以自卫之名行侵略之实,以仁爱为幌行剥削之事。

二、日方的表述

铁路问题是《日本说》中着墨最多的部分,可见作者欲通过阐述铁路及其相关问题说明中日矛盾之所在,"现在中日冲突的主要问题当然是满洲;对日本人来说,中国问题就是满洲问题;而满洲问题的核心是——这条铁路及其所伴随的保护南满铁路及其庞大企业的一切,这是这场危机的主要原因。南满铁路及其庞大企业受到了民族主义和满洲军国主义的恶毒鼓动和阴险阴谋的威胁"。②

无论在中国还是欧美等工业国家,铁路是 19 世纪国家发展的经济命脉,原因在于铁路不仅贯连交通,事关经济运输,铁路所在区域的管理还颇为重要,因此铁路问题不单纯是经济问题,亦包括了政治外交问题。《日本说》介绍道:"南满是一个半官方的公司,是根据 1906 年 6 月 7 日的帝国法令成立的,以改善和运营《朴次茅斯条约》规定俄国将其割让给日本的铁路。中国于1905 年 12 月签署的《北京条约》明确批准了割让",其中的铁路问题主要依照三条逻辑线索进行阐述,一是经营铁路的能力、管理铁路的权力;二是中方违约影响南满铁路经营,三是南满不仅负责了铁路经营还承担了铁路周边区域的公共设施建设,为支持"满洲"发展"呕心沥血",但中国非但没有知恩图报,还"以怨报德"。

---

① Chih Meng, *China Speaks: On the conflict between China and Japan*, New York: The Macmillan Company, 1932, pp. 123 - 124.

② K. K. Kawakami, *Japan Speaks: On the Sino-Japanese crisis*, New York: The Macmillan Company, 1932, p. 49.

　　第一，从铁路的经营能力讲起，河上清认为中国的铁路是由外国贷款建设的，但经营不善，在国家内战中频频亏损，被用作内战的武器、军阀敛财的工具，"在不幸的、持久的山东内战中，铁路的大部分车辆曾多次被征用于军事目的，尽管日本交通管理员坚持抗议，他在那里阻止了这种违规行为。1925 年 10 月和 1928 年 3 月，整个货运车辆都被从普通交通中分流出来，使该地区的贸易彻底瘫痪"。① 为了证明在中国管理下亏损的铁路可以在外国的高效管理下盈利，河上清举了上述山东铁路的例子，谈及这处铁路管理权，河上清强调是德国交由日本管理，1915 年至 1922 年由日本经营且运行状况良好，利润可观。"在华盛顿的会议上，中国提议直接购买这处所有权，并宣称中国人民出于爱国动机，将筹集必要的资金来支付所需的全部金额，因此日本将铁路移交给中国，中国方面同意以中国政府发行的为期 15 年的票据偿还日本……"②，言下之意是中国非但没有偿还债务的意愿，也没有偿还债务的能力。"然而，这条在中国人手中破产进而毁了的铁路，由于当年 5 月日本干预之后，由日本临时管理，在 1928 年获得了 1 000 万美元的收入。运载的乘客数量比前一年减少了五十万，但收入几乎是前一年的两倍，这仅仅是因为日本人要求每个乘客，无论中国人还是日本人，无论平民还是军人，都要支付车票，而且收入要进入铁路财政部，而不是中国军阀和政客的腰包。"③"鉴于中国拥有的铁路发生的情况，难怪日本对中国夺回南满铁道控制权的举动感到担忧。目前管理得非常好的这条铁路一旦被中国政客和军阀利用，将立刻走上中国所有铁路的老路，因为它现在正处于毁灭和崩溃的边缘。"④"满洲的中资铁路的悲惨故事只是中国各地类似铁路故事的重复。若所有铁路留在中国人手中，用于维修和保养的花费很少甚至没有，但是允许军阀及其士兵滥用，这注定要崩溃。"河上清此语意在说明日本的干预是出于经济目的，接管在华铁路

---

　　① K. K. Kawakami, *Japan Speaks: On the Sino-Japanese crisis*, New York: The Macmillan Company, 1932, pp. 71 - 72.

　　② K. K. Kawakami, *Japan Speaks: On the Sino-Japanese crisis*, New York: The Macmillan Company, 1932, p. 71.

　　③ K. K. Kawakami, *Japan Speaks: On the Sino-Japanese crisis*, New York: The Macmillan Company, 1932, p. 72.

　　④ K. K. Kawakami, *Japan Speaks: On the Sino-Japanese crisis*, New York: The Macmillan Company, 1932, p. 68.

既是"出于好意"帮扶经营,也是"迫于无奈"追回经济损失,更重要的是贬低中国政府的管理能力,向列强言明先进的国际法则无法在中国境内成立,紧扣全书的书写意图——表明中国的落后野蛮需要别国干预以尽快适应国际秩序的进步。

第二,河上清在铁路问题上同样抨击中国违反条约,指责中国建造与日本铁路系统平行的线路,"我们注意到中国一再企图违反1905年12月的《北京协议》,与南满铁道建立平行和竞争性的铁路线,该协议规定:中国政府为了保护南满铁道的利益,在他们收回上述铁路线之前,不得在该铁路线附近或平行于该铁路线的任何支线,或任何有损于上述铁路利益的支线建设铁路线。……但在过去的几年里,已故的满洲军阀张作霖及其儿子张学良无视条约义务和外国抗议。尽管日本不断发出警告,沈阳军阀实际上已经建造了这些与南满铁道平行的线路"①,强调这些平行的线路损害了日本的利益,而且这些"平行线本质上是军事的"②,并称南满铁道拒绝运送中国军队,于是张作霖和张学良利用这些平行线路加速运输他们的部队从吉林和黑龙江省到南满参加内战,还利用这些平行线路大肆敛财。

第三,从日本的"大国责任"角度,河上清着力宣传日本不仅悉心运营铁路,而且在铁路周边区域提供许多公共措施,在书中明言:"南满不仅仅是铁路公司。尽管运输是其主要业务,但该公司大规模经营煤矿、铁厂、机车厂、码头和仓库;维持学校和医院;促进公共卫生,并为铁路区内的中国人和日本人的福祉开展各种公共工程。此外,它还控制着许多股份制公司,电力和天然气厂,航运和船坞公司,以及一系列现代化的酒店,为南满的旅客提供舒适的住宿。从交易的业务量和履行的职能范围来看,南满在东方,也许在整个太平洋地区是无可比拟的"③。

---

① K. K. Kawakami, *Japan Speaks: On the Sino-Japanese crisis*, New York: The Macmillan Company, 1932, p.60.

② K. K. Kawakami, *Japan Speaks: On the Sino-Japanese crisis*, New York: The Macmillan Company, 1932, p.63.

③ K. K. Kawakami, *Japan Speaks: On the Sino-Japanese crisis*, New York: The Macmillan Company, 1932, pp.51-52.

第四章　战事余烟：史料、现象与政治

无论是《中国说》还是《日本说》，两书均肩负着面向国际大众宣传的重任，基于当时国家政府对于国际舆论导控的需要应运而生，是一种政治性的操作手段。本章基于史料、现象与政治三个维度，从分析史料角度考察《中国说》与《日本说》，解构舆论战背后的因素，透过舆论对垒的现象，洞悉中日外交的本质；从《中国说》《日本说》成书与出版的现象层面出发则注重探究舆论战的舆情影响；将中日的舆论对垒视为一次政治操作，中日政要分别作序分别代表中日两国的国家意志，表明国家政府有意进行舆论导控，从中揭橥舆论争锋的张力与限度。

第一节　从"史料"分析背后因素

将《中国说》《日本说》视为史料，得以还原中日舆论对垒的局面，该局面的形成除了中日双方事出有因，还有一个不可忽略的因素，就是国联没有主动介入事件，而是作为双方辩论的平台，因而形成了中日舆论对垒的历史局面。美国作为非国联成员，却是《九国公约》和《凯洛格-白里安公约》签字国之一，在国际事务中有着举足轻重的地位，因此争取美国支持成为中日两方的外交要务。《中国说》和《日本说》正是在此背景中诞生，分别承担着中日两国对外宣传的重任。

《中国说》《日本说》的作者选择契合了官方宣传的需要，如果说"对中立国或同盟国的宣传中，最重要的人物通常是驻该国首都的官方代表"[①]，那么对于争取国联支持或者说争取美国人的支持的舆论战中，中日两国应当都找到了较为合适的人。《太平洋评论》杂志上的评论显示"河上清多年来一直是日

---

① 　哈罗德·D.拉斯韦尔：《世界大战中的宣传技巧》，第133页。

本媒体驻华盛顿的主要记者，也是远东事务方面见多识广的人才。他之前关于日本政治和外交的著作证明了他适合当前的任务。孟先生是华美协进社的副社长。他的职位使他特别有资格向美国人解释中国的情况"。[①] 一部分美国读者认为《中国说》让他们更加了解了远东的危机，"华美协进社副社长孟治的《中国说：关于中日冲突》（麦克米伦出版社）直截了当地阐述了中国的立场，并包含了国际联盟代表、中国驻美国公使颜惠庆。埃尔温·贝尔兹（Erwin Baelz）的《觉醒的日本：一位德国医生的日记》（*Awakening Japan：The Diary of a German Doctor*）讲述了日本帝国崛起为世界强国和强国的亲密故事。……毫无疑问，这些书籍将有助于读者更好地理解目前的东方危机，而美国读者在和平再次统治东方之前，将需要他们所能得到的一切理解"[②]。这侧面表明中方宣传目的达成。如果把国际正式会议场合比作场内，那么民间讨论则是场外，《中国说》和《日本说》的出版不仅能对官方领导层次人物的判断施以作用，而且令民间读者得以接触国际大事，从而由下至上地达成部分情绪反馈，那么两书的影响力就从场内流向场外，又从场外返回场内，达到循环效果。这种循环效果作用于舆论导控，属于外交策略的一部分，其中蕴含着与中日内政的因果关系。

中日舆论对垒实质上体现出中国和日本在危机应对策略上都呈现出一种外交受制于内政的现象。对此，中日两国都没有实现必要的整合和动员。日本内部一直存在政党与军部、海军与陆军等分歧与主导权争夺；中国内部各派力量短期内也没有因外侮快速走向协调，以抗日为手段促成权力重新分配的现象依然存在。这对中日两国的外交活动都产生了很大影响。

"九一八"事变发生时，中国内部政治亦波谲云诡，政府一再改组，对日政策随之变化，在反复与曲折中持续抵抗，在事变发生后至《中国说》成书出版这段时间内，总体呈现以外交求援助的基调。

作为当时国民政府的掌权人，蒋介石于 1931 年 9 月 22 日在南京市国民党大会演讲，表达了对日军暴行的愤慨，寄希望于国际公理明辨是非，给予中

---

① Arthur N. Holcombe, "Reviewed Work(s): Japan Speaks on the Sino-Japanese Crisis by K. K. Kawakami: China Speaks on the Conflict Between China and Japan by Chih Meng", *Pacific Affairs*, Vol.5, No.8, (August 1932), p.737.

② Herschel Brickell, "Sword-Rattling in the East," *The North American Review*, Vol.234, No.2, August 1932, pp.186–187.

国说法:"先以公理对强权,以和平对野蛮,忍痛含愤,暂取逆来顺受态度,以待国际公理之判断。"①1931 年 9 月 21 日中国国联代表施肇基就已经根据《国联盟约》第十一条将此事诉诸国联。10 月 1 日,特种外交委员会第二次会议决议仍表达了信任依赖国联的态度:"亦唯有信任国联,始终主持公道,以维持世界和平。②"10 月 22 日,外长顾维钧发表对外宣言:"满洲问题非仅中国之问题,及一国际问题","国际和平之诸种保障,如非战公约,国际盟约,皆与此问题密切相关"③。此时的外交策略主要是寻求国联的援助,然而,蒋介石逆来顺受、等待公理判断的态度,令日本侵略者认为正是可乘之机。就在东北军队严格遵守"不抵抗政策",并迅速撤出主要交通线的时候,日本军队一周之内就占领了东北地区约三十座城市。此番战况引发全国抗日人民的愤怒谴责,宁粤和会时,粤方坚持以蒋介石下野为统一的前提条件。而此期间,外交战场上也屡屡败退,国联理事会于 9 月 30 日、10 月 24 日、12 月 10 日相继通过三次决议敦促日本撤兵,中方代表严加谴责,然日本并未如期遵守历次决议案。

1931 年 11 月下旬,日军依旧向锦州逼近,南京当局逐渐看清日本扩大侵略的手段和目的,态度一度转趋强硬。国联对日军的继续进犯行为表示"对于各方军事行动之监视,不在委员会范围以内",认识到国联协调能力的局限性后,南京当局亦并非坐以待毙,电令施肇基向国联提出:"一、行政院须以有效之决议制止日军侵略行动。二、日军须在一定期间内完成撤退。三、撤兵须在中立人员观察之下。如行政院不负担此三条责任,该议决案即不接受"④;此外,还指示张学良必要时要着手防御:请张并饬所属勿与日方直接讨论交涉,"如日方无理可喻,率队来攻,仍请兄当机立断,即以实力防御","锦州一隅之保存,关系三省全部存亡,撤兵一节,若无国联或三国确实保证,吾方万不能示允,如日军不顾国联决议,悍然进攻,只能竭力抵御"⑤。因日方嚣张行事,此

---

① 赵朗编:《"九一八"全史》(第 5 卷·资料编),沈阳:辽海出版社,2001 年,第373 页。

② 赵朗编:《"九一八"全史》(第 5 卷·资料编),沈阳:辽海出版社,2001 年,第394 页。

③ 《国民政府外长顾维钧对外宣言》,《中央日报》,1931 年 12 月 23 日,第 2 版。

④ 《顾维钧致张学良电》(1931 年 11 月 24 日),中国第二历史档案馆:《九一八事变后顾维钧等致张学良密电选(下)》,《民国档案》1985 年第 2 期。

⑤ 《宋子文顾维钧致张学良电》(1931 年 12 月 2 日),中国第二历史档案馆:《九一八事变后顾维钧等致张学良密电选(下)》,《民国档案》1985 年第 2 期。

时的外交控诉显得苍白无力,南京当局意识到军事防御与抵抗的重要性,但仅限于防御,而非主动出击,可见南京当局仍囿于日方视之无物的国联决议,自身反而被束缚手脚,外交与军事配合不当。1931 年 12 月 15 日,蒋介石被迫下野,陆海空军副司令张学良也于次日请辞。经历过内部纷争后,蒋很快东山再起。1932 年 1 月 28 日,国民党中政会决议任汪精卫为行政院院长,蒋介石掌管军事(3 月 8 日就任国民政府军事委员会委员长),组成蒋汪合作政府,实行"一面抵抗,一面交涉"政策。汪精卫阐释说:"一面抵抗,一面交涉,同时并行。军事上要抵抗,外交上要交涉,不失领土,不丧主权。最低限度之下不退让,最低限度之上不唱高调,便是我们共赴国难的方法。"①而实际上在此期间的抵抗是为了给予日方外交压力,而中日外交上的交涉日方占了上风,中方为了息事宁人不断妥协,是消极的抵抗与交涉。不久"一·二八"事变爆发,国联欲邀请美国派出代表参加调查,美国政府推脱称非国联成员,拒绝了国联要求。虽然前期美方尽量避免与日发生直接冲突,但是为更直接有效维护在华利益,直接增兵上海。2 月 2 日,美、英法等国使节正式照会国民政府外交部,通告解决中日冲突的提议四点,其中重点是接受停战之后中日双方"即根据非战公约及 12 月 9 日国联议决案之精神,在中立国观察者或参与者协助之下,迅速进行商议,以解决一切悬案之争议"②,这个方案基本达到中国外交方面的目标,即不希望孤立中日纠纷中的某一问题,而是在英美等国介入下整体解决,以免夜长梦多,错令国际默认东北地区为日军所管辖。同日,中方表态愿意接受英美提出的调停意见,对美、英等国的照会迅速做出积极反应,外交部部长罗文干复照美方,表示接受停战谈判的建议,但提出把原照会中的"中立区域"改为"和平区域"、"中立国"改为"第三国"③。2 月 3 日,罗文干再次照会美方,希望有关大国的代表不仅"观察"而且应"参与"中日谈判。这表明了这一阶段的外交策略不仅仅是争取国联援助,还寻求大国力量,中方外交上的努

① 汪精卫:《政府对日方针》(1932 年 2 月 15 日),罗家伦主编《革命文献·第 39 辑"日本侵华有关史料(九)"》,台北:正中书局,1966 年,第 8238 页。

② 《美国公使来照》(1932 年 2 月 2 日),"中国国民党党史委员会"编《中日外交史料丛编(三)"日军侵犯上海与进攻华北"》,台北:"中国国民党党史委员会",1995 年,第 53—54 页。

③ "The Minister in China (Johnson) to the Secretary of State", February 2, 1932, *Foreign Relations of the United States*, 1932, The Far East, Volume III.

力也使美国认识到日本侵略扩张的危害性。中国驻国联代表颜惠庆于 1932 年 3 月 3 日在国联特别大会上直接质询日方,希望争取更多国家对华支持:"日本破坏国际盟约,断无疑义。倘占领 20 万方里之领土,派遣 10 万军队至上海,尚不构成侵略,则试问按照盟约,非侵略行为之界定,究竟划在何处。"①

至此,国民政府解决中日问题的局面基本上可以概括为:有限抵抗,无限外交。有限抵抗指的是其兵力、武器等军事力量有限,不签丧权辱国之约的运作空间有限;无限外交指的是外交对象无限,不仅争取国联的公判,争取大国的支持,而且争取小国的声援,外交手段无限,改变"九一八"事变之时不与日本直接交涉的策略,以免被误以"拒绝和平谈判",陷入被动,在抵抗的同时,又尽量争取谈判机会,借助英、美等国的调停,先尽早停止冲突使损失降至最低。除了参加国联会议、各国照会等手段,还有本书主要探讨的手段——向国际公众的发声,撰书不仅能够供政府人士参考,也能影响各国民众自下对上的舆论,中日双方都不吝在此方面发力。总体而言,国民政府并非一味消极应对,只是外交努力没有建立在坚决有效的军事抵抗的基础之上,呈现出抵抗不明显,主要以外交求援助的局面。

要了解这一阶段日本对外积极争取舆论的实质性因素,就必须掌握这一时期日本的政治生态。关东军一向主张对外扩张,早在"九一八"事变发生之前,就已与军部有过分歧,与文官集团更是龃龉不断。尽管日本军部在 1931 年的《满洲问题解决方案大纲》中做出使用武力占领以解决满洲问题的计划,但仍处于谋划阶段,因此要求关东军万不可扩大事件,毕竟在谋划过程中需要日本政治集团多方配合,譬如操纵民意,进行精神动员,激发民众的民粹主义,对战争有着狂热的支持;控制舆论,说服诸大国在中日问题上选择与日本同一利益阵线,使得关东军在对中国东北进行军事行动时不受阻碍,多方配合需耗费时间,②然而关东军却比军部更为强势,认为不可守株待兔,应一举占领满蒙,一步到位,即便与美苏开战也在所不惜。③

日本军国主义分子在国内大肆宣传"满蒙是帝国的生命线""涉足满蒙是

①　吉林省档案馆编:《九一八事变》,北京:档案出版社,1991 年,第 447 页。

②　小尾俊人編『現代史資料 7 満州事変』、東京:みすず書房、1964 年、164 頁。

③　小尾俊人編『現代史資料 7 満州事変』、東京:みすず書房、1964 年、162—163 頁。

行使自卫权"①,煽动起日本国民排外的民族主义情绪。在关东军与军部的强硬态度与国民的极度狂热之下,若内阁心有余而力不足,无法坚持初始确定的不扩大方针,内阁与外务省的立场逐渐动摇。内阁首相无奈道:"一天比一天继续扩大,我和南陆军大臣不知会商了多少次。我每天翻出地图指给他看,而南就指出日军今后再不会越出的境界线;但几乎每天所得到的都是不顾这些境界线而更扩大了的报告。可是每次都做了这是最后行动的保证。"②这恰恰印证了孟治在《中国说》中的说法:"日本的内部状况并不像他们的外交人员想让全世界相信的那样稳定。在政治上,尽管自由党有更多的追随者,但是战争集团控制了政府。帝国的财富被掌握在少数几个家族手中。表面上的稳定是由独裁和专制统治所维持的。中国军阀和日本军阀集团的唯一区别是,前者是旧式且无组织的,而后者是现代且高效的。前者给中国人民带来苦难,而后者不仅是对日本,更是对世界和平的威胁。"③号称"治理良好"的日本已经无法控制自己的军队,军部的鲁莽撕毁了国际条约、违反了其政府的承诺,在国际上形成自食其言的不良印象。"他们在政府中行使着巨大的权力。在最近的危机中,已经清楚地表明,他们比中国的'军阀'更不守规矩。日本的战争集团有了装备精良的战斗机器,在日本人民的误导支持下,不就是对日本自身的威胁,更是对全世界的威胁吗?"④总之日本文官集团对"九一八"事变后政治走向的控制能力日渐降低。这种情况下,日本政府倾向于妥协日本军部和关东军所提出的"满蒙问题"的方案,外交方面不得不配合军部动向行事。从法定意义出发,日本外务省是面对国际发声、履行执行外交政策职责的主体,但是由于在日本的政治系统的特殊性,军部实际拥有较大的权力,因此时而架空外务省或不顾外务省意见自顾执行外交,故学界称日本外交政治具有"双重性"。迫于史实,本书中的日本"外交"主要指的是日本外务省及其驻外机构围绕对华军事行动以国际公众为对象进行的外交交涉,而军部对外的军事行动

① 信夫清三郎:《日本外交史(1853—1972)》,天津社会科学院日本问题研究所译,北京:商务印书馆,1980年,第557—558页。

② 《远东国际军事法庭判决书》,张效林译,北京:群众出版社,1986年,第303页。

③ Chih Meng, *China Speaks: On the conflict between China and Japan*, New York: The Macmillan Company,1932, p.127.

④ Chih Meng, *China Speaks: On the conflict between China and Japan*, New York: The Macmillan Company,1932, p.140.

依然归入军事范畴，因而着重探讨日本外务省在"九一八"事变后的对外交涉策略。

经过了一战，国际诸国达成一些共识，不再直接发起战争赤裸裸地掠夺土地或财富，而是有了秩序与文明的意识，以一系列会议构筑有一定束缚力的国际公认的秩序体系，譬如华盛顿会议签署《九国公约》等，并尝试通过以国联盟约为中心的国联来协调国际矛盾、解决国际争端。"九一八"事变后，日本外务省需向国际社会就事变的性质和经过作出解释，尤其是要与在东亚有影响力的美国和英国进行说明。

9月19日正与中国交涉中村事件的日本公使重光葵约见南京国民政府财政部部长宋子文，私下表态希望中日直接交涉并希望集合当下的中日全局问题一并解决，"除满洲问题以外还要提出日华全局问题进行商谈。我立即把这一回电转告宋子文。宋子文说：'在满洲以后事态的发展，完全是日军有计划的行动，已经不容插手。中国已于20日①向国际联盟直接申诉，此事对日方当局来说已经失误了时机'"。② 在得知中国诉诸国联之后，日本外务省依旧坚持中日直接交涉的方案，为了最大限度地通过这次事变获得利益，尽力避免国联介入。币原外相指示重光葵公使，"这次事件是过去两国十数年间酝酿蓄积的恶劣氛围所致……此恶劣的氛围不缓和的话，结局将来不免留下祸根。关于日中共同委员会从大局上考虑不能只限于这次事件的解决，更要着眼于防止今后同样的事件再发生，所以要以达成基础的纲领为目的"。③ 言语之中，币原表达了此次事件是因中日的积怨而起，意有所指所谓积怨便是中国的排日情绪，着眼于日后防范更是表达了对中国的威胁态度。

币原曾于9月30日表达过"帝国之部分军队在附属地之外的现状，与今后的争议交涉是属不同的问题"④，如今其思路的转变显而易见，从币原的外交策略看，其根本立场与军部和关东军一致，即最大限度维护日本帝国利益，

① 原文有误，应该为21日。

② 重光葵口述：《重光葵外交回忆录》，天津市政协编译委员会编译，北京：知识出版社，1982年，第72—73页。

③ 「日支事件ニ関スル方針」(1931年10月8日)、JACAR(アジア歴史資料センター)Ref. B02030382400(第17画像目から)、日支事件ニ関スル交渉経過(連盟及対米関係)第二巻 (外務省外交史料館)。

④ 外務省編『日本外交文書：満州事変』第1巻第3冊、外務省、1966年、205頁。

计划全力解决"满蒙问题"以免怀有后顾之忧。如此,币原对外交涉原则转为坚持维护日本军部和关东军的立场,在 9 月 21 日训示日本驻国联代表芳泽谦吉的电文中说道:此次事变是出于自卫的目的,原因在于中国军队破坏铁路而为了保护铁道以及侨民的安全,才采取解除中国军队武装并占领附近的军事要地的行动,日本政府对于此次事件决定采取不扩大方针,日本军队只是暂时占领并为了避免不必要的冲突进行警戒。事件发生后,中日已经筹划直接交涉云云。如是,芳泽谦吉在 10 月 13 日的国联会议上发表"日本司令官所采之办法为合法的防卫手段""日本在满洲并无领土目的"①等语。

另外,日本政府于 9 月 24 日就事变发表对外声明,大体上按照币原外相对芳泽谦吉的训示袒护日本关东军的侵占行动,考虑应给予国际社会交代,就事变的原因和性质以及目前进展进行说明,该说明无处不指责中方行事不当,先声夺人。在国联行政院商讨日军于 11 月 16 日即下届国联会议召开之前撤兵的第二次决议时,日本代表辩称:"目前尚有若干驻军在满铁附属地以外,盖为保护日本臣民之生命财产安全万不得已之举。"②可见,外务省坚决地站在了维护军部的立场,虚饰其词,一致对外,为其后续意图打掩护。

其后,日本的外交活动不再一味消极辩解与掩饰,而是更加主动地采用外交手段破坏中国诉诸国联的方案、阻碍调查团成行、拖延调查团的进度以配合日军在中国东北的军事行动并为其策动树立伪满政权夺得时机。

例如,事变发生后,考虑到中国势弱,无法依靠自身军事力量抵御暴日侵袭,南京政府主张将"九一八"事变问题上诉国联,日本方面立即要求直接交涉,抵触国联介入,而国联囿于自身的活动能力不足,只为双方设置行为边界并以决议保证其施行,国联调解的可行性极大程度依赖于中日两国的配合,如此一来,中国依靠国联解决争端之路举步维艰。紧接着围绕着派遣国联观察员问题,日本与列强展开了抗争。

日本外务省不仅掩盖关东军挑衅的事实,并极力阻止调查团成行。在国联五人委员会上,芳泽谦吉表达反对态度,"目前国民感情甚为激动,对派遣观

---

① 罗家伦主编:《革命文献・第 39 辑"日本侵华有关史料(九)"》,台北:正中书局,1966 年,第 2360 页。

② 罗家伦主编:《革命文献・第 39 辑"日本侵华有关史料(九)"》,台北:正中书局,1966 年,第 2380 页。

察员之合适与否颇有微词,向日方提出带有受他干涉之印象的方案,会刺激国民情绪,如此则不利于事变之解决。因此,日本是否甘愿接受此种要求也是一大疑问,不过,可询问政府之意向"。① 但未及日本政府答复,9 月 23 日国联行政院已决定,"要尽速向现场派遣观察员,其人选由驻北平的五国公使担任,根据情况另行增派一名(预计为美国)"②。此时,日本方面态度依旧强硬:"在昨日的五人委员会上,芳泽已表示反对,目前正在转告本国政府。在这种情况下,次日便立即要求我方同意,是对我方的强迫,绝对不能同意。"③

　　而后,由于日本察觉因其抵触态度使得国际氛围对日不利又希冀争取时间布控"满洲"遂转变态度,同意国联派遣调查团。但是在调查团调查进程上又有诸多妨碍。李顿调查团于 1932 年 2 月 3 日从欧洲出发经由美国前往远东;2 月 29 日到日本,并在日本停留半月之久,而在此期间日本关东军成功炮制伪满洲国出笼;3 月 14 日到达上海,4 月 20 日才分陆海两路赴东北。李顿调查团一行人进入东北后,却发觉行程、会见几无自由,均为日人所控制。李顿在信件中描绘了置于日方严密监控的状况,"我们在这里的第一个星期是一个噩梦。日本人非常多疑。我们被迫接受保护,我们实际上被看作囚犯"④,对于日本全面控制"南满"地区也有切实体悟,"在南满地区,也就是说从大连到长春,我们实际上是在日本了。流通的货币是日本的,雇员是日本人,军队、官员、旅馆全部是日本人的"⑤。

　　可见最终日本政府和外务省认同日本军部和日本关东军的军事占领及在政治上建立傀儡政权的解决策略,日方统一策略,军事外交里应外合,其狡计已然得逞。日本军部和关东军所主张的军事上武力占领、政治上扶持傀儡政权的办法最终为日本政治集团所接受,这恰恰揭橥日本畸形的政治生态,对内军人集团骑劫文官政治,最终构筑成对内的总体战体制,对外文官集团维护帝国整体利益,在国际社会发声,为军人集团的冒犯行为辩护。至此日方在国际

---

① 　外务省编『日本外交文書:満州事変』第 1 卷第 3 冊、外務省、1966 年、168 頁。

② 　外務省编『日本外交文書:満州事変』第 1 卷第 3 冊、173—174 頁。

③ 　外務省编『日本外交文書:満州事変』第 1 卷第 3 冊、174 頁。

④ 　《李顿致家人信》,1932 年 4 月 28 日,转引自金光耀:《〈李顿文件〉所见之李顿中国之行》,《复旦学报(社会科学版)》2003 年第 4 期,第 106 页。

⑤ 　《李顿致家人信》,1932 年 4 月 28 日,转引自金光耀:《〈李顿文件〉所见之李顿中国之行》,《复旦学报(社会科学版)》2003 年第 4 期,第 101 页。

社会的一系列发声行为可以概括为以外交助军事的应对策略。

第二节 从"现象"考察舆情影响

考量这两本书代表的中日舆论对垒这一现象之后，探讨其影响效果是至关重要的。两本书的出版无疑冲击了舆论场内原本的权力结构，原先以大国意志为主导，尤其中国囿于弱国无外交的困境，举步维艰，如此一定程度上触发新的舆论传播权力结构产生。中日两个当事国的发声，使舆论传播秩序发生变动，推动国际场域的舆论传播运动扩大张力，围绕中日事件的舆论场内的多元话语持续斗争，中日两国不断通过话语斗争拓展其国际舆论场域内的权力空间，这一过程正符合布迪厄提出的生产"符号暴力"与符号价值判定的逻辑。

所谓"场域"是一个物理名词，表示一种空间区域，后被法国社会学家布迪厄化用，引入社会科学研究中，并赋予其新的含义，即场域可以被定义为："在各种位置之间存在的客观关系的一个网络或一个构型，能对位置的存在及其对特定位置的占有者起决定性作用。行动中的不同场域取决于不同类型权利或资本分配结构中的既定情况及客观关系。"①

这两本书的出版在国际社会引起一定的关注。有关于外国时事的书籍推荐中介绍道："《日本说》是由一位有才华的新闻记者撰写的关于日本情况的强有力的介绍……《中国说》，这是对应河上清那本书的读本。这两本书应该一起读。"②芝加哥大学的学者也评论道："这本紧凑的小书中，关于中日争端一事中国一方的阐述相对清晰。为他提供援助的还有已卸任的中国驻美公使、最近被任命为驻苏联大使的颜惠庆阁下，以及约翰霍普金斯大学的韦罗贝教授，曾任政府中国顾问。杰出的先生们为该书附加了更多信服力与可读性。

---

① 皮埃尔·布迪厄、华康德：《实践与反思：反思社会学导引》，李猛、李康译，北京：中央编译出版社，2015 年，第 133—134 页。

② William L. Langer, "Some Recent Books on International Relations," Foreign Affairs, Vol. 10, No. 4, (July 1932), pp. 711 - 712.

……同时出现了一本由日本公关人员撰写的关于日本论点的补充性书籍。"①可见麦克米伦出版社于同年同月出版中日两方说明,足以起到对比效果,中日双方的舆论战得以在同一平台展开。

美国记者索科尔斯基在《纽约时报》上发表长篇幅的评论②。一方面,他认为两本书有特别的相同点,即"两者都代表了本国重要群体的具体态度:日本自由的民族主义者河上清先生;中国的极具民族主义教育者孟先生。两人都是东方政治方面的能手,在这次任务中坦率地宣传"。两书由各自国家内政界权威人士作序,更增强其官方色彩。"中方得到中国驻美国大使和国际联盟首席代表的支持;日本受到日本前政府的支持。"双方的著述都将辩驳的特点展现得淋漓尽致,"在处理材料时,也使用了辩论者的技巧。但遗憾的是作者并不试图发展一个系统的论题:他们回答问题,从一个话题迅速跳到对方提出的另一个论点"。并且,索科尔斯基也留意到两书中极强的民族主义特色:"河上清对日本的情况做一个完整的辩护。同时,他也败坏了中国的声誉,迫使他的对手孟先生把他的大部分著作都用在捍卫自己国家的好名声和描述日本的恶行上。……在孟先生和韦罗贝教授介绍的情况中,在日本或日本人身上看不到任何美德。正是浓烈的民族主义色彩使这些书难以被读懂。"双方皆尽力维护本国声誉,欲在国际社会树立积极、正面的形象。另一方面,索科尔斯基站在国际社会第三方的角度对两书所述的内容做出自己的判断。他质疑了日方以保护在华日人为由进犯中国的行为,"如果当时每一个国家都派军队进入中国,保护本国人民不受中国的愤怒之害,中国就会被分割",也对争论不休的"条约合法性"有自己的理解。关于河上清认为的"如果中国代表团被迫在条约上签字,用枪指着他们,那就另当别论了。在 1915 年的谈判中,没有发生过这种情况",索科尔斯基谈到,"当然没有枪,但整个日本陆军和海军都在谈判的背后。有很多枪支持他们。事实上。"二十一条"是由武力提出的,它们是一种不安的行为,但大多数条约也是由强者或胜利者与弱者或失败者缔结的"。

---

① Harley Farnsworth Mac Nair, "Reviewed Work(s): China Speaks on the Conflict Between China and Japan by Chih Meng," American Bar Association Journal, Vol. 19, No. 7, (July 1933), p. 413.

② George Sokolsky, "Whether China or Japan, My Country, Right or Wrong," The New York Times, (May 1932), p. 9.

学者克莱默(Roland L. Kramer)认为这两本书相互对垒的标题似乎暗示了一个有争议的领域。然而,两位作者都把与该问题有关的事实与自己的论点相关联。在这样做的过程中,重点被放在了最近中日争议中一个尚未得到充分认识的阶段,即 1931 年的"九一八"事变是长期以来中日矛盾的爆发,意味着这不是一件游离的、孤立的突发事件。在叙述 1931—1932 年事件的连续历史事实的过程中,读者对中日相互误解的印象深刻,但在一些例子中,特别是 1906 年关于中国在满洲建造平行线的秘密议定书,以及 1915 年的协议(所谓的"二十一条"),甚至对所谓协议的实际存在或合法性存在疑惑。此外,两位作者都背叛了一种基本信念,这种信念应当是就事论事,而不仅仅是形式上的列举论据。孟先生揭示了中国人对日本在亚洲大陆扩张的根深蒂固的反感——这种反感很难促进遵守条约义务,但这些义务应当被承担了。另一方面,河上先生的经济观点与日本"保护自己免受来自蒙古方向的潜在危险"的战略观察相比,显得不那么重要。归根结底,对于达成某种和解的可能性,中国人相信新的世界秩序;日本人引用了世界新秩序之前的历史先例。①

赞同《中国说》体现的冷静态度的有芝加哥大学的学者麦克奈尔(Harley Farnsworth MacNair):"没有受到当时的情况以及作者的国籍的影响,这本书的语气出奇地冷静。可以肯定的是,大量引用来自当代西方媒体的言论都是精心挑选的,这让行文十分自然。"②

《太平洋事务》杂志也持类似评论:这些书的语气极其温和。似乎每个作者都有更有力的理由支持自己的观点……如果他们对各自案例的轻描淡写可能会给普通读者一种印象,即冲突并不像许多观察家所认为的那样严重。那么其实这种错误(如果真是错误的话)会使这些书对这些读者更有用。这使他们更容易在不带激情或偏见的情况下处理这个问题,如果美国的意见要帮助

---

① Roland L. Kramer, "Review," *The Annals of the American Academy of Political and Social Science*, Vol. 165, 1933, p. 243.

② Harley Farnsworth MacNair, "Reviewed Work(s): China Speaks on the Conflict Between China and Japan by Chih Meng," *American Bar Association Journal*, Vol. 19, No. 7, (July 1933), p. 414.

恢复远东的和平,美国人就必须本着这种精神处理这个问题。① 从侧面证明,中日两国舆论宣传有一定成效,起码美国读者可以本着平和的精神对中日矛盾作出自己的判断。

塞缪尔·拉特克利夫(Samuel K. Ratcliffe)先生往来于英国、美国担任记者兼讲师,曾担任加尔各答《政治家》(*The Statesman*)、《社会学评论》(*The Sociological Review*)的编辑,还担任《新政治家》(*The New Statesman*)、《观众》(*The Spectator*)的社论撰稿人和《观察家》(*The Observer*)在美国的通讯员,在国际舆论界有举足轻重的地位。他谈到满洲问题时警醒美国注意日本的不轨举动,"当我们今天看到远东的混乱,特别是'满洲'的发展时,我们可以看到日本政府的行动是为了赶在三大运动之前。首先是中国的统一,这是一定会实现的,尽管可能会拖延很久;有苏联统治下的东西伯利亚的社会主义化;日本人认为美国在东亚的贸易和经济影响力的持续扩张对他们自己是一个巨大的威胁。在这三件事中,我们可以看出新日本帝国主义的主要动机,美国人民显然不能无动于衷"。塞缪尔提出中国的统一与日本对满洲的干涉和在全亚洲扩张计划是完全冲突的,因此不得不注意日本的举动。塞缪尔还提及孟治的著作关注到《九国条约》中更重要的条款,它包含的内容不仅仅是保证维护中国的独立和领土完整,还包括各签署国的庄严承诺,即着手消除中国的不满,特别是实现中国在各大国之间的平等。"大家都知道,这项工作特别涉及治外法权制度,也就是中国人常说的'不平等条约'……在华盛顿会议之后,我认为只有一个国家,努力采取行动来实现承诺,那就是英国。中国正在经历一个可怕的内战阶段……南京的政府是否能够建立自己的权威,领导整个中国,人们对此很是怀疑。在这个时候,英国外交大臣奥斯丁·张伯伦发表了一份文件,这份文件获得了一份旨在兑现华盛顿的保证的政策声明。张伯伦的目的是让所有涉及利益的国家联合声明,但他没能成功。法国政府拒绝合作,美国国务院在凯洛格先生的指导下答复说,美国在远东有自己的独立政策,不能在照会上签字。因此,只有英国外交大臣签名后才发出了通知,向中国人民表示同情,希望政府能够代表整个国家在需要的时候挺身而出,它承

---

　　① Arthur N. Holcombe, "Reviewed Work(s): Japan Speaks on the Sino-Japanese Crisis by K. K. Kawakami: China Speaks on the Conflict Between China and Japan by Chih Meng", *Pacific Affairs*, Vol.5, No.8, (August 1932), p.739.

诺,英国政府将准备着手解决不平等条约的问题。而我认为,这是一项开明的国际政策。"①

《中国说》《日本说》在美国出版,产生了舆论宣传的目的,成功引起国际公众的持续性注意。针对两书提出的事件、解释的原因,欧美读者莫衷一是,众说纷纭。遗憾的是,由于时间仓促,两书说理皆偏向自说自话,令读者接收纷杂的信息,却无从判断对错,只达到了形成热点讨论氛围的舆论效果,但双方都无法完成国际舆论一边倒的目标。

由于两书几乎同一时间出版,无法达到即时沟通的效果,便不具备对话性质,其效应存在延迟的表现,在研究其国际影响方面要从事后评论中抓取有效信息,传播效果仅限于对双方以外的受众普及事件、争取同情。两书的文字代表着中日双方的唇枪舌剑,是在文字空间中的烽火连天、刀光剑影,国际公众虽然一时无法言明哪一方占据绝对的完美道德立场,但是均感悟到局部战争势必影响国际和平与安全,意识到国际不平等条约下蕴藏着巨大的危机。这显然并非中日舆论战"号角手"的主要意图,而这恰恰体现了舆论战的多面性,在没有完全达成舆论宣传目标的情况下,会有意外收获——唤起了国际公众对于和平与正义的思考。

第三节 从"政治"思考历史作用

《中国说》与《日本说》的文本的产生,实际上是政治性操作的结果,中日政要分别作序分别代表中日两国的国家意志,表明国家政府有意进行舆论导控。

将此二书视为政治的文本创造,有三层延伸性含义之解读。

首先,是舆论战的局限性。根据国际舆论相关理论,国际舆论具有"表层"和"深层"的双重性结构,前者是指国际主流媒体呈现的国际社会对某一国际事件的趋同性意见;而后者是国际公众对某一国际事件的意见总和。这说明了中日两国均意识到引导"表层"舆论能够取得立竿见影的效果,甚至能够对"深层"的国际民众的判断产生影响,而对诸大国的国内民众施以影响又一定

---

① S. K. Ratcliffe, "Significance of Oriental Events," *The Annals of the American Academy of Political and Social Science*, Vol. 168, American Policy in the Pacific, (July 1933), pp. 139 – 141.

程度会对其国内政局产生影响,从而由下至上地倒逼大国为中日其中一方发声,这是中日两国均需发力之处。此外,"表层"舆论场有其重要性,而"深层"舆论场则不一定依靠言论引导,而是通过具体措施的实际作用令国际民众对某一国家改观。"深层"舆论会受到"表层"舆论的影响,也会对"表层"舆论产生反向影响力,舆论的双重结构相互形塑,所以必须把控舆论影响的双重结构,才能树立良好的国际形象,从而更大概率得到公正的待遇。在"九一八"事变中,作为被侵略者的中国在道义上是天然的"得道者",可以得到国际民众的支持和第三方的同情。施加军事侵略与残暴行为的日本乃"失道者",必将寡助。不过,在一定时期内仍有列强为维护与日本的共同利益,对暴日行为采取绥靖,这是舆论战局限性之根源所在。在舆论战中,并非有理者就能得到正义的青睐,国际争端最终仍归结于国家利益的失衡。

其次,此二书的出版有着国际话语权争夺的寓意。话语是国际话语权不可或缺的重要载体,话语权的话语因素主要体现在两个方面,一为质量,二为传播力。话语的高质量由其内容决定,包括表述形式恰当、事件对象准确、表达逻辑连贯、说服力强、能体现清晰的认知与一定的道义高度,等等,这些方面内容从根本上决定了话语能否赢得权力。因此,话语质量建设是赢得话语权的重中之重。两书作者均为熟知国际话语体系的有识之士所书写,文本有着旗鼓相当的质量与高度,在这场舆论战中均一定程度体现了其国家力量,根据读者书评的反馈看来,双方话语的质量与传播力不分伯仲,也表明国际话语权并非由一家之言定性,国际话语权的争夺需要日积月累的努力。

最后,正如拉斯韦尔所说:"宣传是对现代世界的理性认可。"①以此二书为例的舆论战实际上是对现代文明世界理性的考验。譬如,两书均采用巧妙的宣传技巧,对中立意见的直接争取贯穿全文。拉斯韦尔提出,"通过心理反应的迂回,有罪的人就是邪恶的,邪恶的人就是有罪的"②,这体现在两书各自攻讦对方国家与民族的内容之中。通过间接的方式影响中立国的意见,尤其《日本说》中强调日本为了其与英美等国在华的共同事业而付出了努力,这符合拉斯韦尔的观点,"争取中立国支持最聪明的方法是将中立国引入某种形

---

① 哈罗德·D. 拉斯韦尔:《世界大战中的宣传技巧》,第 177 页。
② 哈罗德·D. 拉斯韦尔:《世界大战中的宣传技巧》,第 73 页。

式的公开合作"①。毋庸讳言,日本利用其他国家担心在华利益受到威胁的考虑,使得列强对日同情的纽带在共同利益的联结下得到了加强,影响了列强对"九一八"事变的强力和直接的介入。无论哪一种宣传技巧,是非曲直读者自有定夺,其实质考验的是现代文明社会对真与假、善与恶的辩证思考。

―――――――――――

① 哈罗德·D. 拉斯韦尔:《世界大战中的宣传技巧》,第 134—135 页。

本篇小结

实际上，无论是《中国说》还是《日本说》，两书均肩负着面向国际大众宣传的重任，基于当时国家政府对于舆论导控的需要应运而生，是一种政治性的操作手段。

客观来说，1932年的这场中日辩论基本是自说自话，各执一词。表面上是交流与回应，但没有达成丝毫和解。由于领土问题神圣不可侵犯，亦几乎没有和解的可能。双方皆站在各自的立场斥责对方，不仅没有和解，甚至对于对方的理论也不存在理解。尽管国际联盟表面调和顺利，在判定日方侵华是非法行为后，依旧没能约束日本，战争仍然不可避免。正如孟治在《中国说》中的分析，日本军国主义思想根深蒂固，在得知不能获得国际联盟支持后便退出，进而发动大规模侵华战争也是能够推演得出的结果。

日本方面在撰述中非常善于利用国际形势，这是中方撰述中较为缺乏的。日方不断强调自身利益与他国利益的相通性，譬如"中国内政混乱不仅影响日本在华投资，其他国家的经济损失也难以幸免"等观点，寻求心理上的同一阵线以达到政治、军事上的理解。最终大国在权衡利弊之下，选择道义上谴责日本，无具体的制裁措施，更提出"国际共管"的方式企图分一杯羹。日方因"抱团"失败而出走国联，显现出其霸道自负的军国主义色彩。南京政府期待国联施以援手，最后大失所望。最后的结果不仅体现出国联内列强以利益为第一要义的帝国主义性质，而且从侧面体现出南京国民政府的软弱性。依赖外部因素来制约内部因素，终归有失。透过舆论对垒的现象，洞悉中日外交的本质，可以说两国在危机应对策略上都呈现出一种外交受制于内政的现象。

以历史书写的角度，从两书为何人所著、因何而著、著了何物等多方面因素置身国联调查期间的时空，希冀还原当时那场纸上的交锋。此二书成书目的皆为当时记录"历史"，不仅是向国际社会阐明情况的载体，也是历史的产物，为更广泛时空的后人提供对比思考的证据。两书也是今天研究历史书写的宝贵资料。与 20 世纪 30 年代剑拔弩张的战争形态相对应，1932 年的这场对话在字里行间闪现刀光剑影，但毕竟只是纸上的针锋相对，尝试以理服人从另一个侧面看也是文明的体现，对理性的考验。

从这场中日双方无声的辩论中，可以看出中日在争取国际话语权方面的努力。权力与反抗是同体共生的，"哪里有权力，哪里就有反抗"。日本野蛮侵略中国东北，并试图混淆国际舆论，这刺激着中国加强国际宣传，以正视听。国联和联合国图书馆保存的这一批出版物，除了列强留下的历史文本，还有中国的意见，可以看出当时中国也表达出自己的看法。姑且不论当时中国发声的成效如何，这些文献的价值之一即避免失真的历史记忆被不断重复叙述与书写，造成错误的记忆被固化进而真相模糊的结果。

总体而言，中日双方不仅意识到在军事行动上讲求先发制人，也注意到需要争取国际舆论的支持，塑造良好的国际形象。《中国说》与《日本说》都得到中日两国政府高层人员背书，一定意义上可以视为国家意志的表征。这两本小册子所产生的实际影响难以具体言明，但从《李顿调查团报告书》来看，《中国说》里面的许多说法得到了认可。《李顿调查团报告书》承认中国对东三省的主权，承认日军侵略并占领东北三省的事实。日本的诸多观点被驳回，《李顿调查团报告书》认为中国社会在不断进步和发展，否认了日本言之"中国为无组织、混乱的国家"，否认了"满洲国"是东北民众自发独立运动的结果，调查团不承认"满洲国"的态度与日本的既定方针完全相悖。但是，不论是《中国说》还是报告书，都未能阻止日本的侵略步伐，中国在当时仍面临巨大挑战。国际争端的解决最终落脚于国家实力的对抗，舆论争锋虽有张力，亦有限度。

后　记

"九一八"事变由日本蓄意发动，此无任何疑义。南京国民政府将事变诉诸国联，国联派遣李顿调查团来到东亚调查，中国、日本纷纷向调查团展开诉说，并在多个议题上产生争执，对调查团之调查与调停都产生影响。随着国际联盟档案"重见天日"，透过李顿调查团重审"九一八"事变、20 世纪 30 年代初中日关系，正当其时。

2016 年，张生老师获批国家社科基金"抗日战争研究"专项工程"国外有关中国抗日战争史料整理与研究之一：李顿调查团档案翻译与研究"（16KZD017）。以"科研育人"为导向，张老师指导的研究生纷纷加入课题组，从事资料搜集、翻译、整理等工作，并利用这些资料开展学术研究。2016—2018 年，史鑫鑫、张雅婷、杨师琪，相继进入南京大学历史学院攻读硕士学位。经过三年学习，史鑫鑫于 2019 年 6 月完成以《李顿调查团来华调查期间中方申诉研究》为名的硕士学位论文，获得历史学硕士学位；张雅婷于 2020 年 6 月完成以《国联调查团与中国抵制日货问题研究（1931—1933）》为名的硕士学位论文，获得历史学硕士学位；杨师琪于 2021 年 6 月完成以《九一八事变后中日舆论对垒——以〈中国说〉〈日本说〉为中心》为名的硕士学位论文，获得历史学硕士学位。上述三篇硕士论文构成本书底稿。该书导论撰写，全书统稿，全书注释统一、重置，由陈海懿负责完成。

落其实者思其树，饮其流者怀其源，幸遇导师张生教授。老师言传身教，他在论著中谈道：历史研究要有国际化的视野、国际化的资料，提出在"在中国发现历史"的基础上，进一步运用"在世界发现中国历史"和"在中国发现世界历史"的历史研究新范式，推进历史研究本土叙事的国际化和国际视野的在地化。本书依靠的原始文献正是得益于张老师及团队远赴瑞士日内瓦国联和联合国档案馆整理、翻译的档案等。

感谢王卫星、李玉、姜良芹、梁晨、孙扬等诸位老师的学业指导，感谢陈海懿、常国栋帮助整理外文史料，指导建立初始的基本架构，并在修改过程中提出指导性意见。感谢黄文凯、孙绪芹、万秋阳、菅先锋、马瑞、马海天、潘健等在平日、读书会上的真知灼见。每每读书会散后披着月华言笑晏晏，并肩骑行返回宿舍，车毂缓缓，谈笑光景历历在目。特别感谢南京大学出版社陈一凡女史悉心编校，硕士论文存在诸多纰漏，没有责任编辑之大功，小书难以成型。

川阅水以成川，水滔滔而日度，光阴如梭，收获颇丰。如今，史鑫鑫任职于宁波大学，张雅婷在柏林自由大学东亚研究院攻读博士，杨师琪在南方科技大学附属中学任教。硕士学习旅程中的每一个人、每一段回忆，都永远铭刻在心中。这本书见证着我们对南京大学读研岁月的怀念、感激之情。书中谬误之处，由我们三人负责。

史鑫鑫、张雅婷、杨师琪
2024 年 9 月